KB261223

머튼의
평화론

머튼의 평화론
2006년 12월 초판 | 2008년 12월 재쇄
옮긴이 · 조효제 | 펴낸이 · 이형우
ⓒ 분도출판사
등록 · 1962년 5월 7일 라15호
718-806 경북 칠곡군 왜관읍 왜관리 134의 1
왜관 본사 · 전화 054-970-2400 · 팩스 054-971-0179
서울 지사 · 전화 02-2266-3605 · 팩스 02-2271-3605
www.bundobook.co.kr
ISBN 89-419-0619-9 03230
값 9,000원

THOMAS MERTON

머 튼 의 평 화 론

MERTON

PEACE IN THE POST-CHRISTIAN ERA

조효제 옮김

분도출판사

c·o·n·t·e·n·t·s

서문 | 짐 포리스트　　　　　　　　　　　　　　7

편집자 주　　　　　　　　　　　　　　　　33

1. 평화는 종교의 책임　　　　　　　　　　　35

2. 우리가 평화를 선택할 수 있는가?　　　　43

3. 죽음의 무도　　　　　　　　　　　　　　63

4. 그리스도인은 평화를 가꾸는 사람들　　　73

5. 오리게네스와 아우구스티누스의 전쟁론　83

6. 마키아벨리의 유산　　　　　　　　　　103

7. 현대전의 정의　　　　　　　　　　　　121

8. 냉전의 종교적 문제　　　　　　　　　　137

9. 신학자와 국방　　　　　　　　　　　　149

10. 평화를 위한 행동　　　　　　　　　　171

11. 동과 서를 넘어서　　　　　　　　　　179

12. 도덕적 수동성과 악마적 능동성　　　　191

13. 과학자와 핵전쟁　　　　　　　　　　　201

14. 빨갱이냐 죽음이냐?　　　　　　　　　219

15. 세계적 위기와 그리스도인의 관점　　　229

16. 그리스도인의 양심과 국방　　　　　　249

17. 그리스도인의 선택　　　　　　　　　267

옮기고 나서　　　　　　　　　　　　　　283

나는 도대체 예수께서
"밀알 하나가 땅에 떨어져 남을 죽이고 자신도 죽지 않으면
한 알 그대로 남고, 죽으면 많은 열매를 맺는다!"라고
하신 적이 있는지 궁금하다.

서문

짐 포리스트

여러분이 들고 있는 이 책은 원래 1962년에 출판될 예정이었다. 사십 수년이 지난 후 드디어 사랑의 결실인 이 책이 서점과 도서관에 깔린 것을 보면 토마스 머튼이 무척 기뻐할 것이다. 하지만 이 책이 과거 한때를 회상하게 하는 서글픈 추억거리가 아니라, 여전히 시의적절하게 이 시대에 적합한 내용을 담고 있다는 사실을 머튼이 안다면 그의 마음은 편치 않을 것이다.

1962년은 문화적으로 여전히 1950년대에 속해 있었다. 나중에 '1960년대'라고 불리게 된 시대가 아직 오지 않았다. 영화 「웨스트사이드 스토리」가 1961년 아카데미 최우수 영화상을 받았다. 비틀스라는 이름을 들어 본 사람은 아무도 없었다.

존 F. 케네디는 미국 대통령으로 2년째 재직하고 있었다. 니키타 흐루시초프는 소련의 총리 자리를 4년째 지키고 있었다. 피델 카스트로가 쿠바에서 일으킨 혁명이 3년째로 접어들고 있었다. 미국의 베트남 군사 개입이 꾸준히 늘어나고 있었다. 냉전의 냉풍이 불어닥치지 않은 곳이 없었다. 소련 사람들은 모조리 신을 믿지 않는 공산주의자라고 생각하는 분위기가 많았다. 핵무기를 보유한 나라는 미국, 소련, 영국, 프랑스밖에 없었다. 최초의 수소폭탄을 실험한 지 10년이 지났고, 17년 전에는 수소폭탄보다 훨씬 약한 원자폭탄이 히로시마와 나가사키를 폐허로 만들었다. 미국민들은 핵전쟁에서 살아남기 위해 자기 집 마당에 방공호를 파느라 수억 달러를 쓰고 있었다.

그 시대의 정치인, 군인, 전문가들은 더 멀리 날고 더 큰 폭탄을 탑재할 수 있는 미사일을 개발하자고 주장하면서, 적과의 '미사일 격차'를 거론하곤 했다.

대량 살상 수단은 핵무기만이 아니었다. 미소 양국 모두 대규모 프로그램을 통해 화학무기와 생물학무기를 개발하고 비축해 놓았다.

'평화'는 의심스런 단어였다. 평화라는 말을 쓰는 사람은 '빨갱이' 소리를 들을 각오를 해야 했다.

하지만 미국 사회는 심대한 변화를 겪는 중이었다. 인종주의에 대한 도전이 터져 나왔다. 미국의 민권운동가들은 학교와 대중교통과 식당에서의 분리 정책을 통합 정책으로 바꾸기 위해 분투하고 있었다. 마틴 루터 킹 목사는 세계적인 명성을 얻었다.

1962년 당시 미국의 가톨릭 교회는 오랫동안 반가톨릭적 편견과 맞서 싸운 후 [어느 정도 주류 사회에 편입되어] 미국의 경제체제와 외교정책을 지지하는 태도를 지닌, 대중으로부터 신뢰받는 주체가 되어 있었다. 전국의 수많은 가톨릭 교회, 그리고 교회가 운영하는 학교의 정문에는 '하느님과 조국을 위해서'Pro Deo et Patria라는 말이 씌어 있었다. 군대나 FBI, 또는 CIA에 근무하는 가톨릭 신자도 많았다. 사상 최초로 가톨릭 신자가 백악관의 주인이 되기도 했다.

이때 미국에서 가장 널리 알려진 종교 저술가 중 한 사람이 바로 트라피스트회 수사인 토마스 머튼 신부였다. 머튼은 어린 나이에 고아가 되었다가 훗날 컬럼비아 대학교에서 공부하던 중 가톨릭으로 개종하였고, 뉴욕 주 서쪽의 성 보나벤투라 칼리지에서 교수로 재직하다 성소를 받고 1941년 12월부터 켄터키 시골에 소재한 '겟세마니의 성모' 대수도회에서 수도생활을 시작했다. 머튼의 수도원장은 머튼이 글재주가 있음을 알고 자서전을 써 보라고 권고했다. 그리하여 1948년 출판된 『칠층산』은 공전의 베스트 셀러가 되었다. 수도생활한 지 겨우 6년 남짓, 이제 서른세 살밖에 되지 않은 수사가 일약 유명 인사가 된 것이다. 그 후 그가 쓴 책은, 영어로 된 것이든 번역판이든, 모두 날개 돋친 듯 팔렸다. 오랫동안 그가 즐겨 다룬 주제는 수도생활의 성소, 관상, 기도, 성사적 삶, 성인들의 생애, 성스러움의 추구와 같은 것이었지만, 그 외에도 수도자로서의 내적 투쟁을 드러낸 저술도 있었다. 머튼은 간혹 비판적 사회의식을 드러내기도 했지만 ―『칠층산』에서 인종주의를 비판한다 ― 그가 1961년부터 가톨릭계 간행물에 군비 경쟁과 냉전에 관한 비판을 발표하기 시작하자 많은 독자들이 놀라워했다.

여기에는 도로시 데이가 이끈 『가톨릭 노동자』*The Catholic Worker*지라는 요인도 있었다. 도로시 데이 역시 가톨릭으로 개종한 사람이었다. 『가톨릭 노동자』지는 1933년 대공황 시대에 창간되어 빈곤층을 위해 수많은 구호소를 설립했고 전쟁 준비에 반대하는 대열에 자주 동참하곤 했다. 교회의 장상들은 이 조직을 대단치 않게 보았으나 이 신문을 그 시대의 열심한 활동의 중심으로 여기는 사람도 많았다. 『가톨릭 노동자』지는 가톨릭에 속한 조직으로서 당시 민권운동에 동참한 몇 안 되는 단체 중 하나였다. 수만 명의 독자들이 신문을 열성적으로 구독했다.

토마스 머튼은 도로시 데이 개인과, 그리고 그녀가 이끈 노동자 운동을 높이 평가하고 있었다. 1961년 여름, 머튼은 『가톨릭 노동자』지에 「전쟁의 뿌리는 두려움」[1]이라는 연재

물을 투고하기 시작했다. 첫 기사가 10월호에 실렸다. (그때 나는 『가톨릭 노동자』의 뉴욕 공동체에 속해 있었는데, 도로시 데이는 내가 머튼의 글에 흥미를 보이자 그의 글을 신문에 실을 수 있도록 준비하고 그와 직접 서신 교환을 해 보라고 권했다. 이렇게 해서 서신 교환과 방문이 이루어졌고 그러한 인연은 1968년 12월 머튼이 서거할 때까지 이어졌다.)

1962년 4월, 머튼은 『포스트 그리스도교 시대의 평화』 *Peace in the Post-Christian Era*를 탈고했다(이 책 『머튼의 평화론』을 말함 — 역자 주). 머튼은 책이 그해 가을께 맥밀란 출판사에서 나왔으면 하고 바랐다. 하지만 머튼이 속한 '베르나르두스의 엄률嚴律 시토회'(흔히 트라피스트회라고 부름)의 총아빠스였던 돔 가브리엘 소르테스 신부는 출판을 허락하지 않았다. 『포스트 그리스도교 시대의 평화』가 완성되고 바로 며칠 후 돔 가브리엘 총아빠스는 머튼에게 편지를 보내 전쟁과 평화 문제에 관해 더 이상 글을 쓰지 마라는 지시를 내렸다.[2]

다음날 나는 머튼의 편지를 받았는데 그것은 내가 받은 그의 편지 중 가장 낙담한 내용이었다.

드디어 도끼가 떨어졌습니다. 오랫동안 수도회 장상들과

---

[2] 당시 머튼이 편집하던 책 *Breakthrough to Peace: Twelve Views on the Threat of Thermonuclear Extermination*은 머튼의 이름으로 출판되지 못했다. 하지만 서문은 그의 이름으로 실렸고 그의 논문 Peace: A Religious Responsibility도 실릴 수 있었다. 이 논문은 이 책 제1장("평화는 종교의 책임")과 같은 내용이다.

마찰이 있을 거라고 예상은 했지만 정말 그런 일이 벌어졌습니다. 평화에 관해 더 이상 집필하지 마라는 명입니다. … 핵심을 말하자면 전쟁과 평화의 문제에 관한 한 침묵을 강요당하고 있는 것입니다.

머튼은 그런 결정이 뜻하는 바를 이렇게 보았다.

현재의 위기 상황이 종교적 측면에서 보더라도 얼마나 심각한지를 놀라울 정도로 이해하지 못하고 있습니다. 그리스도교적 가치와 교회의 가치에 대한 둔감함, 그리고 수도 성소의 진정한 의미에 대한 둔감함을 보여 줍니다. 집필 금지의 이유가 뭔지 아십니까? 수사가 쓰기에 적절한 성격의 글이 아니라는 것이고, 제 글이 '수도회의 메시지를 잘못 전하고 있다'는 것입니다. 상상해 보십시오, 한 수도자가 핵전쟁 문제를 놓고 깊이 우려한 끝에 군비 경쟁에 반대하는 목소리를 낸 것이 우리 수도회에 불명예를 가져왔다고 생각하다니. 아, 저라면 그런 행위가 거의 고사 직전에 놓인 조직에 마지막 한 가닥 희망을 불어넣을지도 모른다고 생각할 겁니다. 바로 이 점이 사건 전체를 통해 제일 불합리한 면입니다. 이 양반들은 자기 무덤을 파고 그 위에 제일 휘황찬란한 묘비를 세우라고 하는 거나 다름 없습니다.

머튼과 총아빠스 사이의 불화의 밑바닥에는 교회의 정체성과 사명에 대한 서로 다른 생각이 깔려 있었다. 머튼은 수도자라면 이 세상에서 벌어지고 있는 일들에 대해 예민하게 귀 기울여야 할 의무가 있고, 세상의 쇄신을 위해 수도자가 어떤 역할을 해야 한다고 보았다.

방해받지 않고 지속적이며 심오한 영적 쇄신에 교회의 활로가 달려 있습니다. 이런 쇄신은 역사적 조건하에서 표출될 것이며, 역사적 위기 상황의 진정한 정신적 이해를 요구할 것입니다. 즉, 그것의 내적 중요성이라는 점에서, 그리고 세속에서 인간의 성장 및 진리의 신장(요컨대 '하느님 나라'를 건설하는 것)이라는 점에서 역사적 위기 상황을 평가할 수 있어야 합니다. 수도자는 사물의 내적 영성의 차원에 맞춰져 있는 존재라고들 합니다. 그가 아무것도 듣지 않고 아무 말도 하지 않는다면 세상의 전반적 쇄신은 위험에 처할 것이요 완전히 불모의 상태가 될지도 모릅니다.

하지만 권위주의적 정신을 가진 사람들은 어떤 새로운 차원을 보거나 듣는 게 수도자의 역할이 아니라, 단지 어느 누군가가 규정해 준 만큼, 또한 규정해 주었기 때문에, 기존의 견해를 충실하게 따르는 것이 바로 수도자의 역할이라고 믿습니다. 수도자는 전위부대가 아니라 장교가 시키는 것만을 이행하는 후방의 화물 운송 부대에 속해 있다는 것입니다. 이렇게 되면, 역사적 맥락에서의 쇄신에 관한 한, 수도자의 역할은 단순히 높은 분들께 무조건 찬성하는 일밖에 없습니다. 그렇다면 시키는 대로 (교회 관료들의 목적과 지향에 맞춰) 기도만 하는 길밖에 없을 겁니다. 수도회를 '발전기'發電機라고 생각해 보면 이와 같이 됩니다. 다시 말해 장상이 이미 옳은 일이라고 정해 준 것을 계속해서 정당화하기 위해 영적 '전기'電氣를 발전發電하는 일만 하기 위해 수도자가 존재하게 되는 것입니다. 그렇다면 수도자는 어떤 경우, 어떤 상황에서나 자발성이나 창의성을 뜻하는 어떤 형태의 역할도 수행해서는 안 되게 됩니다. 그는 다른 사람이 자기를 위해 조심스럽게 선택해 준 것만을 보는 눈입니다. 관리자가 자기에게 유익하다고 선택해 준 것만을 듣는 귀입니다. 우리는 그리스도께서 그런 [수동적인] 눈이나 귀에 대해 뭐라고 말씀하셨는지 잘 알고 있습니다.

머튼은 이런 상황에서 순명해야 할 것인지 고민했다.

그렇다면 이렇게 물으시겠지요. 순명, (사랑과 같은 말인) 진정한 순명과 이런 상황을 어떻게 조화시킬 수 있을 것인가? 여기서 모든 걸 엎어 버리고 박차고 나가야 할까요, 아니면 그들에게 차라리 물에 뛰어들라고 말해야 할까요?

그러나 머튼은 순명하지 않으면 득보다 해가 크다는 점을 확신하고 있었으며, 어떤 일이 있어도 그것이 자기가 취할 길이라고는 생각하지 않았다.

논의를 위해 불순명의 가능성을 완전히 배제하지 않는다고 가정해 봅시다. 제가 왜 순명하지 않겠습니까? 평화를 위한 증인으로서? 상상의 허구에 반대하여 현실 속에서 교회의 진리를 증거하기 위해서? 아니면 화를 냄으로써 단지 제정신 속의 긴장과 실망을 솔직히 떨쳐 버리기 위해서?

제 경우에 어떤 선택을 하더라도 분명 역효과가 날 것이고 아무런 보람도 없을 것입니다. 그런 행동은 평화운동에 반대하는 증거로서 받아들여질 것이고, 편견과 자만에 가득 찬 이 사람들의 생각을 뒷받침해 줄 것입니다. 그렇게 되면 이 사람들은 사사건건 자기들이 모두 옳다고 생각하게 될 터이고, 평화의 문제에 대해 새로운 눈으로 볼 수 있는 기회를 영영 가지지 못하게 될 것입니다. 어쨌든 저는 감정을 폭발시킬 기회만 찾고 있는 사람이 아닙니다. 그렇게 하지 않아도 충분히 버틸 수 있습니다.

제가 속해 있는 곳이 바로 저 자신입니다. 이 길을 제 스스로 자유롭게 선택했고 그 길을 바꿀 기회가 왔을 때에도 이 길을 계속 걷겠다고 자유롭게 선택했습니다. 제가 [다른 사람들이 보기에] 눈엣가시라면 어쩔 수 없습니다. 굳이 그렇게 되려고 해서가 아니라 제 양심이 시키는 대로 말하고, 저 자신의 이해관계와 상관없이 행동하기 때문입니다. 그러므로 장상들이 제게 가하는 제약을 기꺼이 받아들이려고 합니다. 그러한 제약을 가하는 표면상의 이유에 제가 동의하거나, 하지 않아서가 아니라, 이런 일을 통해 어떤 일 —

지금은 제가 볼 수도 없고 이해할 수도 없는 — 을 이루시려는 하느님께 대한 사랑 때문입니다. 하느님께서는 공정하지 않게 또는 현명하지 않게 이런 제약을 내리는 사람들을 나중에 조용히 따로 다루실 수 있고, 또 그렇게 하실 것입니다. 하지만 그것은 그분이 하실 일이고 제가 할 수 있는 일이 아닙니다. 그런 차원에서 저는 사랑과 순명 사이에 아무런 모순도 없다고 생각합니다. 물론 이것만이 잘못된 명령의 한계와 문제점을 초월할 수 있는 유일한 길입니다.[3]

몇 주 후 머튼은 다시 편지를 보내서 장상의 집필 금지령 뒤에는 자기가 '공산당 신문'에 글을 쓰고 있다는 혐의가 도사리고 있음을 알렸다. 『가톨릭 노동자』지에 반대하는 사람들이 당시에 흔히 내세우던 주장이었다.[4]

머튼은 돔 가브리엘 총아빠스의 편지에 대한 답신에서 자신이 순명하겠다고 약속하면서 책 내용에 대해 한 번 더 해명을 시도했다. 머튼은 5월 중순 총아빠스의 재답신을 받았다. 총아빠스는 자신의 명령을 재차 확인하면서 교육을 목적으로 하는 수도회와 기도를 목적으로 하는 수도회의 차이를 강조했다. 돔 가브리엘 총아빠스는 이렇게 말했다. "세상

---

[3] 1962년 4월 29일자 짐 포리스트에게 보낸 편지. 전문 수록: *The Hidden Ground of Love: The Letters of Thomas Merton on Religious Experience and Social Concerns*, ed. William Shannon (New York: Farrar, Straus, Giroux 1985) 266-8 [*HGL*로 약칭].

[4] 1962년 6월 14일자 짐 포리스트에게 보낸 편지; *HGL*, 268-9.

의 운명에 대해 무관심하라는 말이 아닙니다. 하지만 수사님은 집필보다도 기도와 하느님께로 향한 삶을 통해 세상을 바꿀 힘을 가지고 계시다고 믿습니다. 집필한 책을 출판하시지 말라고, 또 지금부터 핵전쟁이나 전쟁 준비 등에 관한 주제로 집필하시지 말라고 요청하면서도 수사님의 진심을 해친다고 생각하지 않는 이유가 바로 이 때문입니다."[5]

머튼이 이 책에서 지적하고 있듯이 뻔뻔할 정도로 부도덕한 책인 마키아벨리의 『군주론』은 "가톨릭 신자들이 읽어서는 안 되는 금서 목록에 오른 적이 없었다"[6]는 점을 기억하면 이것은 역설적인 일이 아닐 수 없었다.

머튼은 돔 가브리엘 총아빠스의 명령에 어느 정도 순명했다. 『포스트 그리스도교 시대의 평화』는 출판사를 찾지도 않았고 트라피스트회의 출판 검열 담당자에게 제출되지도 않았다. 따라서 이 책은 일반인들에게는 거의 알려지지 않았지만 그렇다고 해서 완전히 묻힌 것도 아니었다. 머튼은 책의 원고를 다른 사람에게 넘겨주어 그 당시 소련 내 [양심 인사들이 주로 의존하던 비밀출판 형태인] 사미즈다트처럼 비밀리에 유통될 수 있게 했다. 머튼의 직속 관구장이던 돔 제임스 폭스 신부는 급진적인 인물이 아니었지만 돔 가브리엘 총아빠스의 금지령이 상업적 형태의 대중용 출판에만 해당

---

⁵ 참조: Michael Mott, *The Seven Mountains of Thomas Merton* (Boston: Houghton Mifflin 1984) 379; Mott의 미주 no.228, p.623.

⁶ 이 책 제6장("마키아벨리의 유산") 112쪽.

되는 명령이라는 유권해석을 내렸다. 돔 제임스 신부는 또한 일반 대중용 책이 아닌 경우, 수도회 전체의 출판 검열 담당자에게 원고를 제출할 필요도 없다고 보았다. 따라서 등사본으로 나온 책자와 소수 회람용 책자를 유포하는 것은 아무 문제가 없다고 판단한 것이다.[7]

돔 제임스 신부는 수도회의 한 신참 수련자에게 이 책의 원고를 등사형판에 타자로 치도록 지시했다. 『포스트 그리스도교 시대의 평화』 초판 수백 부가 이런 방식을 통해 인쇄되었다. 6월경 머튼은 자신과 서신을 교환하던 많은 지인들에게 등사본을 우송하기 시작했다. 책을 받은 사람 중에는 케네디 대통령의 제수인 에델 케네디(로버트 케네디의 부인 — 역자 주), 그리고 훗날 교황 바오로 6세가 된 밀라노의 몬티니 추기경도 포함되어 있었다.

얼마 안 가 재판再版을 찍게 되었다. 그래서 이미 1962년 말경에는 『포스트 그리스도교 시대의 평화』 5~600부가 사람들 사이에 돌아다니고 있었다. 찾는 사람들이 너무 많아 책은 한곳에 머물지 않고 많은 사람들의 손을 거쳤다. 등사본이 나온 지 몇 달 만에 수천 명의 관심 있는 독자들이 머튼의 금서를 접하게 된 것이다. 이 중에는 영향력 있는 인사들도 많았다.

[7] 함구령이 내린 후 머튼은 전쟁과 평화에 대해서 짧은 기사조차 쓸 수 없게 되었다. 내 기억으로 『가톨릭 노동자』지에 '베네딕도회 수사'라는 필명으로 기사 한 편을 싣기도 했고, *Commonweal*지에 Marco J. Frisbee라는 이름으로 독자 편지가 실린 적도 있다.

나도 『포스트 그리스도교 시대의 평화』를 일부 배포하는 일을 맡았다. 1962년 여름, 나는 '가톨릭 구호 서비스'라는 기관의 직원으로 일했는데 머튼이 등사본 20부를 보내면서 다른 사람들에게 배포하라고 부탁했다. 그중 한 권을 나는 지금도 간직하고 있는데 책의 여백을 살펴보면 다른 한 사람에게 빌려 줬던 표시가 남아 있다.

책을 읽고 내가 머튼에게 보냈던 답장의 사본은 지금 찾을 수가 없고 루이스빌의 머튼 아카이브archive에도 그 편지가 남아 있지 않다.[8] 하지만 머튼이 내게 7월 7일자로 보낸 답장을 보면, 다음에 책을 개정할 때는 이러저러한 점을 고치면 좋겠다고 내가 제안했다는 사실이 나와 있다. 나는 머튼이 도로시 데이와 너무나 비슷했던 자신의 신념을 그 책에서 더욱 강력하게 표출하지 않은 것을 비판했고, 머튼이 특히 중요하게 생각했던 아시시의 프란치스코 성인에 대한 부분을 추가하면 좋겠다고 제안했다. 5차 십자군 원정 당시 프란치스코 성인은 비무장 평화운동의 모범을 보여 몸소 이집트까지 가서 그리스도교도의 주적이었던 말리크 알 카밀 술탄을 직접 만나기까지 했다. 또한 프란치스코 성인은 평신도를 위한 재속삼회를 창설했고 그 회원들에게 전쟁 무기를 소지하거나 사용하지 못하게 했다. 나의 이러한 지적에 대해 머튼은 다음과 같은 답장을 보내왔다.

[8] The Thomas Merton Center, Bellarmine University, 2001 Newburg Road, Louisville, KY 40205; www.merton.org.

하고 싶은 말을 다 하고 검열을 통과하려면 얼마나 많은 난
리법석을 치러야 할까요? 모든 말을 조심하고 모든 입장에
서 균형을 잡느라 이런저런 조건을 붙이다 보니 딱 중간에
서서 완전히 객관적으로 처신할 수밖에 없었습니다. … [그
러면서] 양심에 따라 진실을 말해야 하니 얼마나 어렵겠습
니까? 길게 보면 결과는 제로에 가깝습니다. … 만일 책을
다시 내게 된다면 말씀하신 바를 유념하겠습니다.[9]

오랜 세월이 지나 다시 읽어 보니, 집필 금지령 직후에 화가
나서 어쩔 줄 모르던 머튼의 태도가 많이 수그러든 것 같기
도하고, 아니면 애써 감추고 있는 것 같기도 해서 나 자신도
놀랄 정도다. 또한 내가 말한 비판과 지적에 대해 자기 책을
적극적으로 변호하지 않는 그의 태도도 인상적이다. 자기
나이의 절반도 안 되는 독자에게 답변하는 자세가 놀랄 만
큼 겸손하다. 하지만 머튼의 일기와 서신을 살펴보면 자기
가 중요하다고 굳게 믿었던 문제를 놓고 함구령이 내린 것
을 견디느라 얼마나 힘들어했는지 잘 드러나 있다. 분명히
머튼은 그 책을 아무렇지도 않게 쓴 것이 아니었고, 책이 출
판되지 않아도 그만이라고 생각한 것은 더더욱 아니었다.

출판이 금지되지 않았더라면 분명히 내용은 수정했겠지
만, 그래도 전체 흐름은 지금 이 책과 크게 달라졌을 거라고
는 생각되지 않는다.

[9] 1962년 7월 7일자 짐 포리스트에게 보낸 편지; *HGL*, 269.

이때 천만다행으로 머튼이 말하지 못했던 내용을 교황 요한 23세가 말씀하기 시작하셨다.[10] 군비 경쟁과 핵무기에 대한 여러 차례의 교황 성명이 있은 후 1963년 4월에 회칙 「지상의 평화」(*Pacem in Terris*)가 나왔다. 이 문서는 발표되자마자 현대에 들어 가장 널리 논의된 교황 회칙으로 자리 잡았다. 가톨릭 신자뿐만 아니라 선의의 모든 사람들에게 반포하신 이 회칙에서 교황은 가장 기본적인 인권이 생존권임을 강조하셨다. 교황은 군비 경쟁과 같은 생명 위협에 반대하는 주장을 열정적으로 펼치셨고, 전쟁이 더 이상 '침해당한 권리를 되찾기 위한 적절한 수단'이 아니라고 말씀하셨으며, 군 복무에 대한 양심적 병역 거부자들을 법적으로 보호해야

[10] 머튼은 1960년 2월 11일 교황 요한 23세와 처음으로 직접 접촉했다. 이날 머튼은 바티칸으로부터 교황의 자필 서명과 수련자들에게 보내는 축복이 담긴 초상화 상본을 우편으로 받았다. 이날 머튼은 교황에게 답장을 보내, 수도회 장상으로부터 개신교와 가톨릭의 신학자, 정신과 의사, 작가, 예술가로 이루어진 '소규모 피정 계획을 아주 은밀하게 시작해도 좋다'는 허락을 받았음을 밝혔다. 머튼이 전에도 이 계획을 교황에게 편지로 설명한 바 있는데, 애초에는 라틴아메리카를 염두에 두었지만 결국 겟세마니 수도원에서 열리게 되었다. 머튼은 편지에 이렇게 썼다. "저희의 목적은 각자 전문 분야에서 명망이 있으면서 영성적 측면에 관심을 가진 사람들을 한데 모아 가톨릭 관상가들과의 비공식적 접촉과 정신적·문화적 대화를 통해 무언가를 얻을 수 있도록 하려는 데 있습니다." 베네치아의 건축가이자 교황의 친구인 로렌조 바르바토가 4월 11일 겟세마니를 방문하여 교황의 응답을 전했다. 바르바토는 요한 23세가 사용하던 섬세하게 자수를 놓은 영대(領帶)를 머튼에게 전했다. 머튼에게 주는 교황의 선물이었다. 그 후 얼마 지나지 않아 머튼의 관구장인 돔 제임스 폭스 신부는 바티칸 국무원장 타르디니 추기경으로부터 편지를 받았는데, '루이스 신부(머튼)가 겟세마니의 성모 수도원에서 지도하는 개신교 신자들과의 피정'에 대해 교황이 특별한 관심을 가지고 있다는 내용이었다.

한다고 촉구하셨다. 또 권력을 가진 사람들에게 맹목적으로 복종하지 말라고 하시면서, 생명을 보호하고 도덕성을 옹호하기 위해 개인의 책임이 중요함을 강조하셨다. "세속 권력이 하느님의 의지에 반하는 입법을 하거나 그런 행위를 한다면, 어떤 법률이나 공식 승인도 시민의 양심에 구속력을 가질 수 없다. 하느님은 인간보다 더 많은 경배를 받으실 권리가 있기 때문이다."[11]

이 소식을 듣고 머튼은 다시 총아빠스에게 편지를 보내, 이제는 『포스트 그리스도교 시대의 평화』를 수정·출간해도 되지 않을지 문의했다. "교황께서 [이런 말씀을 하시면서도] 우리 출판 검열 책임자에게 회칙을 미리 보내시지 않아도 되니 얼마나 좋은 일입니까? 그렇다면 저도 다시 집필을 시작할 수 있지 않겠습니까?"[12] 하지만 돔 가브리엘 총아빠스는 전혀 입장을 바꾸지 않았다. 머튼은 일기에 다음과 같이 썼다. "총아빠스의 심중에는 (자기 조국) 프랑스도 핵무기 보유해야 하며, 필요하다면 쓸 수도 있어야 한다는 확고한 신념이 자리 잡고 있는 듯하다. 총아빠스는 회칙 「지상의 평화」가 나왔어도 한 나라가 자기 방위를 위해 핵무장을 할 권리가 있다는 점에는 달라진 게 아무것도 없다고 말한다."[13]

[11] 사목 헌장 「기쁨과 희망」(*Gaudium et Spes*) 51항.

[12] 1963년 4월 26일자 짐 포리스트에게 보낸 편지; *HGL*, 274.

[13] Thomas Merton, *Turning Toward the World*, The Journals of Thomas Merton, vol.4, 1960~1963 (New York: HarperCollins 1966) entry for May 10, 1963, 317.

1959년 1월 교황 요한 23세는 근 백 년 만에 가톨릭 교회의 공의회를 소집하였다. 1962년 10월경 공의회가 한창 진행되고 있던 중 공교롭게도 쿠바 미사일 사태가 발생하여 미국과 소련이 핵전쟁 일보 직전까지 가게 되었다.

공의회 토의에서 일익을 담당할 방도를 찾던 머튼은 1962년 12월 국제 화해 우애회(The International Fellowship of Reconciliation) 간사 힐데가르드 고스마이어와 쟝 고스마이어에게 『포스트 그리스도교 시대의 평화』 사본을 보냈다. 이 두 사람은 신앙교리성 장관이자 공의회의 일차 초안 작성 책임자 오타비아니 추기경과 긴밀한 연락을 취하고 있었다. 이 초안 작성 단계에서 '13번째 초안', 즉 전쟁 문제를 포함하여 현대 세계에서 교회의 역할을 다룬 문헌이 특히 중요하다.

초안과 수정안 작성에 2년이 걸리고 다시 수많은 토의를 거친 끝에 '13번째 초안'은 마침내 1965년 '현대 세계의 교회에 관한 사목헌장'인 「기쁨과 희망」*Gaudium et Spes*으로 발표되었다. 공의회의 가장 중요한 문헌에 속하는 이 헌장에서는 제2차 바티칸 공의회 문헌 중 유일하게 다음과 같은 구체적인 비판을 담고 있다.

> 도시 전체나 광범한 지역과 그 주민들에게 무차별 파괴를 자행하는 모든 전쟁 행위는 하느님을 거스르고 인간 자신을 거스르는 범죄이다. 이는 확고히 또 단호히 단죄받아야 한다.[14]▶

이것은 머튼의 『포스트 그리스도교 시대의 평화』에 나오는 다음 구절과 크게 다르지 않다.

> 내가 작금의 긴박한 전쟁 직전 상황 속에서 단 하나의 근본적인 진리를 주장한다면 그것은 바로 이런 피상적이고 극단적인 종교적 신조를 반대하는 것이다. 모든 핵전쟁, 그리고 꼭 핵무기가 아니라도 어떤 방식으로든 도시와 인간과 국가와 문화를 대규모로 파괴하는 것은 극히 중대한 범죄 행위이며, 이것은 그리스도교 윤리에 의해서뿐만 아니라 그 어떤 정상적인 도덕률에 의해서도 금지되는 행위다.[15]

폭력을 전면 거부하고 비폭력적 수단을 선택한 사람들이 공의회의 인준을 얻어 낸 것이다.

> 똑같은 정신으로, 권리 주장에서 폭력 행위를 거부하고, 또한 다른 사람이나 공동체의 권리와 의무를 침해하지 않는 가운데, 약자에게 주어지는 방위 수단에 의지하는 사람들을 우리는 치하하지 않을 수 없다.[16]

또한 공의회는 양심적 병역 거부자를 지지하면서 모든 정부

[14] 「기쁨과 희망」 80항.

[15] 이 책 제2장("우리가 평화를 선택할 수 있는가?") 60쪽.

[16] 「기쁨과 희망」 78항.

가 "양심의 동기에서 무기 사용을 거부하는 사람들의 경우를 위한 법률을 인간답게 마련하여, 인간 공동체에 대해 다른 형태의 봉사를 인정하는 것이 마땅하다"[17]고 촉구했다.

공의회의 교부들은 머튼이 『포스트 그리스도교 시대의 평화』에서 주장하는 것처럼 '자연법의 보편적 원리'를 거스르는 명령은 죄악이고, "맹목적인 복종도 그 명령에 복종하는 사람들을 사면할 수 없"으며, "이런 범죄를 명령하는 자들에게 공공연히 저항하기를 두려워하지 않는 저 사람들의 정신은 최상의 찬사를 받아야 한다"[18]고 선언했다.

공의회에서 머튼이 어느 정도나 역할을 했는지 우리가 알 길이 없지만 그의 영향력이 컸다는 것은 의심할 여지가 없으며 그것은 등사본 『포스트 그리스도교 시대의 평화』를 배포한 것과도 관련이 있을 것이다.

이제 그 책이 쓰인 지 42년, 저자가 서거한 지 36년 만에 정식 출판 서지 사항이 인쇄된 『포스트 그리스도교 시대의 평화』가 출간되었다. 립 반 윙클(워싱턴 어빙이 1819년에 쓴 동명의 단편소설 속에 나오는 인물로서 20년간 마법의 잠을 자고 깨어나 독립 전쟁이 이미 끝나 있는 것을 알게 됨 — 역자 주)보다 더 오래 잠들어 있던 원고였다.

그런데 어떻게 1962년 당시의 상황을 다루는 책이, 소련이 더 이상 존재하지 않고 냉전이 역사책의 한 장으로만 다

루어지는 오늘날에도 의미가 있을까? 1945년 이래 위기 상황이 몇 번 있었지만 전쟁에서 핵무기를 실제로 사용한 경우는 한 번도 없었다. 미국과 러시아의 핵무기 비축고가 많이 줄었고, 핵실험도 주로 지하에서만 드물게 이루어지는 것이 사실이다. 1960년대에 흔히 들을 수 있었던, 핵 억지력의 상징과 같은 불길한 표현이었던 '상호 확증 파괴 전략' MAD Strategy과 같은 말은 오늘날 더 이상 접하기 어렵다.[19] 요즘 『포스트 그리스도교 시대의 평화』에 자주 등장하는 허만 칸이나 에드워드 텔러와 같은 이름을 기억하는 사람은 거의 없다.

하지만 핵전쟁을 일으킬 도구를 우리는 아직도 보유하고 있다. 지난 30년간 일련의 협상 덕에 핵무기가 많이 폐기되었지만 미국은 핵무기 격납고 안에 아직도 10,400개의 핵탄두를 보유하고 있고, 러시아 역시 이와 비슷한 규모의 핵탄두를 비축하고 있다.[20] 한편 미국의 조지 부시 행정부는 전투에서 사용하기에 적합한 '신세대' 핵무기 개발을 촉구하고 있다. 그동안 핵무기를 보유한 나라는 미국, 러시아, 영국, 프랑스뿐만 아니라 중국, 인도, 파키스탄, 이스라엘로 늘어났고, 다른 나라들도 핵무기를 보유하고 있거나 핵무기를 개발하기 위한 조처를 취하고 있는 것으로 알려져 있다. 또

[19] 미 국방장관 로버트 맥나마라는 '상호 확증 파괴 전략'을 적국 인구의 25%, 산업체의 50%를 파괴시키는 것이라고 정의했다.

[20] 참조: *Bulletin of the Atomic Scientists*: www.thebulletin.org/issues/nukenotes/jf04nukenote.html.

한 알카에다와 같은 테러 조직이 핵무기를 입수할 위험도 크다. 핵무기와 기타 대량 살상 무기와 관련된 문제가 여전히 존재하고 있으며 전쟁에서 핵무기가 사용될 가능성이 점점 더 늘어나고 있는 형편이다.

머튼은 소련의 붕괴와 바르샤바 조약기구의 해체를 예견하지 못했다. 2001년 9·11 사태에 대응하여 부시 행정부가 현재 벌이고 있는 '대테러 전쟁'도 예상하지 못했다. 1962년 당시만 해도 탈레반이나 알카에다와 같은 조직은 존재하지 않았다. 하지만 『포스트 그리스도교 시대의 평화』를 읽다 보면 '테러리즘'이라는 단어가 놀랄 만큼 자주 등장한다. 물론 이때 테러리즘은 비밀 집단의 활동을 지칭하는 것이 아니고 수많은 비전투원 민간인의 살상을 야기할 전술을 서슴지 않고 채택하는 각국 정부의 활동을 지칭한다.

머튼이 공산주의에 대해 말할 때도 테러리즘에 대한 언급을 적절하게 구사하고 있음을 살펴보면 흥미롭다.

> 전체주의와 관련해 우리 외부의 적인 공산주의에 대해서뿐만 아니라 우리 내부의 파시즘적 경향 또는 집단주의적 경향에 대해서도 반대해야 한다. 전쟁과 관련해서도 호전적인 공산주의 세력에 대해서뿐만 아니라 우리 스스로의 폭력과 광기와 탐욕에 대해서도 반대해야 한다.[21]

21 이 책 제2장("우리가 평화를 선택할 수 있는가?") 48쪽.

이 말을 다음과 같이 조금만 바꾸면 오늘날에도 적절한 의미를 가질 것이다.

> 전체주의와 관련해 우리 외부의 적인 알카에다와 같은 테러 조직에 대해서뿐만 아니라 우리 내부의 파시즘적 경향 또는 집단주의적 경향에 대해서도 반대해야 한다. 전쟁과 관련해서도 호전적인 알카에다와 같은 테러 조직에 대해서뿐만 아니라 우리 스스로의 폭력과 광기와 탐욕에 대해서도 반대해야 한다.

오늘의 세계는 여러 측면에서 1962년 당시와 크게 다르지 않다. 그때나 지금이나 세상 종말의 날을 어렵지 않게 상상해 볼 수 있을 정도다. 핵전쟁에 의한 파멸은 우리 스스로 아주 쉽게 상상해 볼 수 있는 여러 가지 암울한 미래상 중 하나일 뿐이다.

선전 목적의 언어에 언제나 민감하게 반응하던 머튼은 '악의 축'이라는 요즘 표현에 놀라지 않을 것이고, 악을 행하는 것은 자신들이 아니라 적이라고 생각하는 미국민들의 변함없는 태도에도 놀라지 않을 것이다.

국익에 도움이 될 때에만 유엔이나 기타 국제기구에 대해 참여하겠다는 미국의 태도에 대해서도 머튼은 놀라지 않을 것이다. 『포스트 그리스도교 시대의 평화』에 나오는 다음과 같은 말을 상기해 보라.

실제로 강대국들은 유엔을 정치와 선전의 씨름판으로 만들었고 자기 이익에 부합된다면 언제든지 유엔을 무시하고 독자적으로 행동한다는 점을 보여 주었다.[22]

이와 유사한 심리적 태도로 인해 "우리가 실제로 군사적 위협을 받고 있어서가 아니라, 우리가 '도발'을 당했고 '위협'을 받고 있으므로 가장 극단적인 조치를 취해도 무방하다는 생각에 근거를 두고" 선제공격 전쟁을 감행하겠다는 유혹이 생겨난다.[23]

[자기들이] 진정 선의의 국민인데 왜 그렇게 증오의 대상이 되는지 이유를 알지 못해 당혹해하는 점 역시 시간이 흘렀지만 변하지 않은 면이다.

> 우리 우방들의 거만한 경멸과 우리 적들의 적개심 앞에서 우리는 도대체 왜 바깥세상이 우리를 그토록 미워하는지 이해하지 못한다. 우리는 스스로 점잖고 마음 넓고 선량한 국민이라고 생각하는데 말이다. 그리고 우리는 그저 남들이 우리를 간섭하지만 않으면 우리끼리 돈 많이 벌면서 행복하게 살아갈 수 있을 텐데라고 생각하곤 한다.[24]

---

[22] 이 책 제3장("죽음의 무도") 65쪽.

[23] 이 책 제10장("평화를 위한 행동") 173쪽.

[24] 이 책 제2장("우리가 평화를 선택할 수 있는가?") 59쪽.

머튼의 주장 중 오늘날에도 적절한 주제 중 하나는, 전쟁을 일으키려는 나라가 추상적으로는 전시에 도덕적 자제력을 발휘해서 행동에 임하겠다고 약속하다가도 실제 전시 상황에 처하면 이런 공약은 흐지부지되고 끝내 완전히 소멸되어 더욱더 극단적인 행동을 취하게 된다는 사실이다. 제2차 세계대전 초기에 미국과 영국은 적군이 하듯이 도시에 대한 공습을 하지 않겠다고 맹약했지만, 결국 시간이 지난 후에 주저하지 않고 도시 전 지역을 정당한 공습 목표로 삼았던 것이다. 머튼은 다음과 같이 말한다.

> 현실적인 원칙을 기반으로 한 도덕관념은 매우 불확실하고 매우 유동적인 경향이 있다. 따라서 전쟁 당시의 도덕적 판단이라는 것이 명확한 도덕 원칙에 근거한 것이 아니라, 결과에 대한 단기적인 추측에 근거한 기회주의적인 일련의 선택이 되고 말았던 것이다.[25]

첫 번째 등사본이 우편으로 배달되었을 때 나는 책제목을 보고 경악을 금치 못했던 기억이 생생하다. 내가 정말 포스트 그리스도교 시대에 살고 있단 말인가? 따지고 보면 대다수 미국인들이 신앙을 가지고 있다고 고백하고 있으며 신자들로 가득 찬 교회를 어렵잖게 찾을 수 있지 않은가? 그러나 나는 우리의 신앙생활이 여러 면에서 헐리우드의 촬영장을

[25] 이 책 제7장("현대전의 정의") 132쪽.

닮았음을 부인할 수 없었다. 앞은 멋있는 외양을 하고 있지만 뒤는 지지대로 받치고 있는 세트장 말이다. 머튼은 이렇게 말한다.

> 좋든 싫든 우리는 이미 포스트 그리스도교적 세상에 살고 있음을 인정해야겠다. 즉, 현대 세계에서 그리스도교적 이상과 태도를 추구하는 사람들이 점점 더 줄어들고 있는 것이 사실이다. 오늘날 우리 사회에 존재하는 그리스도교적 외양은 거의 속빈 강정과 같은 것이며, 과거에 '그리스도교 사회'라고 불리던 사회조차 오늘날에는 무늬만 그리스도교이고 사실은 완전히 유물론적인 이교도의 영향하에 놓여 있다.[26] … 비그리스도인뿐만 아니라 그리스도인들까지 비폭력과 사랑에 관한 복음의 윤리를 '감상적'이라고 비하하곤 한다.[27]

하지만 오늘날 머튼이 『포스트 그리스도교 시대의 평화』를 탈고할 때와 달라진 것도 적지 않다. 그리스도인들 사이에서 '평화 만들기'라는 말을 1962년 당시처럼 불온한 용어로 받아들이지 않는 점이 그 한 가지 변화인데 아마 머튼은 이에 대해 대단히 기뻐할 것이다. 이것은 실로 심대한 태도 변화인데 부분적으로는 이 역시 머튼 덕분이라고 할 수 있다.

[26] 이 책 제8장("냉전의 종교적 문제") 144쪽.
[27] 이 책 제11장("동과 서를 넘어서") 180쪽.

또 다른 중요한 시대 변화의 징표는 몇 년 전 뉴욕 대교구에서 도로시 데이의 시성과 성인 축일 지정을 공식적으로 청원했다는 사실이다. 바티칸은 이미 그녀에게 '하느님의 종'이라는 칭호를 내렸다.

머튼 시대 이래 가톨릭 교회는 계속해서 평화의 목소리를 대변했다. 9·11 테러 공격이나 이라크에 대한 미국의 '선제' 공격과 같은 사건에도 불구하고 가톨릭 교회의 평화를 향한 의지는 시들지 않았다.

머튼이 아직 살아 있고 검열 때문에 괴로움을 당하지 않는다면 아마 『포스트 그리스도교 시대의 평화』를 개정하는 작업에 착수했으리라. 하지만 여러 문장들, 심지어 몇몇 장들은 변화 없이 그대로 남을 가능성이 크다. 머튼은 그리스도가 국기를 흔들지 않으시고 그리스도교가 특정 정치 세력에 속하지 않는다는 점을 한 번 더 우리에게 상기시켜 줄 것이다. 또한 "비폭력적이고 합리적인 조치는 무기보다 더 강력하다는 메시지가 '기쁜 소식'의 핵심이며 초대교회가 정신적인 무기만으로 로마제국 전체를 정복하지 않았던가?"라고 한 번 더 우리에게 반문할 것이다.

편집자 주

머튼의 원고는 꼭 필요한 몇 군데를 교정했을 뿐, 최소한의 편집만을 거쳐 여기에 그대로 수록되었다. 머튼이 급하게 작업한 까닭에 몇 가지 기술적 문제가 발생했는데 (그의 등사본 책들이 흔히 그러하듯이) 여기서는 아래와 같이 수정하였다.

머튼이 각 장의 제목을 수없이 수정하고 순서를 워낙 많이 바꾸었기 때문에 등사본의 장 번호를 그대로 쓸 수 없을 정도였다. 따라서 이 책에서는 등사본의 장 번호가 혼란만 준다고 판단하여 그것을 무시하고 단순히 수록 순서대로 장의 순서를 1장에서 17장까지 일련번호로 매겼다.

원고에 따르면 머튼은 집필 도중 4장 내용 중 일부를 10장으로 옮긴 것으로 나온다. 따라서 등사본에는 「그리스도인은 평화를 가꾸는 사람들」이라는 장이 두 번 나온다. 또한 머튼은 장 제목을 여러 군데에서 이리저리 바꾸거나 없애기도 했다. 그런 제목 중 하나가 「평화를 위한 행동」인데 이 제목은 10장의 내용과 잘 부합되었다.

머튼이 직접 작성한 몇 개의 각주는 각 쪽 하단에 원래대로 기재하였다. 편집자가 추가한 미주는 머튼이 채우지 않았거나 개략적으로만 표시해 둔 내용의 출전을 찾아 기록하고 몇 가지 설명을 추가한 것이다. 사십여 년이 지난 시점에서 본문에 정확한 단서가 없을 경우 모든 인용문을 정확히 추적하기가 불가능했음을 부기한다.

많은 분들의 도움과 지원이 없었더라면 이 책은 출간될 수 없었을 것이다. 성 미카엘 수도원의 루이즈 지라드 자료실장은 판본들의 교차 검토를 제안해서 이 원고가 세상의 빛을 보게끔 해 주었다. 머튼 재단의 토마신 오캘라헌은 1998년 여름 결정적인 판본을 제공했다. 몇 년 뒤 머튼 수집가인 앨버트 롬케마가 등사본을 입수했고 그의 열정으로 이 유실본이 출판계의 새로운 관심을 끌 수 있었다. 로버트 엘스버그가 등사본을 읽고 그것이 전쟁 중인 지금 현 시점에서 우리에게 어떤 메시지를 전하는지를 알아냈다. 메어리 스튜어트는 머튼의 절친한 친구답게 사랑과 격려를 아끼지 않았는데 그녀의 열정으로 이 프로젝트가 완성될 수 있었다.

1

평화는 종교의 책임

1918년에서 1939년 사이 유럽과 미국 전역에는 종교적 이유에 근거한 정교한 반전론이 팽배해 있었다. 당시 독일, 영국, 미국에서 대규모 평화운동이 일어났다. 하지만 이런 평화운동은 한편으로는 변변한 저항도 못한 채 전체주의 국가들에 의해 쉽사리 분쇄되었고, 또 다른 한편으로는 소위 '전형적인 정당한 전쟁 또는 방어 전쟁'의 발발로 인해 억압되었다(제2차 세계대전을 뜻함 — 역자 주). 1945년 이후로는 그 이전 시대의 반전운동에 비견할 만한 평화운동을 찾아보기 힘들어졌다. 오히려 우리는 '평화운동'은 곧 공산주의라는 식의 황당무계하고 무지막지한 허구적 주장을 목격해 왔다.

이러한 평화운동에 대해 철의 장막 저편에서는 따질 필요도 없다는 식으로 무조건 수용했고, 철의 장막 이편에서는 핵전쟁을 반대하는 불편부당한 민간단체 또는 종교단체의 노력을 모조리 비현실적이거나 불온하다고 보았다.

하지만 역사상 전쟁에 대한 반대가 오늘날보다 더 화급하고 소중했던 적도 없었다. 종교적인 반전이 오늘날처럼 요청된 적이 없었다는 말이다. 핵폭탄에 대해 쉬쉬하며 덮어두거나 수동적으로 체념하거나 극단적으로 혐오하는 태도가 가장 흔히 찾아볼 수 있는 '그리스도교적' 반응인 것 같다. 이 문제에 관해 그간 신학적·윤리적 논의가 없었다는 말은 아니다. 그런데 이러한 논의들은 핵무기의 자의적 사용을 부도덕하다고 규정하는 것에 대해 왠지 모르게 주저하는 듯한 특징을 보인다. 물론 이른바 일부 '평화 교단' ― 퀘이커 교도, 메노파 교도 등 ― 에서는 핵무기를 일체 거부하고 있다. 하지만 가톨릭과 개신교 신학자들은 핵전쟁을 전통적인 '정당한 전쟁'(正戰) 이론의 틀 속에서 해석하려는 경향을 많이 취해 왔다. 달리 말하자면 이러한 논의는 핵전쟁에 반대하는 것이 아니고, 핵 억지력과 냉전 강박증에 대해 평화적 대안을 찾으려는 노력은 더더욱 아니다. 오히려 그것은 은연중에 머지않아 일어날 것이라고들 하는 핵전쟁이라는 새로운 형태의 전쟁을 적어도 어느 정도 제한된 정도이긴 하나 어쨌든 정당화하려는 시도에 불과하다. 또한 오늘날의 신학 사상은 핵전쟁을 점점 더 용인하려는 듯한 경향이 있고, 그것을 공산주의의 승리와 비교하여 '차악'으로 여기며 [공산주의라는] '거악'을 막기 위해 '차악'을 이용할 수 있는 현실적 방안을 찾으려는 듯이 보인다.

하지만 진정으로 종교적 관점, 특히 그리스도교적 관점은 이런 따위의 생각과는 완전히 달라야 할 것이다. 따라서 목전에 닥친 냉전의 위기론에서 한 걸음 뒤로 물러나 우리 자신의 이해관계 또는 우리 자신의 생존이 걸린 문제로서가 아니라, 도덕적 진리의 빛에만 의지하여 핵전쟁의 문제를 판단해 보려는 것이 이 책의 목적이다. 모름지기 그리스도인이라면 핵전쟁이란 너무나 끔찍해서 최선의 목적을 위한다 하더라도 정당화될 수 없고 심지어 지고지순의 가치를 옹호하기 위해서도 정당화될 수 없는 어떤 것, 따라서 그 자체가 도덕적 악이 아니겠는가라는 점을 숙고해야 한다.

그렇다고 해서 이 말이 무조건적 비폭력 평화주의로서 전쟁을 반대한다는 뜻은 아니다. 여기서 우리는, '정당한 전쟁'이 적어도 이론적으로는 가능하다는 전제를 깔고, 또한 정당한 전쟁이 일어날 경우 그리스도인이 자기 조국을 지킬 수밖에 없다는 점을 인정하는 바탕 위에서, 엄청난 양의 핵무기를 무차별 사용하거나 전 세계적 대재앙을 불러올 것이 불 보듯 뻔한 상태에서 제한적 핵 선제공격을 가하는 것이 어떤 식으로든 정당화될 수 있을까 하는 의문점을 검토하고자 한다. 만일 이런 식의 정당화 논리가 의롭지 않고 비인도적이라면 우리는 우리 스스로의 사고방식을 완전히 바꾸어야 하며, 핵 사용을 노골적으로 위협하지는 않는다 하더라도 결국 핵무기를 무제한으로 사용하게 될 것을 가정하는 기존의 핵 정책을 폐기해야 할 것이다. 그리고 정치적 타산과는 전혀 무관하게 그렇게 해야만 할 것이다.

이 말이 옳다면 우리는 언젠가는 전쟁이라는 문제 그 자체와 직면할 수밖에 없다. 지금은 대규모 전쟁이 일어날 경우 예고 없이 전 지구적 핵 재앙으로 번질 가능성이 높은 시대이므로 국제 문제 해결 수단으로서의 전쟁을 철폐하기 위한 우리의 의무를 게을리 할 수 없게 되었다. 그렇지만 도덕적 가치가 대체로 무의미한 것으로 치부되고, 그리스도인 스스로가 이런 문제에 있어 극히 중요한 그리스도교 윤리를 무시하거나 회피하고 있는 판에 우리가 어떻게 이런 의무를 다할 수 있을 것인가? 그런데 포용과 객관성과 절제와 인권 존중의 풍토 속에서 이런 긴요한 문제를 논의하지 않는 한 그것을 해결하기란 요원하다. 솔직히 말해 그리스도교적 휴머니즘과 자애의 정신이 결여된 분위기 속에서 포용과 정의의 풍토를 기대하기는 불가능하다.

서구권이건 동구권이건, 그리스도인이건 비그리스도인이건 핵무기의 존재를 당연시하는 것이 사실 큰 문제다. 이제 우리는 핵전쟁을 하나의 합리적인 선택으로 여기게끔 되었다. 또는 핵 억지력이 적어도 '평화를 보존'하는 데 있어 타당하고 실현 가능한 한 가지 방법이 될 수는 있다고 가정하기도 한다. 이때 통상 도덕적 문제는 적합한 고려 대상이 아니라고 여기기 십상이다. 그러나 이 모든 경우에 적국을 절멸시키거나 거의 절멸시키겠다고 단지 위협하기 위해 핵무기를 사용하는 것조차 부도덕하다는 점이 옳다면 우리는 우리의 정치적·경제적, 심지어 종교적 사유조차 결국 범죄행위나 다름없는 억측에 꼼짝없이 사로잡혀 있는 극악무도한 상황 속에 살고 있는 셈이 된다. 그래서 이런 생각이 옳다면 우리는 끔찍한 결과에 직면할 수밖에 없다. 왜냐하면 도덕적 정견正見이나 진리는 우리 육신의 삶이 의존하는 공기, 물, 불, 음식, 주거와 마찬가지로 우리 인간과 사회에 꼭 필요한 것들이기 때문이다. 어쩌면 더 필요할지도 모른다! 도덕적이고 영적인 삶은 특히 인류의 특성이기 때문이며 그러한 삶이 없다면 인간은 차라리 죽는 편이 나을 것이다!

그러므로 이 책은 핵무기를 대규모로 무분별하게 사용하는 것은 공격용이건 보복용이건 간에 그리스도교 윤리에 어긋난다는 입장을 취한다. 그리고 이러한 논리를 특히 가톨릭 전통으로부터 유추하여 전개하고자 한다. 근년 들어 교황들께서도 화생방 전쟁을 '죄이자 범죄이고 천인공노할 행위'라고 규정하신 바 있었다(비오 12세).[1] 또한 교황들은 정당한 전쟁일 경우 국가가 정당한 수단을 사용하여 자기 방어

[1] 1963년 교황 요한 23세의 회칙 「지상의 평화」가 나오기 전까지 평화에 관해 집필하는 저술가는 교황들의 여러 회칙과 문헌에서 평화에 관련된 언급들을 인용하는 것이 상례였다. 짐 포리스트에 따르면 머튼과 그 동료들은 대화와 집필에서 교황의 특정한 가르침을 되풀이해서 인용하곤 했으며 『가톨릭 노동자』지에도 그러한 가르침을 자주 싣곤 했다고 한다.

에 나설 권리가 있다고 인정하셨던 것도 사실이다. 그리고 교황들의 이러한 가르침에 근거하여 '전술 핵무기'의 사용을 찬성하는 신학적 논증을 전개할 수도 있다. 하지만 히로시마에 투하되었던 20킬로톤의 핵폭탄이 이제는 '소형' 핵무기이자 '전술' 핵무기로 취급되고 있음을 기억한다면, 그리고 소형 핵무기로 선제공격을 당한 세력이 대형 핵무기로 보복할 가능성이 높다는 점을 염두에 둔다면 위와 같은 신학적 논증이 실제로는 별 의미가 없음을 쉽게 알 수 있다.

물론 '전술 핵무기'니 재래식 병력에 의한 '제한전'이니 하는 개념은 좋은 의도에서 나온 용어다. 전면적 핵전쟁의 참상을 피하기 위한 '현실적' 방안으로 고안된 개념이다. 말하자면 인간들은 어차피 전쟁을 통해 티격태격하며 지내게 마련이므로 그럴 바에는 서로 수백만 명씩 죽이는 것보다 수천 명씩 죽이도록 전쟁의 규모를 줄이는 것이 그나마 최선의 방도라는 논리다. 하지만 전쟁을 소규모로 제한하는 것 ─ 제2차 세계대전의 초기 단계까지만 해도 전쟁 당사자들은 이런 제한전에 대해 관심이 없었다 ─ 이 아예 전쟁을 철폐하는 것만큼이나 엄청난 자제력을 필요로 하는 일일 텐데도 전쟁을 없애기보다 그것을 줄이자고만 하는 것은 조금 이상하게 들린다. 따라서 제한된 전쟁을 추구하기보다 온전한 평화를 추구하는 것이 더욱 그리스도교 정신에 맞고 더욱 인도적일 뿐만 아니라 더욱 현실적인 것처럼 보인다. 그렇게 하지 못할 이유가 어디 있는가? 만일 군비 철폐의 개념을 힘의 정치 게임에 있어 단순한 [수사적] 볼모가 아니라 진지한 고려 대상으로 여긴다면 군비를 점진적으로 감축하기 위한 현실적 타협점에 이를 수 있을 것이다. 이런 접근이 완벽하지는 않더라도 전쟁 — 제한전이건 전면전이건 — 보다는 더욱 안전하고 더욱 정상적이며 더욱 현실적일 것이다. 하지만 우리는 냉전의 적대감과 환상에 철저히 사로잡혀 있어서 군비 철폐나 평화를 정말 심각하게 고려하지 못하고 있다. 그래서 [당장 평화를 이루지 못하더라도] 적어도 평화를 생각하는 것이 진실로 가능하다는 점을 다시금 일깨우는 것이 그리스도인의 과제가 되었다. 이를 위한 첫걸음은 핵 억지력을 국제정치의 기본 전제로 받아들이지 않는 것이다. '공포의 균형'과 같은 개념은 절대 받아들일 수 없다. 그것은 부도덕하고 비인도적이며 부조리한 것이다. '공포의 균형'은 모든 민족과 모든 문화의 자살, 즉 인류 공동체 그 자체의 파멸로 우리를 이끌 뿐이다.

그러나 이러한 비극적 상황을 지금 당장 바로잡을 수는 없다.

우리가 전면적이고 즉각적인 군비 철폐만 고집 — 추상적인 논리를 구사할 수밖에 없는 입장 — 한다면 도저히 넘을 수 없는 장벽에 맞닥뜨리게 되고 어쩌면 전쟁으로 가는 자포자기와 불만의 풍토를 더욱 조장하게 될지도 모른다.

하지만 우리는 군비 철폐를 점진적 조치를 통해 달성할 수 있는 목표로서 상당히 진지하게 또 객관적으로 늘 염두에 두고 있어야 한다. 그런 다음에 오류나 실패의 위험이 분명 있다고 하더라도 그러한 조치를 현실에서 가능한 방식으로 실천하려는 마음가짐을 갖추어야 한다. 다시 말해 군비 철폐는 정치적 속임수를 감추기 위한 경건한 포장 이상의 어떤 것이 되어야 한다. 군비 철폐를 내걸고 회의를 개최하여 선전 목적의 제안을 내놓았다가 상대방이 그것을 진지하게 취급하려는 기색이 보이면 황급히 그 제안을 거두어들이는 식의 행태를 부릴 여유가 우리에겐 없다. 이런 점에 있어 공산주의자들이 부정직한 것으로 정평이 나 있지만 서방 역시 허물이 있기는 마찬가지다.

전쟁은 맹목적 정치 세력이 만들어 낸 것일 뿐만 아니라 인간이 스스로 선택한 것이라는 사실을 직시해야 한다. 인간이 스스로 자유롭게 그러한 선택을 했기 때문에 우리가 전쟁을 향해 한 걸음씩 가까이 나아가고 있음을 인정해야 한다. 파괴적 해결책을 선호하는 것이 우리의 엄연한 현실인 것 같다. 왜냐하면 전쟁 그 자체를 좋아해서가 아니라 전쟁을 불가피한 것으로 여기려는 욕구와 태도에 우리가 맹목적으로 어쩔 수 없이 얽매여 있기 때문이다.

2

우리가 평화를 선택할 수 있는가?

어떤 사람이 자신의 행동과 그 행동의 동기에 관해 합리적이고 윤리적으로 만족스런 답변이나 '반응'을 내놓을 수 있다면 우리는 그 사람을 '책임 있는' 인간이라고 부를 수 있을 것이다. 예를 들어 카인은 아벨을 죽인 후 아벨이 어디에 있느냐는 주님의 질문 — 근원적이고 유형적인 중요성을 띤 질문 — 에 대해 모른다고만 대답하였다.

그리스도인의 책임이라는 점에서 운명적 핵전쟁의 문제를 논함에 있어 우리는 먼저 도대체 누가, 그리고 어떤 질문을 하고 있는지를 파악해야 한다. 우리가 질문자와 질문을 다 함께 대면할 의향이 있다면 종국에는 정직하고 명확한 답변을 내놓을 수 있을 것이다.

그러한 [근원적] 질문은 단지 "핵무기 경쟁이 계속되면 우리는 어떻게 될 것인가?" 또는 "핵전쟁을 오랫동안 예방할 수 있을 것인가?" 또는 "공산주의가 서구를 정복할 것인가?" 또는 "서구가 냉전에서 승리할 것인가?" 또는 "핵전쟁의 생존자들이 차라리 죽은 사람들을 부러워하게 될 것인가?" 하는 따위의 질문만은 아니다. 이 책의 관점에서 보자면 이런 유의 질문은 논점을 벗어난 것이다. 이런 질문이 제기하는 쟁점이 극히 중요하지 않아서가 아니다. 그러한 질문에 대해 답변으로 내놓게 될 추론과 억측만으로는 진정한 답변이 되지 못하기 때문이다. 이런 답변은 [전쟁과 같은] 우리의 치욕스런 행동을 정당화하는 것까지는 아닐지라도, 우리의 우려를 단순히 다독거리고 [진정한 평화를 모색하려는] 우리의 노력을 오도할 우려가 있는 부정확한 추측에 불과하다.

따라서 "우리에게 어떤 일이 일어날 것인가?"라는 질문을 할 게 아니라, "우리가 무엇을 할 것인가?" 또는 더 정확히 말해 "우리의 진정한 의도가 무엇인가?"라는 질문이 훨씬 더 중요하다. 정말 심각하게 이 마지막 질문을 제기하는 경우는 거의 없는 것 같다. 그렇다면 이런 질문을 우리가 스스로는 잘 제기하지 않는다 하더라도 그 대신 삶과 죽음을 주관하시는 우리 주님이 우리에게 이 질문을 하신다고 가정해 보라. 그리고 또 다른 예로서 다음과 같은 질문, 즉 "친구야,

네가 하러 온 일을 하여라"(마태 26,50)를 생각해 보자[이 책의 원문에서 이 부분은 의문문인 "Friend, whereto art thou come?", 즉 "친구야, 너는 무엇 하러 여기에 왔는가?"로 되어 있다. 이것은 불가타 성경을 영어로 옮긴 16세기 도아-랭스(Douay-Rheims)판 성경에 나오는 표현인데, 여기서 인용한 것은 1899년의 개정판본이다 — 역자 주]. 카인보다 더 영리하지만 훨씬 더 비참한 상태에 있었던 유다는 이미 근본진리를 [스승으로부터] 배웠으므로 그러한 결정적 질문에 대해 사랑과 관련된 답변을 해야 옳다는 사실을 알고 있었던 것이다. 그래서 유다는 예수에게 입을 맞췄다. 하지만 그 입맞춤은 배신의 징표였다.

그리스도께서 이 같은 질문을 우리에게 직접 명확하게 하시지 않는다 하더라도 우리는 그리스도인이 예수를 주님으로 믿는 바로 그러한 역사를 통해 이러한 질문을 계속 받고 있다.

그리스도에 대한 우리의 사랑이 비록 절망적이고 혼란에 빠져 있을망정 그것이 유다와 같은 배신의 몸짓에 지나지 않는다고 폄하하려는 것은 아니다. 그러나 이 같은 질문을 경건하게 받아들여 하느님의 은총을 통해 유다보다는 더 나은 대답을 할 수 있기를 희망해 보자.

공산주의자들이 핵무기를 통해 무엇을 얻으려 하는가라는 질문과 상관없이 다음과 같은 질문을 던져 보라. 서구에서 방향감각을 잃은 소수파가 되어 버린 우리 그리스도인들이 핵무기로써 무엇을 얻으려 하는가? 아니면 적어도 우리가 핵무기로 무엇을 하고 싶어 하는가? 핵무기를 없앨 것인가, 아니면 그것을 소련에게 사용할 것인가? 이 점에 대해 조금이라도 할 말이 남았는가? 이런 문제는 이미 우리 손을 떠난 게 아닌가? 아니다, 아직은 아니다. 우리의 정치 지도자들 중에도 그리스도인이 있다. 그리스도인이 아니라도 이 문제에 있어 중요한 원칙인 인도주의적 원칙을 견지하려는 지도자도 있다. 희망컨대 이런 지도자들은 그리스도교 윤리 규범에 입각한 제안과 청원을 기꺼이 받아들일 것이다.

하지만 핵전쟁이나 여타 정치적 문제에 관하여 그것이 아무리 중요하다 하더라도 특별히 '그리스도적인 정책'이라고 할 수 있는 해법이 반드시 존재한다고 말할 수는 없다. 신학은 정치적·군사적 전략에 대해 말해 주지 않으며, 그리스도교적 도덕성에 입각한 구체적인 정책을 단순명쾌하게 찾을 수 있다고 말하는 것은 부정직하고 기회주의적이기까지 하다. 그러므로 우리는 그리스도인이라면 어떤 무기를 써서라도 공산주의와 싸울 수밖에 없다고 말할 수도 없고, 그 어떤 무기가 있더라도 공산주의와 싸우지 않을 것이라고 말할 수도 없다. 그러나 그리스도인은 전쟁에서건 평화에서건 그리스도적 양심에 따라 행동할 수밖에 없다고 말할 수는 있어야 한다. 자신과 자신의 조국을 무력으로 방위할 수 있는 권리에는 엄격한 제한이 따르고, 악이나 폭력 앞에 기꺼이 굴복하는 데에도 엄격한 제한이 따르게 마련이다.

따라서 이러한 제한이 무엇인지를 찾는 것이 그리스도인

의 책임이다. 하지만 그리스도인은 이러한 제한점 외에도 긍정적 측면을 찾을 책임이 있다. 그리스도인은 악행을 피해야 할 뿐만 아니라 선익을 추구해야 할 책임이 있기 때문이다. 이 점을 우리는 흔히 잊고 산다. 그리스도인은 예수 강생 교리를 통해 하느님과 인간에 대해 동시에 책임을 질 의무가 있다. 하느님이 인간이 되셨다면 그리스도인으로서 다른 인간의 운명에 무관심할 수가 없는 것이다. 그리스도가 육체를 지닌 '말씀'임을 믿는 사람은 모든 인간을 그리스도로 여겨야 한다는 사실을 어쨌든 믿게 된다. 왜냐하면 모든 인간이 적어도 잠재적으로는 그리스도 신비의 일부이기 때문이다. 다른 사람 속에 그리스도가 살아 계시지 않는다고 확신할 수 있는 그리스도인이 세상 어디에 있겠는가? 결과적으로 우리는 타인과의 관계에 있어 언제나 그렇게 하지는 못하더라도 최소한 가끔은 카인과 유다에게 던져졌던 질문에 스스로 응답해야 한다.

그렇다면 우리는 그리스도의 제자로서 반드시 우리 형제를 지키는 사람이 되어야 한다. 그러므로 우리에게 던져지는 질문은 모든 인간과 관련이 있다. 특히 오늘날 우리에게 던져지는 질문은 전 인류와 관련이 있다. 그러므로 우리는 이 질문을 무시할 수 없다. 우리는 어느 한 나라 전체, 어느 한 대륙 전체, 또는 인류 전체를 완전히 멸망시킬 수 있는 핵무기의 사악한 사용에 대해 무책임하고 비그리스도교적으로 찬성해서는 안 된다. 그렇지 않은가? 우리는 지금 이 순간 바로 이런 질문에 대면하고 있다.

바로 이런 질문이 이 책에서 다루고자 하는 주제다.

어쩌면 질문 자체가 이미 너무 늦은 것인지도 모른다.

오늘날과 같은 역사의 결정적 순간에 우리에게는 두 가지 과제가 있다. 이 과제는 모든 인류와 관련되어 있는 것이긴 하지만 특히 화생방 무기로 서로를 파멸시키겠다고 위협하고 있는 강대국의 시민들에게 가장 큰 책임이 있는 과제다.

한편으로 우리는 최선의 인간 가치를 옹호하고 북돋우어야 한다. 자유롭게 살아갈 권리와 자신의 도덕성에 걸맞은 방식으로 자기 삶을 발전시킬 권리가 바로 그러한 최선의 인간 가치다. 다른 한편으로 우리는 인간이 보유한 거대한 파괴력이 범죄적으로 이용되지 않도록 인류를 지켜야 한다. 미국인과 서유럽인에게 있어 이러한 이중적 과제는 결국 전체주의 독재와의 투쟁 그리고 전쟁에 반대하는 투쟁, 이 두 가지로 귀결될 것 같다.

우선 상황을 정확하게 해석하는 일이 급선무다. 그러기 위해서는 지나친 일반화의 유혹을 뿌리쳐야 한다. 전체주의와 관련해 우리 외부의 적인 공산주의에 대해서뿐만 아니라 우리 내부의 파시즘적 경향 또는 집단주의적 경향에 대해서도 반대해야 한다. 전쟁과 관련해서도 호전적 공산주의 세력에 대해서뿐만 아니라 우리 스스로의 폭력과 광기와 탐욕에 대해서도 반대해야 한다. 물론 이런 식의 사고는 냉전의 긴장 상태하에서 그리 인기가 없을 것이다. 그 누구도 무한

대로 혜안을 가지기는 어렵다. 그렇게 될 경우 우리 편은 무조건 옳고 상대편은 무조건 나쁘다는 확신이 옅어지므로 그런 식의 [중간자적] 사고가 비겁한 것처럼 사람들에게 비쳐지기 때문이다. 그러나 권력투쟁에 있어 어느 한쪽 편을 드는 것이 그리스도인의 책무는 아니다. 하느님과 진리 그리고 모든 인류의 편을 드는 것이 그리스도인의 책무다.

이 책은 정치학 연구서가 아니다. 하지만 이 시대에 도덕적 판단을 내리기 위해서는 정치 현실에 대한 여러 가지 해석과 연관을 가질 수밖에 없다. 오늘날 서구에는 현 상황에 대한 여러 상이한 견해들이 존재하는데 이들은 서로 간에 영향을 미치고 있으며 이런 견해들이 모두 합해져서 문제를 풀기가 극히 어렵고 까다롭게 되어 버렸다. 그렇다면 다음과 같은 의문이 제기된다. 즉, 인류가 진정으로 핵전쟁이 아닌 평화를 선택할 수 있는가, 그리고 그러한 선택이 불가피하게 사회 모든 세력의 상호 작용에 의해 형성될 수밖에 없는가 하는 의문 말이다. 이 질문에 대한 답변은 어느 한 개인이나 어느 한 집단의 선택을 넘어서는 많은 요인에 달려 있을 수밖에 없다. 하지만 우리의 자유와 이성이 여전히 의미를 지니고 있다고 우리가 생각하지 않는다면 이러한 도덕적 문제를 자유롭고 이성적인 존재로서 직면할 수 없다는 것이 엄연한 사실이다. 만일 우리가 [전쟁 쪽이 아니라] 생존 쪽을 선택하지 않는다면 작금의 위기 상황에 대한 모든 논의는 무의미하다. 만일 우리가 지금 [전쟁이나 생존 중 어느 쪽을 선택해도 무방할 정도로] 한가하다면 이 책은 우리의 자유를 현명하게 사용하기 위해 반드시 필요한 도덕적 준비 작업에 있어 하잘것없는 시도로 보일 수도 있을 것이다.

현재 미국에는 제각기 도덕적인 (그리고 부도덕한) 함의를 지닌 세 가지 견해가 공존하고 있다. 도식적이고 피상적일 수밖에 없지만 이 세 가지 논점을 간략히 다루어 보자.

한쪽 극단에는 '강성'의 '현실주의적' 견해가 존재한다. 이 관점은 다른 모든 고려 사항을 무시하고 오직 한 가지 사실, 즉 공산주의가 서구 사회에 위협이 된다는 사실에만 초점을 맞춘다. 이런 견해에 따르면 공산주의와 협상한다는 것은 모든 현실을 감안해 볼 때 무의미할 뿐이다. 이렇게 생각하는 사람들은 공산주의를 막아내려면 한 치의 양보도 없는 압력만이 필요하고 어떤 수단을 써서라도 공산주의를 막아내는 것이 다른 어떤 일보다 더 시급하다고 믿어 의심치 않는다. 따라서 이러한 '강경한' 입장은 사실 핵전쟁을 선호한다고 볼 수도 있고, 선제 공격과 보복 공격 중에 전자가 후자보다 성공 확률이 높다고 생각하는 점 외에는 그 둘을 크게 구분하지도 않는다.

이와 함께, '강경론자'들은 미국 정부 내에 공산주의 추종자와 첩자들이 깔려 있고, 미국의 핵전력을 증강하려는 보수주의 강경파에 반대하는 세력은 모두 공산당의 비밀 음모로부터 비롯된다고 굳게 믿는다. 실제로 보수파는 평화와 군비 철폐를 강력히 주장하는 사람들을 단순히 이들이 공산주의 '평화 공세'에 대해 전 세계적으로 목소리를 합친다는 이유만으로 공산주의의 '꼭두각시' 또는 '친공 세력'이라고 매도한다.

단순하고도 타협의 여지가 없는 이러한 강경론은 미국 중산층 다수의 여론에 즉각적인 영향력을 발휘한다. 이런 입장은 단순하고 명확하며 구체적인 결과를 약속한다. 이런 입장은 무엇보다도 현실에 불만을 품은 사람들로 하여금 상대국에 대해 적개심을 표출할 수 있게 하여 자기 삶의 의미와 만족을 찾을 수 있도록 해 주는 이점을 가지고 있다. 하지만 안타깝게도 이런 식의 만족은 도덕적 맹목과 양심의 마비를 가져올 뿐이다. 소위 이런 식의 '해결책'이, 핵전쟁을 선호하고, 핵전쟁을 '좋은 의도'로 일으킨다면 그것이 도덕적으로 합리화된다고 믿으며, 일부 그리스도인들에게도 공감을 불러일으킨다는 사실로 미루어 보아 이런 입장이 얼마나 심각한 위협인지 알 수 있다. 이것은 강력한 도덕적 무지 상태를 빚어내는 간단명료한 입장이다. 그러나 이런 생각은 대단히 의심스런 정의관에 입각한 정책을 신성시하고, 그리스도교 윤리 사상의 명징성을 흐리게 하며, 신심 깊은 그리스도인의 허울을 쓰고 사람들의 노골적 감정과 적대심을 부추긴다.

이러한 판단이 극단적 '강경론'에 이용된다는 사실은 의심할 여지가 없다. 물론 보수주의자들 중에도 핵무기를 무제한으로 사용하려는 입장에 주저하는 사람들이 많다. 실제로 이런 입장에 동조하는 (꽤 많은) 성직자들은 자기들이 [핵무기의 무제한적 사용이 아닌] 단지 재래식 전쟁 그리고 핵 억지력이라는 측면에서 현실주의를 옹호한다고 주장할 것이다. 교황들께서 민간 공격 목표와 군사용 공격 목표를 구분하지 않는 전면적 핵전쟁을 비난하셨던 것을 잘 아는 이들은 핵무기의 무제한 사용과 같은 극단적 조치를 찬성하지 않는다고 말할 것이다. 하지만 이들은 일종의 정치적 수단으로서 대규모 핵 공격의 위협을 가하는 것 정도는 허용될 수 있다고 믿으며, 이렇게 되면 집단 학살을 도덕적으로 정당화하는 강경론과 큰 차이가 없게 된다.

심지어 '수소폭탄의 아버지'라고 불리며 강경파 핵 '현실주의자'인 에드워드 텔러조차 "대규모 핵 보복은 불가능하고 부도덕하다"고 말한다. 그러면서도 텔러는 핵실험과 군비 경쟁을 가장 논리적이고 열성적으로 주장해 왔다.[2]

이와 동시에 핵 억지력을 옹호하기 위해 그리스도교 윤리 원칙을 악용하는 작태에 우리는 우려를 금치 못한다. 한 그리스도인은 이렇게 쓰고 있다. "핵 억지력에 수반된 역설은 그리스도교의 근본적 역설의 한 변형이다. 즉, 우리가 살기 위해서 기꺼이 남을 죽이고 나 자신도 죽을 수 있어야 하는 것이다." 이것은 도저히 정상으로 볼 수 없을 만큼 오도된 관점이다. 나는 도대체 예수께서 "밀알 하나가 땅에 떨어져

---

[2] Edward Teller, "The Feasibility of Arms Control and the Principle of Openness", *Daedalus* (Fall 1960) 792.

남을 죽이고 자신도 죽지 않으면 한 알 그대로 남고, 죽으면 많은 열매를 맺는다!"라고 하신 적이 있는지 궁금하다.

이렇게 '강경론'을 펴는 사람들은 여기에 수반된 도덕적 문제를 간단히 무시해 버리고 과학자처럼 냉철하게 객관적으로만 상황을 고려한다. 하지만 인간을 단지 '수천만 명' 또는 '수천만 사망'과 같은 식으로 통계화해서 처리하고, 우리측 인명 손실이 어느 정도면 '여전히 지탱해 나갈 수 있는가'라는 식의 계산에 몰두하는 소위 객관적 분석은 두 가지 심각한 결과를 낳는다. 그것은 우선 인도적이고 도덕적인 감성을 무디게 하고, 우리 마음속에서 핵무기를 의연하고 냉정하게 받아들이도록 만든다. 그리스도교적 도덕 관념이 어떻게 허만 칸과 같은 사람 ─ 랜드 연구소의 저명한 학자로서 마법적인 영향력을 가진 ─ 의 대중 선동적인 주장을 곧이곧대로 용인할 수 있는지 도대체 이해할 수가 없다. 그런 사람들은 자기 자신의 개인적 견해만을 발언하지는 않는다는 점을 잊어서는 안 된다. 이런 사람들은 군부와 정부의 상층부와 오랫동안 긴밀하게 협력해 왔고 이들의 제안은 워싱턴 정가에서 상당한 무게를 지니고 있다. 이들은 어떤 면에서 거의 무소불위와 같은 권력의 후광을 등에 업고 발언한다. 미국의 보편적 분위기 속에서 이와 같은 사람들의 견해가 거의 외경에 가까울 정도로 받아들여진다는 사실이 조금도 놀랍지 않다. 이런 견해에 반대하는 지성인과 자유주의자들도 많지만 오늘날과 같은 위기의 순간에 반대한다는 사실 자체가 그 반대자를 무책임한 반체제 인사로 보이게 할 위험이 상존하고 있다.

요컨대 우리는 기술 관료적 세속 과학자들의 유사 종교적 신념에 직면하고 있다. 이들의 결정에 의문을 제기하고 이들이 우리에게 부여한 적개심의 분위기에 반대한다면 일반 대중 3분의 2 이상으로부터 경멸과 분노의 손가락질을 당할 각오를 해야 한다. 이러한 적대적 분위기는 날이 갈수록 심해지고 있다. 평화와 군비 철폐를 자유롭게 선택하는 것은 더욱더 어려워지고 더욱더 비현실적이 되어 간다.

다음으로, 온건 중도적 견해가 있다. 케네디 행정부 그리고 (강경파의 과격하고 피상적인 비타협성과 달리) 합리적이고 사려 깊은 태도로 인해 널리 존경받는 신학자들 정치가들 그리고 여론 주도층이 이런 중도파인데 그들은 우리가 냉전의 긴장과 위험과 압력을 피해 갈 수 없으므로 그것을 현실로서 받아들여야 한다고 주장한다. 공산주의와의 투쟁은 긴 세월 동안 계속될 것이지만 그 투쟁이 핵전쟁으로 이어져서는 안 된다고 그들은 생각한다. 하지만 공산주의에 대해 '유화적'이거나 '패배주의'에 빠져서도 안 된다고 본다. 그러므로 핵 공격 능력을 포함한 군사력을 증강시켜야 하지만 핵무기보다 재래식 무기에 초점을 두어야 한다고 믿는다. 이와 함께 평화적·경제적 조치를 병행하여 저개발국에 원조를 제공해야 한다고 한다. 그렇게 할 때 저개발국도 미국이 향유하고 그들과 함께 나누고자 하는 기회와 자유를 소중하게 여길 수 있을 것이고, 그들을 미국의 친구로 만들어 공산주의의 감언이설에 넘어가지 않도록 기대할 수 있다는 논리다.

이런 입장을 취하는 신학자와 성직자는 자기들이 재래식 전쟁 방식을 고수하는 이상 전통적 그리스도교 도덕성으로부터 크게 벗어나지 않는다고 주장한다. 말은 맞다.

마지막으로, 더욱 극단적인 평화의 길을 선호하면서 초기 그리스도교나 동방 종교들의 영성적 비타협성을 기억하는 이들에게 호소하려는 이상주의적 진보파의 견해가 있다. 이런 이들은 대개 비폭력 평화주의를 지지하는데, 그들 중에도 핵무기 사용을 직접적으로 부도덕하거나 간접적으로 불의한 파괴로 규정하여 그것을 거부하는 '핵무기 평화주의자'로부터, 모든 전쟁을 무조건 거부하는 절대적 평화주의자까지 다양한 입장이 존재한다. 현실적으로 이런 집단은 일방적으로라도 군비 철폐를 단행하자는 입장을 취한다. 그러나 이런 입장을 미국이 받아들일 것 같지는 않으며 소련이나 중국이 그렇게 할 가능성은 더더욱 희박하다. 따라서 결과적으로 이런 좌파 그룹은 저항과 증거를 중시하는 소수 운동이라고 볼 수 있다. 여기에는 시민적 불복종이나 비폭력 행동으로 자신의 주장을 내세우는 그룹도 포함되어 있다. 그렇게 함으로써 이들 평화주의자들은 대다수 시민들을 자극하고 그들의 마음을 불편하게 만들곤 한다. 그 이유는 매스컴이 이들의 주장을 흔히 고의적으로 오도하고 '강경'

보수파들이 이들을 공산주의자라고 매도함으로써 더욱 그러한 경향을 부채질하기 때문이다.

실제로 이들 좌파 그룹은 평화를 부르짖고, 정치적 가치보다 영적·도덕적 가치를 중시함으로써 자신들의 가치를 견지한다. 하지만 이들 그룹은 자신도 모르게 진짜 혁명적인 세력의 교묘한 영향을 받거나 그들에게 악용될 수 있으며, 길게 보아 소련 지도자들의 마음속에 미국민이 전쟁을 선호하는 독재 권력층에 대항하여 봉기할 태세가 되었다는 그릇된 인상을 심어 줄 위험마저 있다.

이 책에서 나 역시 현 상황에 대해 나름대로의 견해를 개진하고 있으므로 그것이 무엇인지 여기서 밝히는 게 좋을 것 같다.

내가 보기에 현재의 긴장과 압력과 강박관념이 모두 합해져서 극히 위험한 전쟁의 길로 우리를 이끌고 있다. 이런 상황이 계속된다면 5년 내에 세계대전이 터질 가능성이 높다. '중도파'가 아무리 중용을 지키려 해도 호전적인 '강경파'를 제어하지 못할 것이다. 실제로 강경파의 영향력은 나날이 커져 가고 있다. 케네디 대통령도 이전에는 미국이 '결코 먼저 공격하지는' 않을 거라고 했지만 요즘 들어서는 우리가 핵무기로 '선제 조치를 취해야 할지도 모른다'고 공공연히 밝히고 있는 실정이다.

현 세계정세를 바라보는 우리의 견해가 경화되고 날이 갈수록 더욱 완강해지고 있으므로 진지하게 평화를 도모하려는 우리의 결의와 능력이 결국에는 약화되어 사라지게 될 것이 불 보듯 뻔하다. 이것이 문제다. 나는 좌파나 일방적 무장 해제론자가 아니지만 그들의 생각에 진실로 공감되는 점이 있음을 고백하지 않을 수 없다. 하지만 단순명료한 일 방적 무장 해제론으로는 이 상황을 타개할 수 없다. 우선 일 방적 군비 철폐가 실제로 이루어질 가능성이 전무하다시피 하고, 그러한 개념을 제대로 이해하기 위해 필요한 토론에 는 너무 많은 시간과 노력이 들기 때문에 그것이 헛된 노력 이 될 가능성이 높다고 생각된다. 또한 대중이 그런 입장을 이해한다 하더라도 그런 개념을 전혀 이해하지 못하는 정치 지도자와 군부가 압도적으로 그것을 거부할 것이 분명하다.

그러므로 나는 강력하고 전향적이며 철저한 '다자간' 군비 철폐의 필요성과 가능성을 믿는 사람들 편에 서려고 한다.

나는 우리가 진정한 군비 철폐 협상을 위한 노력을 거부 해서는 안 된다고 굳게 믿는다. 과거의 군비 철폐 시도가 효 과가 없었을지라도 우리는 군비와 미사일과 군 시설에 소요 되는 엄청난 예산을 단계적으로 줄이기 위한 노력을 계속해 야 한다. 물론 이 경우 우리는 오류를 저지를 가능성에 대해 서도 십분 유의하면서 극히 신중하게 일을 추진해야 한다. 오류의 가능성이 있더라도 우리의 믿음이 강하다면 전 세계 에서 다자간 군비 철폐의 입장이 도덕적으로나 심리적으로 강고強固해질 수 있을 것이다. 이때 극단적이고 멍청한 잘못 을 피해야 함은 두말할 나위도 없다. 예를 들어 우리는 적의 압도적인 화력 앞에 우리 스스로를 무방비 상태로 만들어야 할 도덕적 의무가 없다. 하지만 가능한 한 가장 진지하게 단계적으로 다자간 군비 철폐 조치를 취해야 할 의무는 있다.

만일 우리가 긴장을 완화하고 핵전쟁 파멸의 재앙을 회피하는 것이 진정으로 가치 있는 일이라고 믿지 않는다면 군비 철폐 문제를 진지하게 취급할 수 없다. 우선 긴장을 완화시킨 후 그다음에 군비 철폐를 할 수 있다고 가정하는 태도는 현 상황을 타개하는 데 불충분하고 비현실적이다. 그와 반대로 긴장을 완화하기 위해 우선 용기 있게 군비 철폐부터 먼저 시도해야 하는 것이다. 군비 경쟁을 누군가가 먼저 완화하지 않으면 군비 철폐는 불가능한 일이 된다.

우리의 국가정책이 미국이 양순하고 평화를 사랑하는 나라라는 '이미지'를 창조하는 것만으로 만족한다면 그것은 아무런 가치가 없다. 오늘날과 같은 전 세계 위기 상황을 풀기 위해 건설적인 행동을 하는 데 반드시 요구되는 깊이 있고 진지한 동기가 결여되어 있기 때문이다. 미국은 세계 속에서 전통적으로 또 스스로 선택하여 고립주의 노선을 취해 왔기 때문에 '전 세계의 지도적 국가' 역할을 하기가 결코 쉽지 않다. 따라서 미국은 위급한 세계정세 앞에서 어린아이와 같이 공포에 빠지거나 공격적이 되곤 한다. 따라서 외부로부터의 적개심, 손가락질 그리고 극히 적대적 비판 등이 미국 정치 이념의 지속 가능성을 재는 잣대가 되어 왔다.

우리 우방들의 거만한 경멸과 우리 적들의 적개심 앞에서 우리는 도대체 왜 바깥세상이 우리를 그토록 미워하는지 이해하지 못한다. 우리는 스스로 점잖고 마음 넓고 선량한 국민이라고 생각하는데 말이다. 그리고 우리는 그저 남들이 우리를 간섭하지만 않으면 우리끼리 돈 많이 벌면서 행복하게 살아갈 수 있을 텐데라고 생각하곤 한다. 우리의 이 같은 애매모호한 낙관주의의 핵심에는 모든 사람이 그저 자기 나름대로 살 수 있도록 간섭하지 않고 내버려두면 그다음에는 경제법칙에 따라 우리 모두의 욕구가 채워지고 게으름뱅이만 아니라면 누구나 부자가 될 수 있다는 믿음이 자리 잡고 있다. 그러나 오늘날 우리의 이러한 인생철학에 의문이 제기되고 있고, 이때 우리는 스스로의 신념을 재점검해 볼 수밖에 없다. 그런데 우리가 스스로의 신념을 다시 검토해 보면 도대체 그 신념이 무엇인지 점차 불확실하게 되곤 한다. 우리가 명확한 확신에 근거해서가 아니라 우리의 선의 또는 삶의 방식에 따른 감정에 근거해서 살아가는 경향이 있기 때문이다.

도대체 '미국적 삶의 방식'이 무엇인가 하는 질문을 받으면 우리는 딱히 할 말을 잃게 된다. '미국적 삶의 방식'이란 게 단순히 더 좋고 더 많은 냉장고, 텔레비전, 할리우드 영화, 뉴욕의 매디슨 가街와 같은 것들을 추구하는 것인가? 한국전쟁 당시 적의 포로가 되었던 미군이 터키군보다 더 쉽사리 세뇌되었다는 사실은 우리 미국인의 내면의 동기가 얼마나 허약하고 혼란스러운 상태에 놓여 있는지를 나타낸다.

합리적이고 성숙한 방식으로 우리의 이러한 약점을 직면하지 못하면 역사적으로 가장 파멸적인 결과를 낳게 될 것이다. 또한 미국인 — 막강한 힘이 있지만 불만에 가득 찬 국민 — 은 자신의 근본적 불확실성과 내면의 공허, 그리고 도처에 만연된 회의감으로 인해 야기된 긴장과 혼란을 견뎌낼 수 없어서 [자포자기한 심정으로] 전 세계를 핵전쟁이라는 파멸로 이끌 가능성조차 배제할 수 없다.

이 책은 민주주의든 그리스도교든 그 대상이 무엇이건 간에 대중이 이러한 제도에 대해 가지는 신뢰 상실을 회복할 목적으로 집필되지 않았다. 나는 현대인이 종교적 신조나 정치적 구호에 의존함으로써 자신의 혼란과 분노를 가라앉히거나 잘 조절할 수 있으리라고 주장하지 않는다. 오히려 나는 오해의 소지가 있고 감정적으로 민감한 구호를 되풀이할 경우 핵 현실주의자의 호전적 입장을 강화시킴으로써 상황이 오히려 더 악화될 수 있다고 생각한다. 하지만 바로 이러한 [그릇된] 종교적 신조가 오늘날 대중들에게 가장 잘 먹히고 있는 것 같다.

내가 작금의 긴박한 전쟁 직전 상황 속에서 단 하나의 근본적 진리를 주장한다면 그것은 바로 이런 피상적이고 극단적인 종교적 신조를 반대하는 것이다. 모든 핵전쟁, 그리고 꼭 핵무기가 아니라도 어떤 방식으로든 도시와 인간과 국가와 문화를 대규모로 파괴하는 것은 극히 중대한 범죄행위이며, 이것은 그리스도교 윤리에 의해서뿐만 아니라 그 어떤 정상적인 도덕률에 의해서도 금지되는 행위다. 오늘날 우리가 아무 생각 없이 받아들이곤 하는 국가정책은 결국 우리의 양심을 오도하고 있으며, 진지하고 건설적인 행동을 할 수 있는 우리의 능력을 좀먹고 있다. 우리가 [자신도 모르는 사이] 핵전쟁으로 끌려 들어가는 이유는 바로 우리 스스로가 혼란에 빠져 있고 우리의 내면이 공허하며 우리의 자아가 불만에 가득 차 있기 때문이다. 우리에게는 영성적이고 윤리적인 중심이 없다. 우리는 자신의 폭력성을 자제해야 할 이유가 없기 때문에 평화로운 세계를 건설하도록 도와주는 내적 동기가 결여되어 있다. 제2의 히틀러, 제2의 스탈린이 출현할 가능성이 높은 현 시점에서 자신의 내적 동기가 결여되어 있다는 것은 정말 치명적 결함이라 할 만하다.

3

죽음의 무도

핵전쟁이 일어나면 인류와 인간 사회가 완전히 파멸될 가능성이 높다는 점을 그 누구도 의심치 않는다. 이런 생각은 너무 극단적이어서 그 진정한 의미를 이성적으로 받아들이긴 어렵겠지만 이러한 가능성을 냉정하게 직시하지 않을 수 없다. 사실 이러한 끔찍한 위협은 냉전 시대에 있어 주된 심리적 무기나 마찬가지다. 미국과 소련은 서로 상대편을 더 큰 핵무기와 더 철저한 파멸로 위협함으로써 평화를 유지하려는 편집광적인 핵 억지 게임에 몰두하고 있다.

이런 식의 도착적인 정치 게임에 있어 두 가지 점을 명확하게 확인할 수 있다. 첫째, 양쪽 진영의 민간인들 — 완전히 무력하고 자구책이라고는 아무것도 없는 ― 이 일종의 인질로 이용되고 있다는 점이다. 물론 이 점은 정치적으로 명백하게 표현되지 않고 단지 에둘러 암시될 뿐이다. 따지고 보면 이런 점이 알려질 경우 약소국들 사이에서 핵보유국이 어떤 취급을 당할지는 명약관화하다. 따라서 '공포의 균형'이라는 전략 ― 결국 민간인들이 공포에 직면하도록 되어 있고, 전쟁이 나면 실제로 그것에 직면할 수밖에 없다 ― 은 논리적으로 반드시 '대국민 전쟁'을 의미할 수밖에 없다. 둘째, 공포의 균형이라는 위협은 자가당착적이고 불합리한 방식으로 사용될 것이라는 점을 모두가 진심으로 인정한다. 왜냐하면 핵 억지력이라는 비논리적인 논리는 비교적 사소한 정치적 사건에 있어서도 핵 파멸을 운운할 수 있음을 의미하기 때문이다. 이때 강대국 정치인들의 당치 않은 은유적 표현을 제외하고는 그 어떤 식으로든, 수백만 명의 잠재적 피해자에 대해서는 눈곱만큼도 언급되지 않는다. 이것이 바로 허만 칸이 '불합리한 합리성'[3]이라고 말하는 것이다. 이 전략은 그 어떤 수단을 써서라도 우리가 적에게 무자비한

[3] 냉전 당시 허만 칸은 핵전쟁에서 싸워 이길 수 있다고 주장해서 유명해졌다. 그의 '불합리성의 합리성' 이론은 *On Thermonuclear War* (Princeton, N.J.: Princeton University Press 1960) 6-7, 24-7 에 나온다. 로널드 포와스키는 이 주장을 다음과 같이 설명한다. "핵 억지력 이론에 따르면, 적국의 공격을 막기 위해서, 억지력을 행사하는 나라는 상대국에 대해, 필요하다면 불합리하게 행동할 것이라는 점을 확실히 전달해야 한다. 즉, 핵전쟁이 일어나면 양측 모두 전멸하겠지만 그래도 핵전쟁을 불사하겠다는 의지를 전달한다는 뜻이다"(Ronald E. Powaski, *Thomas Merton on Nuclear Weapons* [Chicago: Loyola University Press 1988] 23).

핵 공격을 반드시 가할 것이라는 점을 명명백백하게 알리는 것을 목적으로 한다. 이런 분위기하에서 군비 철폐를 의미 있게 또 진지하게 논의할 수 있겠는가? 대량 핵 보복보다 군비 철폐가 더욱 현실성이 있고, 우리가 평화를 염원한다는 점을 상대편에 확신시킬 수 있다는 생각을 진지하게 해 본 사람이 누가 있는가?

현재 정치적인 강박에 사로잡혀 자신의 전쟁 게임과 현실의 환상 속에 살고 있는 국가 경영 엘리트들이 통치하는 강대국의 자의적이고 호전적인 확신에 제동을 걸 수 있는 것은 아무것도 없다. 유엔은 국제적 평화 중재자의 역할을 할 수 없고 핵무기 보유 국가들 클럽의 호전성을 통제하기에는 역부족이라는 점이 이미 입증되었다. 실제로 강대국들은 유엔을 정치와 선전의 씨름판으로 만들었고 자기 이익에 부합되지 않을 때는 언제든지 유엔을 무시하고 독자적으로 행동한다는 점을 보여 주었다. 따라서 핵무기를 보유한 강대국이 자신의 능력을 과신하거나, 전면전을 벌일 만큼 도발을 받았다면 핵무기를 무차별로 사용하는 상황이 언제든 벌어질 수 있다. 지금까지는 핵무기를 사용하겠다는 위협이 협박에 불과했지만 언젠가는 급작스럽게 그러한 위협이 현실화될 수도 있다.

한편 그리스도교 도덕 이론가들은 이런 와중에도 뒷전에 물러나 토론에만 열중해 왔다. 아주 뒷전에 물러나서 말이다. 그 이유는 일반 대중이 이들의 판단에 대해 예의상 약간의 관심을 기울이거나 종교인 — 사태를 제대로 파악하는 중요한 소수자 — 들 사이에서 이 판단이 진정한 관심을 불러일으킬 수는 있겠지만, 서구 사회에서 도덕 이론가들의 주장은 핵 정책에 관해 실제적 영향력을 발휘하지 못하며 더구나 소련의 정책에 대해서는 어떤 영향력도 행사할 수 없기 때문이다.

미국의 '현실주의자'와 '강경파'는 핵 문제에 있어 도덕적 질문 따위는 혼란스럽지는 않지만 어쨌든 완전히 부적합한 것으로 여기는 경향이 있다. 이런 사람들은 오직 정치적 편의만 고려할 뿐이다. 핵실험이나 핵 선제공격에 대한 토론이 벌어지면 이들은 "이 문제에 도덕 따위는 아무 상관이 없다"고 일언지하에 잘라 말한다. 이것은 이들이 도덕성의 본질에 대해 그 어떤 이해도 하지 못하고 있음을 보여 줄 뿐이다. 이들은 아마 윤리적 판단 같은 것은 사람의 마음속에 만족감을 줄지는 몰라도 모름지기 정책 결정자라면 자기 영혼 속에서 이 문제를 어떻게 느끼느냐 따위의 질문과는 상관없이 정책 그 자체에만 신경을 써야 한다고 생각할 것이다.

그러나 객관적인 도덕 기준은 사람들이 그것을 알건 모르건 상관없이 존재하는 법이다. 사람들은 이러한 객관적인 도덕률에 따라 선택과 판단을 하므로 이 도덕률이 지켜지지 않으면 큰 재앙이 발생할 수밖에 없다.

가톨릭, 개신교, 유다교에 속하는 일부 신학자와 도덕철학자들이 자신의 견해를 명백히 드러내야 한다는 의무감을 가지긴 했지만 종교 없는 세속 관찰자들이 보기에 종교가들은 대개 자신의 생각을 드러내는 데 미온적이었다. 종교 영역 바깥의 위대한 인물들이 보여 준 도덕적 의무감 — 예컨대 루이스 멈포드 — 이 대다수 신학자의 그것보다 더 큰 것이 사실이었다.

일반인들이 종교인의 이 같은 미온성과 침묵에 대해 솔직히 평가하는 것을 들어 보면 그리스도인들이 기회주의적이고 비겁하다고 손가락질받고 있는 것처럼 느껴질 때가 있다. 일반적으로 우리 종교인들은 나약한 순응주의, 즉 남의 비위를 맞추면서 존경받고 사는 것에 만족하면서 핵 전략가들의 행태에 대해 의문을 제기하거나 그들을 반대하지 않는 식으로 처신해 왔다. 솔직히 말해 우리 사제들과 신학자들은 우리가 속한 종교 집단이 사회 속에서 획득한 특권을 보호하고 스스로의 지위를 보존하는 데만 관심을 기울이면서 일반인들이야 어떻게 되든 신경 쓰지 않고 있다는 비판을 받고 있다. 우리 종교인들의 '애국심'은 언제나 우리를 먹여 살려 주는 편에 서서 그쪽을 열렬히 옹호하는 시끄러운 선전에 지나지 않는다고 평가되곤 한다. 또한 모든 사람이 군비 증강에 다소 이해관계가 있다. 폭탄이나 미사일이나 비행기나 위성을 생산하는 업체들이 없다면 우리 생활이 지금처럼 윤택하지 못할 것이 분명하다!

미국 한 나라가 비축해 둔 핵무기만 해도 6만 메가톤에 이르는 것으로 추산된다. 이것만으로도 이 세상의 모든 문명을 쓸어버리고 지구상의 모든 생물에 영구적인 악영향을 끼칠 수 있을 정도다. 이들 핵무기를 약 2,500여 대의 비행기가 실어 나른다. 이러한 전폭기들이 폭격 태세를 갖추고 24시간 공중에 떠 있다는 사실은 공공연한 비밀이다. 미군은 약 200기의 미사일을 보유하고 있는데 이들 대부분이 중거리 미사일이다. 물론 미사일이 있다고 해서 핵전쟁이 당장 터질 것을 의미하지는 않는다. 그러나 1963년까지 약 2,000기의 미사일이 증설될 예정이며 이들 중 다수가 핵 격납고에 배치된 대륙간탄도미사일(ICBM)이 될 것이다. 만일 우리 적이 이러한 핵 격납고를 공격한다면 거대한 폭발이 일어날 것이고 그에 따라 엄청난 낙진이 발생할 것이다. 따라서 [민간인 거주 지역이 아닌] 우리 쪽 미사일 기지의 격납고에 대한 공격만 있어도 인구집중 거주 지역에 궤멸적인 영향을 끼치게 된다.

대륙간탄도미사일은 핵탄두를 장착하고 음속의 20배 속도로 날아가 5,000마일 떨어진 목표물을 공격할 수 있다. 중거리 미사일은 잠수함에서도 발사될 수 있는데 중거리 미사일만으로도 미국 동부를 불과 몇 분 안에 거대한 방사능 쓰레기장으로 만들 수 있다. 머지않아 인공위성에도 핵탄두를 장착할 수 있게 될 것이고 그렇게 되면 중간 요격의 틈도 없이 몇 분 내에 목표물을 타격할 수 있게 된다.

핵무기를 만드는 데는 큰 비용이 들지 않으며 대형 핵폭탄을 제조하여 운송하는 것이 그리 어렵지 않음을 기억할 필요가 있다. 장거리 미사일로 독가스를 운송할 수도 있다. 미 육군 화학 부대에서는 한 인구 집단 전체를 마치 벌레처럼 죽일 수 있는 유독가스를 대량으로 제조하고 있다. 원래 나치가 개발했던 이와 유사한 신경가스를 소련도 생산하고 있다. 독가스가 핵무기보다 민간인 살상용으로 더욱 효과가 높다고 한다. 독가스는 건물이나 재산을 파괴하지 않고 사람만 죽이며 낙진의 후유증도 걱정할 필요가 없으니 말이다! 방공호도 독가스 앞에서는 무용지물이다.

요컨대 핵 '억지력'의 논리는 완전히 비논리적이다. 핵무기는 거의 언제나 공격용이기 때문이다. 유도 미사일을 효과적으로 막을 수 있는 방법은 아직 개발되지 않았다. 따라서 선전포고 없이 선제공격을 하는 쪽이 압도적인 이점을 누릴 수밖에 없다. 그 결과 철통같은 핵 격납고와 지하 방공호가 여기저기 늘어가기만 하는데 이것은 적으로 하여금 우리의 방위 능력이 탁월하다고 판단하게 하는 것이 아니라 더 강력한 무기로 우리 편을 공격하도록 자극하는 결과만 빚게 된다. 산업체와 기업체 그리고 주민들을 지하로 이전시키는 것은 대단히 비용이 많이 들며 이 모든 발상은 평화의 보존이라는 측면에서 보면 당치 않은 시도에 불과하다. 이런 식의 발상은 우리가 평화에 대한 희망을 완전히 포기하고 반드시 전쟁이 일어난다고 예상해야 가능한 이야기다. 또한 설령 그렇다 하더라도 이런 식으로는 어떠한 보호 조치도 확보될 수 없다.

이 같은 정책은 소위 평화를 이룩할 수 있다는 '핵 교착상태' 또는 '공포의 균형'을 만들어 내기는커녕 긴장과 혼란과 의혹과 피해망상만을 자아낼 뿐이다. 이런 분위기는 전체주의가 자랄 수 있는 온상이 된다. 실제로 냉전은 진정한 민주주의적 자유와 책임을 지키겠다고 공언하는 나라에 있어서조차 이러한 가치를 잠식하고 있다. 핵폭탄에 의존해서 자신의 독립과 시민적·종교적 권리를 지킬 수 있다고 생각하는 사람들은 핵폭탄의 그림자만 드리워져도 종교적·민주적 가치가 단지 겉치레에 불과한 수준으로 전락하고 또 어떤 반대도 허용하지 않는 강고한 전체주의적 체제가 들어선다는 점을 깨닫지 못하는 것 같다.

제2의 히틀러, 제2의 스탈린이 나타날 가능성이 한층 높아진 이 세상에서 핵무기와 같은 파멸적 수단, 도덕적으로 마비된 지도자들과 정책 결정자들, 그리고 수동적이고 혼란에 빠진 군중 사회 — 철의 장막 이쪽저쪽에 모두 존재하는 — 가 결합될 경우 인류 전체 역사상 가장 심각한 문제가 발생할 것이다. 우리 시대는 성경에 계시된 대로 신비롭게 숨어 있는 '구원의 역사'가 종국의 위기를 향해 치닫고 있는 것 같다는 점에서 묵시록적 시대라고 부를 수 있을 것이다. '세상 종말'이라는 표현은 우리가 이해할 수도, 이해하지 못할 수도 있는 말이다. 그러나 어쨌든 우리는 신약성경의 제일 마지막 편인 요한 묵시록에 나와 있는 신비스런 선명한 상징을 풀어 젖히고 있는 것같이 생각된다. 이렇게 명확하게 드러난 상징은 우리에게 어쩌면 최후의 결정을 내려야 하는 인간의 실존을 보여 주고 있는지도 모른다. 요컨대 문명사회가 종언을 고하느냐 하는 문제는 완전히 우리 자신과 우리 직계 자손들 — 만일 그러한 자손이 존재한다면 — 에 달려 있는 문제다. 우리가 증오와 공포와 맹목적 권력욕에 사로잡혀 우리 세계를 심연에 빠뜨릴 것인지, 아니면 우리의 야수성을 절제하고 국가와 이념의 한계를 뛰어넘어 참을성 있고 인간적으로 공동의 이익을 위해 협력할 수 있을 것인지는 우리 스스로가 결정할 문제다.

혹자는 여기서 현 상황을 이렇게 암울하게 평가하는 것이 그리스도인으로서 낙관성이 없음을 보여 주고 그리스도인의 희망을 염세적으로 포기하는 것이라고 비판할지도 모르겠다. 하지만 대체 그리스도인의 낙관성이 무엇인가? 그리스도인의 희망은 무엇을 말하는가? 이것은 분명 우리가 죄와 오류와 실수를 아무리 많이 저지르더라도 하느님이 우리의 현세사를 구해 주시고 지상에서의 안전과 행복을 가져다 주실 것이라고 애매모호하고 안이하게 믿는 것과는 다른 어떤 것이어야 할 것이다. 우리가 지상의 행복과 영원한 복락을 약속받았음은 분명하다. 진정 정의롭고 질서 있는 사회에서라면 이 지상에서 행복한 삶이 가능하다. 하지만 정의를 뿌리친 인간의 탐욕과 오류와 절망 때문에 인간 세상이 나락에 빠졌을지라도 하느님이 자동적으로 모든 것을 다 해결해 주실 거라고 믿는 것은 그리스도교적 낙관주의와는 아무 관계가 없다. 이러한 맹신은 하느님이 현 질서를 영원히 축복하시고 지켜 주시리라고 믿는 거나 마찬가지다. 현 상황의 엄중함을 고려할 때 이런 식의 맹신은 그리스도교적 낙관주의가 결코 될 수 없다고 본다. 다른 한편으로, 우리 모두의 어리석음에도 불구하고 하느님은 자비로우시므로 인류를 전 세계적 자살로부터 보호해 주실 것이라고 기대하는 것이 잘못된 생각은 아니다. 하지만 우리는 하느님의 자비를 거절할 자유도 가지고 있으며 바로 이 점이 우리 시대의 끔찍한 현실이다. 우리는 스스로 합리적이고 정신적이며 인도적이므로 최고 수준의 정신적·윤리적 규범에 따라 행동함으로써 이 세상에서 살아남을 가치가 충분히 있는 존재임을 증명해 보라는 도전을 받고 있다. 우리 그리스도인은 이러한 규범이 복음서와 교회의 전승 속에 이미 주어져 있음을 믿는다. 그러나 우리는 이러한 규범의 진정한 정신을 저해하는 행동을 정당화하기 위해 단지 그 규범을 말로만 되풀이해서는 안 되며, 가장 신실하고 깊이 있게 그 규범에 따라 살아가야 한다. 핵전쟁에서 이기게 해 달라고 하느님께 청하는 것은 분명 다시 생각해 봐야 할 문제다!

4

그리스도인은 평화를 가꾸는 사람들

그리스도인은 그리스도가 '평화의 군왕'으로서 이 세상에 오셨음을 믿는다. 우리는 그리스도가 우리의 평화이심을 믿는다(에페 2,14). 우리는 하느님께서 그리스도의 신비로운 몸 안에서 구세주의 보혈로 다시 태어난 선민을 직접 고르셨다고 믿는다. 이러한 하느님의 선민은 세례 때의 서약에 따라 악과 증오와 싸우고 하느님 나라와 평화의 왕국을 건설하기로 약속한 사람들이다.

구약성경의 예언자들은 실로 오랫동안 '평화의 군왕'(이사 9,5)께서 메시아로서 재림하시기를 기다렸다. 메시아의 왕국은 평화의 왕국이 될 터인데 그 이유는 모든 인간이 하느님과 화해하고 온 세상의 모든 분쟁거리와 화해할 것이기 때문이다(호세 2,20-22). 또한 온 땅이 주님의 자비하심을 가득히 알 것이기 때문이며(이사 11,9), 하느님의 자손으로서 그분의 자비를 받아 누리는 인간들 사이에 평화가 넘칠 것이기 때문이다(이사 54,13). 초대 그리스도인들은 부활하신 그리스도가 전 우주의 권능을 받으시고 당신의 영을 모든 사람들에게 부어 주실 것이므로(사도 2,17), 평화의 왕국이 이미 교회 안에 이루어졌다고 굳게 믿었다.

이는 인간 본성은 모든 인간에게 동일한데 그것은 주님의 강생하심 속에 로고스로 나타나 있다는 것, 그리고 그리스도께서 모든 인간을 사랑하신 나머지 또 모든 인간 속에 살아 계시기 위하여 죽으셨다는 사실을 인정한다는 뜻이다. 따라서 모든 이는 "그리스도 예수님 안에서 하나"(갈라 3,28)였으며 그리스도가 바로 그들의 평화였는데, 그 이유는 성령께서 초자연적 사랑 안에서 평화의 끈으로 그들을 일치시켜 주셨기 때문이다(에페 4,3). 그러므로 그리스도인은 다른 모든 인간을 예수 그리스도처럼 대할 의무가 있고, 자기 이웃의 생명을 예수 그리스도의 생명처럼, 이웃의 권리를 예수 그리스도의 권리처럼 존중할 의무가 있다. 비록 타인이 정의롭지 못하고 사악하며 가증스럽다 하더라도 우리는 그 사람을 완전히 최종적으로 판단할 수는 없다. 설령 타인이 정말 그러하다 하더라도 우리는 인내할 줄 알아야 하고 그 사람의 영성을 진정으로 배려할 줄 알아야 하는 것이다.

초대 그리스도인들은 우리 원수를 사랑하라는 그리스도
인의 계명을 단순히 구약의 율법보다 더 완전한 새로운 도
덕률로만 받아들이지는 않았다. 신약의 율법은 구약의 율법
과 상충되지 않으며 오히려 그것을 완성시켰으며 그와 동시
에 여러 형태의 의무와 완전성 사이의 모순을 없앴다. 따라
서 원수를 사랑한다는 것은 스토아학파나 에피쿠로스학파
또는 유다교의 이상과는 달리 그리스도교적 도덕의 이상형
이 아니었다. 그것은 메시아의 약속이 실현될 것이라는 종
말론적 신앙의 표현이었고 완전히 새로운 차원의 인간 삶에
대한 증거였다.

그러므로 초기에는 그리스도의 평화를 단순히 '로마 지배
하의 평화'(팍스 로마나) 사상을 종교적·영적으로 축성하는
것이라고는 생각하지 않았던 것이다. 그것은 부활하신 그리
스도의 종말론적 선물이었다(요한 20,19). 그리스도의 평화는
세속 윤리나 정치적 행동으로는 얻을 수 없는 것이었다. 그
것은 인간을 성스럽게 만들고 사람들을 그리스도의 '신비스
런' 몸 안에서 일치시키는 성령께서 내리신 특별한 은사였
다. 실로 그리스도의 평화는 성령의 열매이며(갈라 5,22) 이 세
상에 주님이 현존하심을 나타내는 징표다.

따라서 분열과 갈등과 반목과 이견과 상쟁과 전쟁은 '옛
삶'의 증거이며, 그리스도의 신비 속에서 변화되지 않은 죄
많은 존재인 것이다(1코린 1,10; 야고 3,16). 예수 그리스도께서
베드로에게 "그 칼을 칼집에 꽂아라"(요한 18,11) 하시고, 칼을

잡는 자는 모두 칼로 망한다고 경고하신 것은 단순히 전쟁을 금하신 것만은 아니었다. 그리스도께서는 전쟁을 축복하지도 금하시지도 않으셨다. 예수께서는 단지 전쟁이 당신 왕국의 바깥에 있는 세상 — 즉, 그리스도의 신비와 성령 바깥에 존재하는 세상 — 에 속하므로 진정으로 그리스도 안에서 살기로 한 사람에게는 전쟁이라는 것이 큰 의미를 지니지 못한다고 하신 것이다. 왜냐하면 그리스도인이 '이 세상 속에' 살고 있긴 하지만 '이 세상에 속한' 사람은 아니기 때문이었다. 그리스도인은 이 세상 속에 산다는 사실을 피해갈 수 없었지만 그는 '이 세상에 속하지 않은' 평화의 왕국에 소속되어 있었기 때문이다(요한 18,36).

그리스도인은 자신의 선택에 따라 그리스도 안에서 하느님의 자녀로 평화를 이루는 사람들이다(마태 5,9). 그리스도인이라면 열두 군단이 넘는 천사들을 곁에 세워 신변을 지키려 하지 않고(마태 26,53), 십자가에 못 박혀 형집행자들을 위해 기도하며 돌아가신 구세주를 흉내 낼 수밖에 없다. 그리스도인은 특별한 영적 씨앗으로부터 그 생명이 자라난 존재다. 그 영적 씨앗은 다름 아닌 순교자의 피다. 순교자는 황제를 신으로 섬기라고 명하는 국가의 불의한 종교 숭배 법률에 순종하기보다 큰 저항 없이 차라리 자신의 생명을 내던졌던 이들이다. 요한 복음에 나오는 그리스도의 수난 사화 중 한 구절에는 성경의 전쟁과 평화에 관한 원칙이 명확히 나와 있다(요한 18,36). 빌라도가 "당신이 유다인들의 임금

이오?"(요한 18,33)라고 묻자 예수께서는 "내 나라는 이 세상에 속하지 않는다"(요한 18,36)고 대답하시면서 그 나라가 이 세상에 속한다면 당신 신하들이 당신을 위해 싸울 것이라고 대답하신다. 다른 말로 하자면 전쟁과 평화에 관한 그리스도인의 태도는 근본적으로 종말론적인 것이다. 그리스도인이 주님을 모방하려고 하면 할수록 그리스도인은 싸울 필요가 없고 싸우지 않는 편이 더 낫다. 그리스도인은 메시아의 왕국이 임했다고 선포하고, 세상의 갈등과 분쟁 속에서도 신비의 전능하신 주님께서 현존하심을 증거한다. 신약성경에서 이렇게 영적 전투 속의 종말론적 평화관을 결정적으로 현양하는 책은 묵시록이다. 묵시록은 신비롭고 상징적인 언어로써 초대교회가 로마제국이라는 커다란 세속 권력과 결사적으로 투쟁하는 모습을 그리고 있다.

세상의 종말을 나타내는 이 결사적 투쟁은 온 세상을 다스리시는 전능하신 주 하느님의 발현을 마지막으로 준비하는 투쟁이다(파루시아, 재림)(묵시 11,15-18). 그리스도께서 이 세상을 극복하셨고 죽은 자들 가운데서 다시 살아나셨기 때문에 그분의 왕국은 이 땅에 이미 존재하고 있다. 그러나 그 왕국은 아직 완전히 발현되지 않았고 겉으로는 미약한 것처럼 보인다. 그것은 성도와 순교자, 사제와 증거자의 왕국이다. 이들은 지상의 현실이 마지막으로 무너지는 엄청난 재앙 속에서 박해를 받으면서도 때를 기다리는 역할을 맡았다. 그들은 지상 왕국들의 다툼과는 직접적인 상관이 없다.

그들의 삶은 믿음과 유순과 온유와 인내와 정결의 삶이다. 그들은 다름 아닌 하느님의 권능에만 의존하며, 국가가 아닌 하느님께만 복종한다. 국가는 하느님의 권능을 참칭하여 그분을 모독하고 스스로를 우상으로 만들어 자신만이 흠숭과 찬양을 받으려는 경향이 있기 때문이다(묵시 13,3-9).

묵시록은 세계사의 마지막 단계를 지상의 모든 왕들이 서로 간에 목숨을 걸고 다투는 권력투쟁으로 묘사한다. 그러나 서로 다투는 왕들은 이 투쟁의 내면에 어떤 영적 차원이 있음을 보지도 알지도 못한다. 지상의 현실을 무너뜨리는 전쟁과 파국과 역병은 실제로는 내면에 숨겨진 영적 투쟁의 외부적 투영물이자 발현인 셈이다. 영적이고 물질적인 두 차원은 서로 교차한다. 정치와 사업과 전쟁에서 현세적 권력투쟁에 의식적으로 기꺼이 참여하는 것은 세상과 함께 파멸하는 길이다. 성도들도 '세상 속에' 있으므로 다른 사람들과 마찬가지로 세상의 사악한 갈등으로부터 고통을 받는다. 실제로 처음에는 이들이 패배하여 파멸하는 것처럼 보인다(묵시 13,7). 그러나 성도들은 이런 투쟁의 숨겨진 의미를 알기 때문에 참을성 있게 기다린다. 그들은 인간의 운명을 관장하시고 인간을 최후의 파멸로부터 구해 주시는 하느님을 신뢰한다. 인간은 그것에 대해 아무런 통제권이 없기 때문이다. 바로 이 때문에 성도들은 현세의 권력투쟁에는 큰 관심이 없고 심지어 외견상 스스로의 이익과 생존에 도움이 되는 것에조차 어떤 식으로든 그것에 영향을 주거나 관여하려고 하지 않는다. 성도들은 자신의 삶을 연장하는 것이 힘이나 재능과는 아무 관련이 없음을 깨닫고 있기 때문이다. 따라서 묵시록에서는 전형적인 현세의 제국인 바빌론 — 로마 — 이 "예수님의 증인들의 피에 취해"(17,6) 있을 수밖에 없다고 나와 있다. 그러므로 성도들은 분별력 없는 그 여자의 행실로 인해 그 여자가 타는 연기가 "영원무궁토록 올라갈"(19,3) 것이므로, "그 여자에게서 나와서"(18,4) 그 여자의 죄악에 동참하지 말아야 하는 것이다. 하지만 묵시록의 저자는 공포에 질린 나머지 도망치라고 권유하지 않는다. 바빌론으로부터 벗어날 방도가 없기 때문이다. 탈출구가 있다면 그것은 순교를 통해 영적 영역으로 탈출하여 하느님의 진실 앞에서 세속 도성의 비겁, 불충, 역겨움, 마술, 환난에 맞서 자신의 삶을 내놓는 길뿐이다(21,4-8).

그렇다면 이 모든 것에서 전쟁이 어떤 위치를 차지하는가? 전쟁이란 사람들이 서로 살해하는 일이 벌어지도록 땅에서 평화를 거두어 가는 권한을 받았고 또한 큰 칼을 받기도 한 '붉은 말에 탄 사람'(6,4)이다. 말에 탄 네 사람 — 전쟁, 굶주림, 죽음, 흑사병 — 은 역사의 종언에 대한 징표이자 경고로서 온 것이다. 또한 "사로잡혀 갈 사람은 사로잡혀 가고 칼로 죽을 사람은 칼로 죽을 것"이며, 바로 이 때문에 "성도들의 인내와 믿음이 필요하다"는 것이다(13,10).

역사적 맥락에서 묵시록의 이러한 신비스런 상징들을 해석해 보면, 전쟁과 불의와 세속 제국 — 이 제국이 악마의 권능을 가지고 있다고 분명히 이해하긴 했어도 — 의 박해에 대한 초대 그리스도인들의 태도를 짐작할 수 있다. 그리스도인의 전투는 비폭력적이고 영적이었으며 그들의 성공은 그 전투의 차원이 완전히 새롭고 전례 없는 것이라는 사실을 철저히 깨달았기 때문에 가능했다. 반면, 묵시록 그 어디에도 그리스도인이 '짐승의 권한'을 유지하기 위해서, 즉 이교도의 제국을 지키기 위해서 기꺼이 싸우다 죽을 것이라는 구절은 존재하지 않는다.

그럼에도 불구하고 초대 그리스도인 모두가 단순명료한 평화주의자였고, 그들이 분명하고도 체계적인 비폭력 평화주의 사상으로 무장하여 그 어떤 경우에도 병역의무를 거부했다고 말해서는 안 된다. 그렇게 말하면 지나친 일반화가 된다. 예외적인 경우이긴 했으나 로마군 내에도 그리스도인들이 있었다. 이들 중에는 병사로 있다가 그리스도인으로 개종한 사람이 많았는데 "주님께서 각자에게 정해 주신 대로, 하느님께서 각자를 부르셨을 때의 상태대로"(1코린 7,17) 병사의 신분을 지니고 있었다. 이들이 그렇게 할 수 있었던 것은 그때만 해도 제국 군대가 일종의 경찰로서 팍스 로마나(로마 지배에 의한 평화)를 지키는 존재라고 여겨졌고, 오리게네스가 말하듯 초대 그리스도인들은 제국의 평화를 신의 섭리로 이해하기도 했기 때문이다(『켈수스 논박』Contra Celsum II, 30). 그러나 병사의 신분을 그리스도인에게 있어 이상적인 신분이라고 생각하지도 않았다. 군대에 복무하면 어쩔 수 없이 공식적인 우상숭배에 가담해야 했다. 그리스도인 병사들 중 우상숭배를 위한 제사에 참여하기를 거부했다가 순교당한 이들도 많았다. 막시밀리아누스가 그랬듯이 우상숭배를 강요하는 군대를 정면에서 반대하다 순교당한 병사도 있었다. 투르의 마르티누스처럼 병역을 수행하다가 전투에 나가 살인을 하라는 명령을 받았을 때 이를 거부한 병사도 있었다. 수도원 성무일도의 전승에 따르면 마르티누스는, "나는 그리스도의 병사이므로 타인을 죽일 수 없다"고 말했다고 한다. 그리스도인은 전쟁에서 싸우기보다 차라리 기꺼이 생명을 바치겠다고 한 최초의 사람들이었다.

초대교회의 신학자들은 군 복무를 비난하였다. 알렉산드리아의 클레멘스는 그리스도인 병사들을 '평화의 병사'로 부르면서 이들에게는 하느님의 말씀과 그리스도의 덕성만이 유일한 무기라고 설파했다(『이교도들에 대한 권고』*Protreptic* XI, 116).[4] 이교도에서 개종했던 순교자 유스티누스는 『호교서』에서 다음과 같이 말한다. "우리는 이전에는 서로가 서로를 죽이던 사람이었으나 이제 우리는 적과 전쟁을 벌이지 않을 뿐만 아니라 재판관 앞에서 거짓말도 하지 않고 그리스도를 고백하면서 기꺼이 죽겠노라"(I, 39). 치프리아누스는 한 개인

<hr>

[4] 머튼의 클레멘스 연구서: *Clement of Alexandria: Selections from the Protreptikos* (New York: New Directions 1963). 이 책은 요즘 구하기 어렵지만 일부가 *The Collected Poems of Thomas Merton* (New York: New Directions 1977) 933-42에 재수록되어 있다.

이 다른 사람을 죽이면 범죄이지만 국가가 공개적으로 대량 학살을 하면 그것은 미덕이 된다고 정확히 지적하였다!(『도나투스에게』*Ad Donatum* VI, 10). 테르툴리아누스는 그리스도가 베드로에게 칼을 거두라고 하셨을 때 "예수께서는 모든 병사의 무장해제를 명하신 것이나 마찬가지다"(『우상 숭배론』*De Idoloratria* XIX)라고 주장했다.

5

오리게네스와 아우구스티누스의 전쟁론

오리게네스의 『켈수스 논박』*Contra Celsum*(3세기경)에는 후기 이교도 전통주의자 켈수스의 그리스도교 비판이 나온다. 유심히 살펴보면 흥미로울 것 같다.

켈수스는 로마제국의 쇠망을 진정 애석하게 여겼던 보수주의자였다. 그리고 그는 당대의 다른 많은 이들과 마찬가지로 로마제국 쇠퇴의 원인을 그리스도교라는 비밀단체의 사악한 혁명적 영향 탓으로 돌렸다. 교양 있는 이교도였던 켈수스는 자기가 속한 사회의 임박한 몰락을 지켜보면서 대단히 비통한 심정에 사로잡혀 유다인 집단 그리고 특히 그리스도교라는 새로운 유다인 집단에 대한 혐오와 증오를 도저히 억누를 수 없었다. 켈수스는 유다교를 경멸하긴 했지만 유다인들의 전승과 관습이 '적어도 전통을 존중하기 때문에' 그들을 참아 넘길 수 있었다. 그러나 그리스도교는 켈수스가 보편적이고 세계주의적이라고 여긴 과거의 종교 질서와 사회 질서를 완전히 뒤엎었다. 켈수스는 그리스도인이 스스로를 남들과 다른 집단으로 여기는 점, 그리고 자기들만 특별히 계시된 진리를 깨달았다고 믿는 점을 특히 견디기 힘들 만큼 미워했다. 그리스도인은 전통적 문화와 문명을 거부하면서 동시에 기존의 모든 종교를 거부했는데, 이는 다른 민족들의 사회 전통이나 종교 전통에서는 찾아보기 힘든 것이었고 기존의 종교들과 상충되는 특징이었다.

켈수스는 그리스도교가 합리적이고 보편적인 다신교적 규범을 버리고 십자가에 못 박힌 유다인 한 사람만을 숭배한다고 비판한다. 그리스도인은 스스로 다른 인간들로부터 고립되어 살아가는 반항아들이었다. 따라서 그리스도인은 음흉한 교리로 전 사회의 근본을 뒤흔들고 있다고 켈수스는 믿었다. 무엇보다도 그리스도인은 무책임하고 이기적이므로 반사회적 집단이라는 것이었다. 그들은 자기 조상들의 관습을 따르거나 다른 사람들처럼 현실에 만족하며 살지 않고 공적인 삶에 참여하기를 거부한 데다, 시민으로서 의무도 다하지 않았으며, 특히 병역 의무를 기피하였다. 켈수스가 보기에 그리스도인은 제국이 위기에 처했는데도 병역의무에 대해 뻔뻔하리만큼 무관심하고, 사회 전체의 평화와 질서 또는 공동선에 대해 자기들과는 상관이 없다는 듯한 태도를 취한 것이다.

요컨대 켈수스는 다 무너져 가는 사회에 집착하면서 자기가 그토록 소중히 여기는 것을 철저히 무시하는 그리스도인을 경멸하는 사람에게서 엿볼 수 있는 마음속 깊은 곳의 불안감을 드러내고 있다. 그리스도인들은 켈수스가 그토록 애지중지하는 세상이 사실 덧없는 것일 뿐만 아니라 언젠가는 심판받고 파멸할 것이라고 믿는 집단이었다. 따라서 켈수스는 이렇게 세상사에 초연한 그리스도인의 정신을 제국에 대한 구체적이고 실질적인 위협으로 해석했던 것이다. 그렇게밖에 해석할 수 없었다.

그러나 오리게네스는 우선 그리스도인이 폭력 혁명을 꿈꾼다거나 제국을 무력으로 타도하려고 기도한다는 [켈수스의] 주장을 강력하게 부인하면서 다음과 같이 말한다.

> 그리스도인은 적에 맞서서 자신을 방어하라고 배우지 않았다. 또한 그리스도인은 사람들을 온유하게 대하고 그들을 사랑하라는 하느님으로부터의 계명을 지켰다. 전쟁을 치를 능력이 있다 하더라도 말이다. 만일 그리스도인이 전쟁을 일으킬 권리가 있다고 생각했더라면 그 계명을 지킬 수 없었을 것이다. 그 대신 하느님께서 언제나 그리스도인을 위해 싸워 주셨고 때로는 그리스도인의 원수들과 그리스도인을 죽이려 드는 자들을 막아 주셨다.[5▶]

그 후 오리게네스는 사람들이 서로 일치를 이루고 살아갈 수 없으므로 전쟁이 일어날 수밖에 없다는 켈수스의 기본 전제를 비판한다. 오리게네스는 언젠가는 모든 인간이 로고스(말씀) 안에서 일치할 때가 올 것이라는 그리스도인의 믿음을 선포한다. 물론 이 같은 믿음은 종말론적 신앙이었을 것이다(세상 역사가 완성되는 종말이 되어야 이루어지는 믿음). 그럼에도 불구하고 그리스도인은 평화와 재산과 제국의 존속에 대해 전혀 무관심한 것은 아니었다. 오리게네스는 묵시록을 완전히 초현실적인 것으로 보지는 않는다. 그는 그리스 문명과 로마 문명의 영적이고 인간적인 측면은 높이 평가하는 편이다. 통일 로마는 복음 선포를 통해 하느님의 섭리로 우리에게 주어진 영역인 것이다.

사실 오리게네스의 입장은 반사회적이지 않으며 반지성적인 것은 더더욱 아니다. 고매한 학식에 철학적 깊이와 그리스도적 성스러움까지 갖춘 오리게네스는 고전 사상을 세련되고 낙관적인 방식으로 표현했던 것이다. 켈수스에 대한 오리게네스의 반박은 주로 고전 철학에 근거한 것이었고, 그리스도인이라 해서 반드시 교양 없는 촌뜨기일 필요는 없다는 의미를 품고 있었다. 오리게네스의 호교론은 고전적 교양이라는 공통의 영역에서 켈수스와 겨루고 있다는 점에서 그 참된 가치가 있다.

[45] Origen, *Contra Celsum*, Henry Chadwick 역주(Cambridge: Cambridge University Press 1953) III: 8, 133.

우리는 오리게네스와 켈수스가 사회를 보는 관점이 서로 대단히 달랐음을 유념해야겠다. 켈수스가 이해한 인간의 사회적 삶은 세상 여러 나라의 여러 신들이 '부여한' 전통과 관습으로 이루어진 복합물이었으므로, 그것은 핀다로스가 '관습은 왕'이라고 말했던 것처럼 무조건 인정해야 하는 신성한 것이었다. 전통과 관습에 대항하거나 그것을 바꾸려 하는 행위는 불경하기 짝이 없는 일이었다. 잡신을 모시는 신앙, 그리고 그러한 숭배에 따르는 제의와 예식은 그 나름대로 존귀한 것이어서 어떤 일이 있어도 보존해야 했다. 이런 원칙을 저버리는 그리스도인들은 무조건 반역아였고 위험 분자로 낙인찍혔다.

하지만 오리게네스는 인간 사회가 로고스의 강생으로 완전히 달라졌다고 보았다. 부활한 구세주가 교회 안에서 교회를 통해 이 세상에 현존하심으로써 외견상 존재하는 현실 — 그러나 실제로는 자의적이고 폭압적이며 부조리한 허구적 사회 현실 — 은 모두 허물어졌다는 것이다. 오리게네스는 '성령과 진리 속에서' 이루어지는 완전히 새로운 종류의 예배와 공동체적 삶을 제시하였다.

『켈수스 논박』에서는 서두에서부터 인간의 법률과 관습이 하느님의 법률과 상치될 때에는 인간의 법률에 불복하고 세상의 관습을 무시하는 것이 옳을 뿐만 아니라 모든 인간의 의무라고 힘주어 주장한다.

어떤 사람이 하느님의 법을 따르지 않는 식인종의 나라에 산다고 가정해 보라. 그리고 그 사람이 다른 나라로 갈 수 없어 강제로 그 식인종 나라에 살 수밖에 없다고 가정해 보라. 그럴 경우 그 사람은 식인종 나라의 법에 어긋날지라도 진정한 법을 지키기 위해서 동조자를 규합하여 자신들의 집단을 결성할 것이고 그것은 정당하다 할 것이다. … 진리를 위하여 오류에 맞서 자기 집단을 결성하는 것은 죄가 아니다(I: 1, 7).

하지만 다른 무엇보다 그리스도인은 그리스도에 순명하기 때문에 다 함께 전쟁에 반대할 것이다. 바로 이 점이 그리스도인을 다른 사회인들과 구분한다.

우리는 하느님의 계약을 알지 못하던 시절의 전통적 관습을 따르지 않고 이제 다른 어떤 나라에 대해서도 칼을 겨루지 않으며 더 이상 전쟁 기술을 익히지도 않는다. 우리 주님이신 예수님을 통해 평화의 자식이 되었기 때문이다(V: 33, 290).

따라서 오리게네스는 그리스도인이 병역을 거부하더라도 그것은 그들이 공동체의 삶에 필요한 자신의 몫을 다하지 않겠다는 뜻이 아니라고 주장한다. 그리스도인도 폴리스(도시국가)의 생활에서 자기 역할을 분명히 수행한다. 하지만 그 역할은 영적이고 초월적인 것이다. 그리스도인은 무기를 들고 황제를 위해 싸우는 것이 아니라 기도로써 황제를 섬긴다. "사람이 경건할수록 황제를 더 잘 섬길 수 있다. 전쟁터에서 적들을 모조리 죽이는 병사들보다 경건한 사람이 황제를 더욱 잘 섬기게 마련이다"(III: 73, 509).

켈수스도 이런 점을 완전히 모르지는 않았을 것이다. 따지고 보면 이교도의 제사장들도 '손에 피를 묻히지 않고 살인의 죄악을 저지르지 않은 깨끗한 상태로' 제물을 봉헌할 수 있도록 공식적으로 병역의무를 면제받았다. 그리스도인은 평신도나 성직자를 가리지 않고 '황실의 사제 직분'을 자처했고, 병사들이 무력으로 황실에 봉사하는 것보다 기도로써 평화를 보존하는 데 힘썼다. "우리는 전쟁을 부추기고 맹약을 저버리며 평화를 위협하는 모든 악귀를 기도로써 퇴치한다. 따라서 우리는 전쟁을 하는 이들보다 황제를 더욱 잘 섬긴다고 말할 수 있다"(같은 책).

그리스도인이 기도로써 '황제를 더욱 잘 섬긴다'는 오리게네스의 주장이 일견 고지식해 보일지라도 여기서 우리는 그가 진정 무엇을 주장하고 있는지 더욱 잘 이해할 수 있다. 교회의 기도가 황제의 이러저러한 세속적 야망과 권력을 추구하는 데 도움을 준다는 뜻은 아니다. 오리게네스는 교회의 기도가 이런 종류의 문제에까지 마술과 같은 효험을 발휘한다고 주장하지는 않는다. 그는 잘 드러나지는 않지만 더욱 결정적인 전쟁, 즉 제국의 평화가 가장 절실하게 달려

있는 다른 종류의 전쟁에서 기도가 진정으로 효험을 발휘한
다고 믿었다. 요컨대 평화라는 목표를 세운다면 전투에서
적을 죽이는 것보다 영적 무기인 기도가 평화를 보존하는
데 훨씬 효과적이라는 말이다. 기도라는 무기는 서로 상대
방을 겨누지 않는 대신, 인간들을 서로 가르고 싸우게 만드
는 악의 세력 그 자체를 겨누기 때문이다. 이러한 악의 세력
을 극복하면 서로 싸우는 양쪽이 모두 득을 보아 전쟁을 피
할 수 있을 뿐만 아니라 평화 속에서 화해할 수 있다는 것이
다. 달리 말해 그리스도인은 어느 특정한 나라가 전쟁에 기
울이는 노력에 편승하지 않고 영적 무기를 들고 전쟁 그 자
체와 싸운다는 것이다.

후대의 아우구스티누스는 이러한 원칙, 즉 사랑의 원칙
또는 모든 인류를 위한 선익의 추구라는 원칙을 더욱 열렬
히 강조한다. 하지만 우리는 여기서 사랑의 원칙이 '정당한
전쟁'의 옹호론에 편입되어 그 강조점이 완전히 바뀐 것을
발견한다.

고전 세계와 구분되는 초대 그리스도교 호교론의 양대 거
봉인 오리게네스의 『켈수스 논박』과 아우구스티누스의 『신
국론』 사이에는 2백 년이라는 세월이 놓여 있다. 그 동안 그
리스도인의 전쟁관에 결정적으로 중요한 변화가 일어났다.
오리게네스는 그리스도인이 비폭력 평화주의자임을 믿어
의심치 않았다. 반면에 아우구스티누스는 군인 보니파시우
스에게 수도원에 입회하지 말고 군문에 남아 이교도들의 공

격으로 풍전등화의 처지에 놓인 북아프리카 도시들을 방어하는 병역 의무를 다하라고 권면한다.

아우구스티누스와 오리게네스 시대 사이에 극히 중요한 두 개의 사건이 벌어졌다. 하나는 312년 콘스탄티누스 대제가 밀비오 다리 전투에서 승리한 후 그리스도교로 개종하고 제국 내 그리스도인들의 신앙 자유를 허용한 사건이고, 다른 하나는 411년 고트족 왕 알라릭에게 로마가 약탈당한 사건이었다. 아우구스티누스가 ‘정당한 전쟁’ 이론을 내놓던 무렵에는 이교도 침략자들이 그가 주교로 있던 도시 히포의 지척에까지 쳐들어와 있었다.

여기서는 아우구스티누스 사상의 핵심인 인간의 정치 공동체, 지상 도시, 지상 도시와 신의 도시와의 관계 등을 상세히 논할 지면이 없다. 하지만 아우구스티누스가 고뇌했던 문제가 오리게네스의 천진난만하고 단순했던 문제의식에 비하면 훨씬 복잡했으리라고 말하는 것만으로도 충분하리라. 아우구스티누스는 모든 사회의 핵심은 인류 공통의 목표를 위해 보편적 사랑 속에서 일치하는 것이라고 생각했다. 인간에게는 두 종류의 사랑, 즉 지상의 이기적 사랑(애욕, amor concupiscentiae)과 천상의 영적이고 초연한 사랑(애덕, caritas)이 있다. 따라서 사랑에 두 종류가 있는 것처럼, 두 종류의 다른 ‘도시들’이 존재하는 것이다. 권력과 이익을 향한 이기적이고 덧없는 사랑으로 이루어진 지상 도시와 영적 자비로 이루어진 천상 도시가 그것이다. 이렇게만 설명해도 오늘날 미국에서 아우구스티누스의 전쟁 신학을 따르는 신학자들은 대단히 어중간한 위치에 처하게 된다. 왜냐하면 아우구스티누스의 사회관은 낙천적인 미국식 정신과는 정면으로 반대되기 때문이다. 솔직히 말해 현대 미국에서는 지상의 덧없는 목표를 가진 사랑이 스스로 자기 조절을 거쳐 발전과 행복으로 나아갈 것이라고 은연중에 가정하고 있지 않은가.

아우구스티누스에 따르면 모든 사회는 평화를 희구하며 만에 하나 그 사회가 전쟁을 벌인다면 그것은 바로 평화를 위한 것이다. 평화는 '평온한 질서'다. 하지만 어떤 사회에서건 질서의 개념은 그 사회를 하나로 일치시키는 사랑에 의존하고 있다. 권력과 이득을 추구하는 지상의 도시는 외견상의 질서를 가질 뿐이다. 그런 질서는 사악한 목적을 위해 공모하는 강도 떼거리의 질서에 불과하다. 물론 그런 것도 질서라 한다면 그런 질서가 완전한 무질서보다는 좋지 않으냐고 말할 수도 있겠다. 하지만 그따위 질서는 본질적으로 무질서인 것이고, 그런 뜻에서 사악한 도시의 평화는 진정한 평화와는 거리가 멀게 마련이다.

카인은 지상 도시인 에녹 성읍을 세웠다(창세 4,17). 아벨은 아무 성읍도 세우지 못했지만 순례자로서 살았고 진정한 평화의 도시이자 유일한 성읍인 천상 예루살렘의 주민으로 살았다. 묵시록이나 오리게네스와 마찬가지로 아우구스티누스도 모든 역사는 평화의 천상 도시가 궁극적인 승리를 거두는 역사라고 보았다. 하지만 이 세상에서 천상의 시민은 지상의 시민과 다르긴 하지만 어쨌든 그들과 어울려 살아갈 수밖에 없다.

이것이 문제다. 그리스도인은 이 세상에서 살아가고 이 세상이 주는 혜택을 받으며 사는 이상 현세가 요구하는 책임 — 천상 도시의 책임과는 다르지만 — 도 함께 져야만 하는 것이다. 그 때문에 그리스도인은 하늘나라에서라면 "장가드는 일도 시집가는 일도 없을 것"(루카 20,35)이지만 이 세상에서는 재산도 소유하고 결혼도 하며 자식도 낳아 기르게 된다. 그뿐만 아니라 그리스도인은 성직자나 수도자로서 완전히 영적인 삶에 자신을 바치지 않는 이상, 자기가 사는 지상 도시에서 벌어지는 정당한 전쟁에도 참여해야만 하는 것이다.

이교도였던 볼루시아누스는 켈수스가 오리게네스를 논박한 것처럼 아우구스티누스를 비판한다. 즉, 그리스도인이 나라를 지키려 하지 않는다면 그들은 반사회적 집단이라는 비판이었다. 이에 대해 아우구스티누스는 그리스도인이 나라를 위해 단순히 기도만 드리는 것이 아니라 진심으로 나라를 지키기 위한 전쟁에 참여한다고 반박한다. 하지만 이때 전쟁은 정당한 전쟁이어야 하고 전쟁을 수행하는 방식도 정당해야 한다는 조건을 붙인다. 요컨대 지상 도시에서 전쟁은 간혹 불가피한 필요악일 수 있다는 말이다. 그리스도인은 전쟁에 참여할 수도 있고 아니면 아예 참전을 기피할 수도 있다. 그러나 그리스도인이 그런 선택을 하는 동기는 이교도 병사들의 동기와는 다르다고 한다. 그리스도인은 지상 도시를 방어하기 위해서가 아니라 평화를 구축하기 위해 전쟁을 벌이는 것이다. 평화가 하느님의 뜻이기 때문이다.

스스로를 핵 '현실주의자'로 규정하고 전쟁을 불가피한 현실적 선택이라고 옹호하는 우리 시대의 개신교 사상가들 — 예를 들어, 라인홀드 니버와 폴 램지 — 이 아우구스티누스의 사상에 많이 (전부는 아니지만) 의존하고 있는 것은 우연이 아니다. 그러나 이러한 구분이 개신교에만 국한되는 것은 아니다. 정당한 전쟁 이론을 옹호하는 모든 가톨릭 신자들은 아우구스티누스의 사상을 따르고 있는 셈이다. 따라서 아우구스티누스는 좋든 나쁘든 현대 그리스도교 전쟁 이론의 아버지라 할 수 있다.

만일 핵전쟁에 대한 그리스도인의 견해를 많이 바꾸려 한다면 그것은 아우구스티누스적 사고의 압도적인 영향력으로부터 우리가 얼마나 벗어날 수 있느냐 여부에 달려 있다고 말할 수 있지 않을까? 원시시대의 순수한 비폭력 평화주의의 낭만적인 상태로까지 돌아가지 않더라도, 그리스도교 초기의 신비주의적이고 종말론적 신약성경과 초대 교부들의 가르침을 새롭게 강조함으로써 우리의 전쟁관을 변화시킬 수 있을지도 모른다.

그렇다면 아우구스티누스의 전쟁 사상 저변에 깔린 기본 전제는 무엇인가? 우선 이교도인 켈수스가 주장하고 오리게네스가 반대했던 점, 즉 인간이 다른 인간들과 다투지 않고 살아가기는 불가능하다는 주장을 꼽아야겠다. 아우구스티누스는 이 점에서 켈수스에 동의한다. 현실 속에서 절대적 평화는 상상하기 어렵다는 것이다. 초대교회 시절에는 이같은 원칙이 나름대로 논리적이어서 용인되었을지 몰라도 그 후 이 원칙은 적절치 않은 것으로 판명되어 배척되었다. 초대교회의 종말론적 관점은 말 그대로 금세 들이닥칠 현실이었다. 당시 사람들은 종말이 아주 가깝다고 믿었다. 끊임없이 전쟁을 벌일 만큼 세상이 한가하지 않다고 믿었다.

그러나 아우구스티누스는 이교도 군대로부터 사방에서 공격당하여 몰락 중인 쇠락한 제국을 똑똑히 목격하였다. 이런 상황에서는 전쟁을 회피할 길이 없었다. 따라서 사랑의 계명을 어기지 않으면서 전쟁을 치를 수 있는 방안을 모색해야 했다. 그래서 아우구스티누스는 전쟁과 그리스도의 사랑을 하나의 사상 아래 합치시키기 위해 그리스도교 이전 시대의 고전적 정의 개념에 의존했다. 아우구스티누스가 정당한 전쟁 수행을 위한 사상을 발전시키기 위해 키케로의 사상을 상당히 많이 원용한 것은 바로 이 때문이었다.

그런데 비록 정당한 목적을 위한다 하더라도 아우구스티누스가 어떻게 폭력의 사용을 정당화할 수 있을까? 정당한 전쟁이라 해도 겉으로는 폭력 행위나 다를 바 없지 않은가. 어찌 됐든 전쟁은 참혹한 일이 아닌가 말이다. 하지만 아우구스티누스에 따르면 우리 내면의 행동 동기가 진정으로 정당한 명분과 적에 대한 사랑에 의해 우러나온다면 그런 경우에는 폭력의 사용이 불의롭지 않다는 것이다. 외적 행동과 내적 의도를 구분하는 것이 아우구스티누스 사상의 큰 특징이다. 그는 이렇게 말한다. "사랑은 선익을 위해 행하는 자비의 전쟁을 배제하지 않는다"(『서간』*Letter* 138).

그러나 우리는 여기서 아우구스티누스 사상에서 가장 중요하고 궁극적인 발전단계에 도달한다. 그리스도인이 지상 도시에서 평화를 보존하기 위해 비그리스도인과 연합하여 전쟁에 참여할 수 있다고 치자. 그러나 지상 도시 전체가 거의 모두 그리스도인으로 이루어져 있다고 가정해 보라. 이런 경우 '두 도시들' 간의 협력은 완전히 새로운 의미를 띠게 되며, 우리는 시민적 평화를 보존하기 위해서만이 아니라 신앙의 순수성을 보존하기 위해서도 군대의 '세속적 요소'를 동원하여 이단을 칠 수 있다는 결론에 이르게 된다. 이 점에서 아우구스티누스는 십자군과 이단 심문의 원조가 되는 것이다.

"사랑은 선익을 위해 행하는 자비의 전쟁을 배제하지 않는다!" 중세와 십자군과 여러 종교전쟁의 역사를 통해 우리는 이런 식의 새로운 행동 원칙으로부터 어떤 악한 결과가 초래되었는지 익히 알고 있다. 아우구스티누스는 인간 본성을 회의적으로 파악했음에도 불구하고 자기 사상의 논리적 귀결을 예측하지 못했다. 물론 그 사상의 원래 문맥에서 따지자면 '자비의 전쟁'이라는 개념도 어느 정도 일리가 있는 것이 사실이다. 교회와 그리스도인은 어떤 행동을 하건 궁극적 평화를 추구한다는 것이 언제나 그의 사상이었다. 그러므로 아우구스티누스 사상의 결함은 그것이 설파하는 좋은 의도에 문제가 있다기보다는, 폭력적 수단 — 인간의 최악의 모습을 드러내게 마련인 — 을 써서 선을 달성할 수 있다는 생각을 유치할 정도로 지나치게 맹신한 데 있다고 하겠다. 그 결과 우리는 오랜 세월 동안 왕과 군주와 주교와 사제와 재상들이 백성들에게 사랑에서 우러나온 마음으로, 내적인 좋은 의도를 잊지 말고, 무기를 들고 적들을 죽이라고 (다른 그리스도인을 포함하여) 얼마나 진심으로 촉구했던가를 알고 있다. 이 같은 목적을 위해 얼마나 많은 묵주와 성물이 사용되었는지는 오직 주님께서만 아실 것이다!

사실 이 같은 일은 그리스도교 문명권의 역사상 가장 심각한 추문이 될 만큼 엄청난 규모로 오용되었다. 한시도 쉴 틈 없이, 양심의 가책도 없이, 그것이 함축하는 역설에 대해 최소한의 인식도 없이 '자비의 전쟁'이라는 식의 사고방식이 아직도 유지되고 있다는 사실은 그리스도인의 핵전쟁 정당화에 있어 가장 개탄할 만한 일이다.

물론 우리가 아우구스티누스의 사상을 읽을 때, 그리고 그가 그리스도인 병사에게 큰 제한을 가하고 있으며 그 병사들에게 엄격하기 짝이 없는 행동 수칙을 부과하고 있음을 볼 때, 우리는 정당한 전쟁 이론이 완전히 부조리한 것은 아니며 우리 현시대보다 전쟁의 파괴력이 덜 심했던 당시에는 그 이론이 아마 쓸모가 있었을 거라고 짐작할 수 있다. 하지만 오늘날의 정당한 전쟁 이론 옹호자들이 그 이론을 박물관이나 고물 더미로부터 어쨌든 보존하려고 애쓰는 것을 보면 놀라지 않을 수 없다. 그들은 '현실주의'의 미명 아래 (즉, 타락한 인류에 대해 아우구스티누스가 품었던 회의적 견해를 보존하면서), 아우구스티누스 시대만 해도 기술 발전 정도가 낮았으므로 용인되었지만 현재는 전혀 비교조차 할 수 없는 불확실한 상황 속으로 스스로를 밀어 넣고 있다. 우리는 이 세상의 도시가 더 이상 신의 도시와 연결되지 않고, 고상하고 효율적인 강도의 상태로 전락한 지상 도시의 시민들이 마키아벨리와 클라우제비츠의 냉소에도 불구하고 대륙 규모의 파괴를 자행할 수 있을 정도의 무장을 했을 때, 현대의 아우구스티누스 추종자들이 아우구스티누스 유의 회의주의가 진정 무엇을 의미하는지를 인식할 수 있을 만큼 균형 감각이 있기만을 바랄 뿐이다. 그러한 인간들에게 폭력을 자제하고, 세계 인류 역사상 가장 고삐 풀린 권력투쟁에 있어 자신의 야망을 조절하며, 듣지도 보지도 못한 고대의 저술가들이 말한 '정당한 전쟁' 이론에 따라 자기주장을 적당히 절제해 달라고 요청하는 것은 … 이런 식의 발상이 차라리 우리에게 쓴웃음을 주지 않는다면 장탄식밖에 나올 게 없을 것이다.

아우구스티누스의 교의에는 종말론적 전통의 흔적이 일정하게 남아 있다. 예컨대 전쟁에 참여할 수 없는 그리스도인도 있었다. 우선 현실을 완전히 떠나 현실을 잊고 하느님의 왕국에서 사는 수도자는 전쟁에 나가지 못한다고 했고, 그다음으로 평화의 복음 — 또는 적어도 자비로운 전쟁의 복음 — 을 가르치는 성직자에게도 전쟁 참여가 금지되었다. 하지만 그리스도교가 유럽 전역에 전파되고 북방 이교도들의 다혈질적인 성격이 유럽 문화에 이식되어 고대 로마의 전통이 다시 살아나면서 수도자나 성직자들조차 간혹 무기를 들고 적에 대해 칼로써 지극한 사랑을 베풀지 않으면 안 될 지경이 되었다. 십자군을 가득 태운 프랑크 왕국의 전함이 비잔티움의 함대로 돌격했을 때 온몸이 피투성이가 된 어느 라틴 사제가 제의를 걸치고 뱃고물에 서서 적에게 화살을 날리는 광경을 본 비잔티움의 병사들이 경악을 금치 못했다는 기록도 있지 않은가? 이 사제는 전투 중지령이 떨어진 후에도 계속 화살을 쏘아 댔다고 한다[6].

하지만 여전히 전쟁에는 일정한 제한이 존재했다. 공의회에서도 여러 차례 전쟁을 엄격하게 다스렸다. 10세기경 영국에서는 전쟁 중에, 심지어 정당한 전쟁에서라도, 적군을 죽인 병사에게는 보속의 의미로 40일간 단식을 지키도록 명했다. 불가피한 경우라 하더라도 살인은 통회해야 할 악으로 여겼던 것이다.[7]▶

[6] 1차 십자군 전쟁 때의 이야기다. Anna Comnena, "Alexiad", in R.H. Bainton, *Christian Attitudes to War and Peace: A Historical Survey and Critical Re-evaluation* (New York: Abingdon Press 1960) 114

그러나 시간이 흘러 중세에 와서 신학자들은 정당한 전쟁에서 살인을 저지르는 것은 죄가 아니라고 분명히 가르쳤고, 이런 행위를 한 병사는 하느님을 기쁘게 해드렸으므로 보속할 필요가 없다고 공표하였다(Migne, 125.841). 당시가 십자군 전쟁 시대였음을 기억할 필요가 있다. 하지만 그런 시절에도 그리스도인들끼리 벌인 전쟁에는 엄격한 제약을 부과하였다. 상황에 따라 전쟁이 미덕인 경우가 있을 수 있겠지만 그렇다 하더라도 선한 전쟁이건 악한 전쟁이건 간에 아무리 큰 희생을 감수하고서라도 전쟁을 피해야 할 경우가 있다는 뜻이었다. 10세기 들어 하느님의 이름으로 체결된 휴전 원칙에 따르면 축일과 성주간에는 전투를 할 수 없었다. 그리스도인 병사들은 전쟁에 대해 복합적이고 양면적인 감정을 품고 있었는데 이런 태도는 '경건자' 로베르투스라는 10세기경의 인물이 쓴 흥미로운 서약문에 잘 나타나 있다.

나는 3월부터 '모든 성인 대축일'(11월 1일)까지 채무 환수를 위한 목적 외에는 그 누구의 목초지에서도 노새나 말을 빼앗지 않겠노라. 나는 그 누구의 집도, 그 안에 기사가 있는 경우를 제외하고, 불태우거나 파괴하지 않겠노라. 나는 포도나무를 뽑아 버리지 않겠노라. 나는 홀로 여행하는 귀부

[4] Migne, *Patrologia Latina* 79. 407. 머튼은 수련자들에게 강의할 때 이 책의 라틴본을 자유롭게 번역해서 인용하곤 했다. 이 책은 (200년경의 테르툴리아누스부터 1216년 교황 인노켄티우스 3세까지) 초대교회 교부들의 저술로 이루어져 있다.

인이나 그 여종, 또는 과부나 수녀를 그들이 내게 먼저 시
비를 걸지 않는 한 괴롭히지 않겠노라. 또한 나는 사순절
시작부터 부활절까지 무장한 기사를 공격하지 않겠노라
(Robert the Pious, *Bainton*, 110에서 인용).

이런 식의 전쟁관, 그리고 정당한 전쟁 이론의 엄격한 요구
를 요리조리 피하고 합리화하려는 유혹과 불가분의 관계에
있는 일관성 없는 태도를 보여 주는 문헌을 찾기란 그리 어
렵지 않다. 아우구스티누스의 신학관은 겉으로는 경건한 것
처럼 보이지만 쉽사리 조작되고 왜곡될 수 있는 주관적인
순수 동기를 강조하고 그때그때의 상황이 자의적으로 해석
될 수 있는 방식을 강조한다는 점, 이 두 가지의 약점을 가
지고 있다. 도대체 수녀가 기사에게 도저히 참을 수 없을 만
큼 도발적으로 시비를 걸어서 기사가 그 수녀를 벌해야 하
는 상황이 있을 수 있다고 가정하는 경건자 로베르투스의
유치하기 짝이 없는 사고방식만 보아도 이 점을 잘 알 수 있
을 것이다. 이런 논리를 극대화시켜서 상대방 나라가 내게
도저히 참을 수 없을 만큼 도발적으로 시비를 걸어서 내가
그 나라의 수많은 도시들을 핵폭탄으로 쓸어버리는 벌을 내
리는 것이 정당하다고 생각한다면 이런 발상을 더 이상 우
스갯거리로 여길 수 없을 것이다!

정당한 전쟁 이론의 역사를 여기서 다루지는 않겠다. 그
러나 다음과 같은 사실만은 기억하자: 16세기 스페인의 정

복군은 자신들이 '자연법에 반하는 짓을 행하는 문명', 즉 인간을 제물로 바치는 아스테카 문명 또는 우상숭배를 행하는 문명을 없애야 할 신성한 사명을 띠고 있다고 스스로 믿었다. 이와 같이 무법 세계에 사는 열등한 미개 인종을 벌주고 교화시켜야 할 임무와 의무가 자신에게 있다고 믿는 그리스도교 문명권의 관념이 아직도 서구에는 팽배해 있다. 서구가 더 이상 그리스도교 문명도 아니면서 말이다. 바로 이런 발상이 공산주의에 대해 십자군 핵전쟁을 벌여야 한다는 관념을 뒷받침하고 있다.

그러나 현대에 들어 일어난 갖가지 변화상으로 인해 정당한 전쟁 이론을 뒷받침하는 기본 전제에 심각한 의문이 제기되었다. 1944년 제2차 세계대전이 절정에 달하여 적국 도시를 융단폭격으로 초토화하고 있을 때 존 포드 신부는 한 중요한 논문을 통해, 전투기 조종사가 민간인을 직접적으로 죽일 의도가 없는 경우라면 도시 전체를 무차별폭격할 수 있다는 견해를 반박하였다.[8] 즉, 그 행위의 본성상 무고한 인간에게 해를 끼칠 수밖에 없고, 그 어떤 '순수한 동기'로도 그 행위의 사악한 본질을 바꿀 수 없는, 그러한 악행이 분명 존재한다는 말이다.

---

[8] John C. Ford, S.J., "The Morality of Obliteration Bombing", *Theological Studies* 5, no.3 (1944) 261-309.

6

마키아벨리의 유산

물론 정당한 전쟁론과 그 이론이 함축하는 도덕적 규제가 중세의 전쟁에서 야만적인 행동을 억누르는 데 때때로 도움이 되었을 가능성도 있다. 예컨대 석궁石弓이 처음 개발되었을 때 교회가 그것을 부도덕하고 잔인한 무기로 규정하여 금지시켰음을 우리는 알고 있다.

그러나 르네상스 시대에 접어들면 우리는 현실 정치 이론의 원조에 속하는 마키아벨리를 만나게 된다. 그는 일부 군주들이 뜨뜻미지근하고 엉성하게 전쟁에 임하는 것을 못마땅하게 여겼다. 권력의 문법책이나 마찬가지인 마키아벨리의 『군주론』을 읽고 전쟁 수행의 중요성에 관한 그의 현실적이고 냉소적이기 짝이 없는 교리가 오늘날 국제 권력정치에 그대로 적용되고 있음을 알게 되면 여러 가지 생각을 하지 않을 수 없다. 현대의 호전적인 정치인들이 마키아벨리를 실제로 읽었는지 알 수는 없지만 마키아벨리가 인간의 깊은 본성에 호소하는 인물 — 즉, 진정으로 전쟁 준비를 하지 않는 무사안일한 태도를 절대 용납하지 않는 — 이라는 점은 의심할 여지가 없다.

마키아벨리는 도덕률 따위는 완전히 무시했으므로 그가 정당한 전쟁 이론을 전혀 쓸모없는 이론으로 여겨 은연중에 폐기했다고 보아도 무방할 것이다. 어떤 면에서는 경건자 로베르투스와 같은 인물이 자신의 호전적인 성향을 적당히 합리화하기 위해 어리석기 짝이 없는 정신적 궤변을 늘어놓는 것을 마키아벨리가 철저히 경멸했다는 점에서 그를 인정할 만한 구석이 없지 않다. 따지고 보면, 만일 진정으로 전쟁을 원할 경우에 절대 싸우지 않겠다는 겉치레 서약을 먼저 한 다음 구차하게 예외적인 조건을 둘러대어 그 서약을 깨는 것보다, 솔직하게 바로 전쟁을 벌이는 것이 더 현실적일 것이다. 그런 식으로 [위선적으로 행동하는 것은] 시간과 정력의 낭비이고, 그렇게 하다가는 결정적 실수와 패배를 감수해야 할지도 모른다는 점에 누구나 동의할 수 있을 것이다. 힘의 정치판에서 양심이 그리 문제가 되지 않음은 재론의 여지가 없다. 그러나 그 어떤 상황에서건 원칙상 오락가락하고 원칙을 회피할 구실만 찾는 양심은 그 자체로서 문제이며 치명적 결함이라는 점 또한 사실이다.

오늘날 벌어지고 있는 범 세계적 권력투쟁은 우리 인간에게 명확하게 양자택일을 요구하고 있다고 말할 수 있다. 우리가 정직한 논리를 구사한다면 다음 둘 중 한 가지로 귀결될 수 있다는 말이다. 즉, 양심 따위는 잊어버리고 냉혹한 원칙에 의거해서 행동하든지, 아니면 도덕률과 그리스도의 사랑에 완전히 충실한 맑은 양심을 날카롭게 유지하든지 하는, 이 두 가지 길 중 하나만이 있을 뿐이다. 첫째 길을 선택하면 우리 모두가 파멸에 이를 것이 분명하고 둘째 길을 택하면 우리가 살아날 기회가 생길 수도 있다.

마키아벨리는 군주라면 "전쟁 외에 다른 어떤 목표나 잡념을 가져서도 안 된다"고 말한다. 군비 철폐란 단지 스스로의 체면을 구기는 행위밖에 되지 않는다는 점을 군주가 명확히 인식해야 한다는 것이다. 따라서 군주는 경계심을 풀고 평화를 위해 타협하려는 유혹에 빠지지 않기 위해 스스로 너무 선량해지지 않도록 조심해야 한다.

> 매사에 선량한 인간은 결국 수없이 많은 악인들 사이에서 반드시 후회할 날이 오게 마련이다. 따라서 자기가 군주직을 유지하고자 하는 이는 선량해지지 않을 방법을 배워야 하고, 경우에 따라 이러한 지식을 이용하거나 또는 이용하지 않는 방법을 배우는 것이 절대로 필요하다.[9]

따지고 보면 군주는 현실적이 되지 않을 수 없다. 군주는 자신에게 적합한 이미지를 창조해야 하고(오늘날과 마찬가지로), 사랑받기보다 두려움의 대상이 되어야 할 뿐 아니라(사랑과 두려움을 동시에 받을 수 있는 능력이 되지 않는 한), 두려움의 대상이 되어야 할 뚜렷한 이유가 있어야 한다. 군주는 양심이나 인간적 감정에 귀를 기울여서는 안 된다. 군주는 편리할 경우가 아닌 한 덕성을 실천해서는 안 되며, 타인에게 너무 자상하거나 너무 관대하거나 너무 신뢰를 주어서도 안 된다. 법이나 자신의 언약이 편리할 경우가 아닌 한 그 법이나 언약을 지키기 위해 시간을 낭비해서도 안 된다. 덕성 때문에 얼마나 많은 군주들이 몰락했는지 직시하라고 마키아벨리는 경고한다. 덕성보다 차라리 무력이 낫다는 것이다.

> 싸움에는 두 종류가 있다. 법에 의한 싸움과 폭력에 의한 싸움이 그것이다. 전자는 인간의 방식이요 후자는 짐승의 방식이다. 하지만 첫째 방식만으로는 불충분한 경우가 종종 있으므로 둘째 방식을 쓰는 법도 배워야 한다. 따라서 군주는 짐승의 방식과 인간의 방식을 모두 터득하는 것이 좋다(XVIII, 77).

9 Niccolò Machiavelli, *The Prince*, Luigi Ricci 역, E.R.P. Vincent 개역 (London: Oxford University Press 1960) XV.68.

오늘날에는 [특히 정치인들이] 이런 입장을 당연시하긴 하지만 그것을 아주 이런 식으로 까놓고 드러내지는 않는다. 말을 이리저리 돌리지 않고 이렇게 직설적이고 유쾌할 만큼 솔직하게 자기 생각을 표출하는 것이 차라리 '신선하게' 느껴질 정도다. 마키아벨리는 자기 나름대로 일종의 '휴머니즘'에 입각해서 이런 식의 행동을 정당화하고 있다. 관용하고 포용하면 장기적으로 무질서와 혼란밖에 오지 않으므로 당장은 냉정한 것이 결국은 자비로운 결과를 가져올 수 있다는 논리다. 예를 들어 다음과 같다.

> 체사레 보르지아처럼 강단 있게 행동하는 것이 훨씬 낫다(마키아벨리는 보르지아 가문에 대해 찬사를 아끼지 않는다). 사람들이 체사레를 잔인하다고들 했지만 결국 로마냐에 질서를 가져다주었고 그곳을 통일시키고 평화와 충성을 확립시켰다. 이것을 나쁘다고 할 수 있을까? 잔인하다는 말을 듣기 싫어하다 결국 피스토이아의 몰락을 허용했던 피렌체 사람들보다 체사레가 사실은 훨씬 더 자비로웠다고 할 수 있을 것이다(XVII, 72).

바로 이것이 오늘날 우리가 핵무기 현실론자들로부터 자주 듣곤 하는 논리다. 이들에 따르면 가장 냉정하고 예외 없는 비타협적 핵무기 정책만이 평화와 질서를 가져다줄 수 있는 유일한 희망이라고 한다. 장기적으로는 이렇게 하는 것이

'자비롭고' 평화로운 해결책이라는 논리다. 그런데 마키아벨리와 오늘날의 주장이 다른 점은, 마키아벨리 시대만 해도 그의 논리가 권력을 가진 그리스도인들에게 크게 먹혀들긴 했지만 그 논리를 엄격한 도덕적 의무로 겉치장하려는 시도는 없었다는 점이다. 그런 것이 정치적 '현실'이라고 받아들이고 그저 그런 정도로 취급했을 뿐이었다. 그러나 오늘날에는 적에 대해 철저히 냉혹하지 않은 사람은 얼치기 그리스도인이고 자유정신에 대한 반역자라고 여기는 이들이 있을 정도다.

부언하면 마키아벨리는 외견상 잔인한 것만 찬양하지는 않았다. 물론 외견상 잔인한 것이 최소한의 요구 사항이기는 하지만 예컨대 그는 한니발 장군이 '진정으로' 비인간적이었기 때문에 위대하다고 생각했다. 왜냐하면 비인간적이었으므로 휘하 병사들을 잘 통솔할 수 있었다는 것이다.

아우구스티누스가 전쟁 문제를 내면의 판단으로 돌리고 그리스도인이 정당한 전쟁을 벌일 수 있는 의도만을 주로 생각한 반면, 마키아벨리는 내면의 상태를 이 문제와 전혀 무관한 것으로 치부하여 아예 무시하였다. 그는 권력투쟁 ― 이런 상태에서 양심이 있어 봤자 애매모호한 태도만 낳아 결국 전쟁에서 지게 만드는 그런 투쟁 ― 의 냉혹한 객관적 사실에만 관심을 쏟는다. 도덕심은 효율성을 가로막으므로 도덕적 질문 따위를 하는 것은 어리석은 짓이고 현실적으로 아무 의미 없는 일이라는 것이다.

따라서 마키아벨리에게 권력은 목적 그 자체였다. 사람과 정책은 권력을 위한 수단에 지나지 않았다. 권력을 위한 최고의 수단은 전쟁, 즉 '정당한' 전쟁이 아니라 이길 수 있는 전쟁이다. 현실주의 정치가 판을 치는 현대 세계를 향해 클라우제비츠는 다음과 같이 말한다. "전쟁 철학을 소개하는 판국에 겸양의 원칙 따위는 아무 소용이 없다. 전쟁은 극단적 폭력 행위다."

바로 이 같은 철학이 히틀러의 정책 기조가 되었다. 독일 바깥의 세계는 좋은 의도를 가지고 있었지만 결국 히틀러를 억누르기 위해 히틀러의 수법을 그대로 배우지 않을 수 없었다. 핵무기가 등장하면서 무제한적 파괴와 폭력 행위가 실제로 전쟁의 핵심을 차지하게 되었다. 미국 국방차관 로스웰 길패트릭은 1961년 다음과 같이 선언했다.

우리는 우리의 핵무기를 절대 감축하지 않을 것이다. 개인적으로 나는 핵전쟁이 제한전이 될 수 있다고 한번도 믿은 적이 없다. 핵폭탄을 터뜨리는 와중에 어떻게 한계를 정할 수 있단 말인가?[10]

하지만 마키아벨리가 르네상스 인물의 전형은 아니었다. 르네상스 시대의 가장 탁월한 천재인 레오나르도 다빈치는 잠

[10] 머튼이 *Nuclear Weapons and Christian Conscience*의 제사(題詞)에서 인용한 것(주 25 이하를 보라).

수함을 설계했지만 그 내용을 공개하지 않고 도면을 없애 버렸는데, 이유인즉 잠수함이 해전에서 비열하고 은밀한 공격 목적으로밖에 사용되지 않을 것으로 판단했기 때문이다. 다빈치가 보기에 이런 행위는 부도덕한 짓이었다.

『군주론』이 권력정치의 원칙을 분명하고 조리 정연하게 다루고 있긴 하지만 오늘날의 권력정치가 순전히 마키아벨리의 원칙만을 따르고 있다고 가정해서는 안 된다. 그렇게 하면 대단히 큰 우를 범하는 셈이 된다.

오히려 마키아벨리가 오늘날 우리 시대에 살아 있다면 전혀 다른 창의적 전제에 입각해서 자기주장을 개진했을 것이다. 현시대는 군주들이 서로 경합하는 이탈리아의 도시국가 시대가 아니기 때문이다. 마키아벨리가 오늘날의 상황을 관찰했다면 권력투쟁에 감정적 요소가 부가되어 있는 현실(예컨대 무산계급 사상, 민족주의 사상, 또는 인종주의적 메시아 사상 등)을 꿰뚫어 볼 것이고, 오늘날 우리 시대의 정치 현실을 좌지우지하고 있는 엄청난 기술 발전을 합리적으로 통제해야 할 필요성을 분명히 인식했을 것이다.

무엇보다도 공산주의가 마키아벨리적이라고 상상하는 것 역시 오류를 범하는 일이다. 물론 공산주의가 도덕적 요소를 모두 배제하고 객관적 현실주의만 지속적으로 추구해 온 것은 사실이다. 하지만 공산주의는 나름대로의 환상 속에 살고 있으며 그런 환상 속에서 전쟁은 권력 쟁취의 일차적 수단이 아니다. 이와 정반대로 마르크스주의적 변증법은 혁명으로써 권력을 쟁취하는 것을 주장하고, 이런 주장에 따르면 전쟁은 자본주의 체제에 내재한 치명적 결함으로 그려진다. 마르크스주의 이론에 따르면 자본주의적 제국주의는 전쟁을 치르면서 결국 자멸하게 마련인데 이렇게 전쟁으로 쇠약해진 자본주의 국가가 붕괴하는 시점에서 혁명이 일어날 것이라고 한다. 결과적으로 자본주의 제국들 사이에 전쟁이 일어난 상황이 공산주의의 입장에서는 가장 유리한 상황이 되는 것이다.

그렇게 본다면 스스로를 마르크스주의의 정통 계승자로 자처하는 중국 공산주의가 판단하기에 국가자본주의 체제인 소련과 민간 자본주의 체제인 미국이 대결하고 있는 현 상황이 가장 바람직한 [혁명 전야의] 상황일 수도 있겠다.

자본주의 경제체제 내에 자기 파멸적 호전성이 내재하고 있다는 마르크스주의의 (확신에 가까운) 신념으로 미루어 보건대, 모스크바 당국이 우리의 급속한 군비 증강을 두고 마르크스 이론이 옳았다는 식으로 해석할 수밖에 없지는 않은지, 우리 스스로 성찰해 볼 필요가 있다. 바로 이 점 때문에 미국이 소련을 불신하는 것만큼이나 소련도 미국을 어쩌면 더더욱 불신하고 있는 것이다. 미국이 공산주의가 혁명으로써 자본주의를 타도하려고 획책하고 있다고 굳게 믿는 것만큼이나, 소련 역시 미국이 전쟁으로써 자기네를 파멸하려 한다고 믿어 의심치 않고 있다. 서로가 상대편의 행동에 의거해 판단하고 있으므로 양쪽의 의구심이 모두 나름대로 근거가 있는 셈이다. 진정으로 심각하고 진지한 정책 변화만이 이런 악순환의 고리를 끊어 버릴 수 있다. 미국과 소련이 진지한 협상을 통해 각자의 기술력을 평화적 용도로 전환시킴으로써 자기 체제의 견고함을 확실히 믿을 수 있게 되지 않는 한, 양쪽 모두의 파멸은 명약관화한 현실이다.

마키아벨리로 다시 돌아가자. 솔직히 말해 『군주론』은 부도덕하기 짝이 없는 책이지만 그것이 가톨릭 신자들이 읽어서는 안 되는 금서 목록에 오른 적이 없었다. 따라서 수많은 가톨릭 군주들이 『군주론』을 읽었을 거라고 추측해도 무방하며, 그런 군주들은 '이중 효과'의 원칙에 의거해 자기들 최소한의 그리스도교 도덕성과 마키아벨리적 권력정치를 함께 유지할 수 있는 방법을 찾아냈을 것이 분명하다. '이중 효과'의 원칙이란, 그 자체로 죄악이 아닌 목표는, 그리고 죄악이 아닌 수단으로써 실행되는 목표는, 설령 사악한 부작용이 초래된다 할지라도, 그 부작용을 직접적으로 의도하지 않았다면, 허용된다는 원칙이다.

17~18세기의 도덕 신학에서 가르쳤던 '이중 효과'의 고전적인 사례를 들어 보자. 당신이 목숨을 구하기 위해 적을 피해 말을 타고 열심히 도망가고 있다고 치자. 그리고 도망가기 위해서 좁은 샛길을 지나야 하는데 그 길 중간에 어린아이가 누워 있다고 치자. 당신 목숨을 구하는 것은 좋은 목표이고, 말을 타고 가는 것 역시 사악한 수단이 아니다. 다른 탈출로가 있는 것도 아니다. 아이를 밟고 가야 하는 상황이

안 좋긴 하다. 그 아이를 다치게 하거나 심지어 죽일 수도 있기 때문이다. 그러나 당신이 그 아이의 죽음을 직접적으로 의도하지 않았으므로 당신이 말을 멈추어야 할 하등의 도덕적 의무도 없다. 그러므로 당신은 계속 말을 타고 달릴 수 있으며 그렇게 해서 설령 아이가 밟혀 죽는다 하더라도 당신에게는 도덕적 책임이 없다는 것이다.

물론 이것은 양심 문제 결의론決疑論(casuistica)에 속하는 예이며 왜 이런 이론이 종종 손가락질받는지를 보여 준다. 그런데 우리는 결의론에 손가락질하지 말아야 하는 게 아닌지 자문해 볼 필요가 있다. 원래 도덕적 '양심 문제'casus conscientiae는 이미 저지른 죄를 사후에 승인해야 하는 것과 같은 어려운 문제를 다루기 위한 고해자의 지침 형태로 발전되어 왔다. 그러나 도덕 신학에서 결의론이 형성되는 과정을 통해, 이미 저질러진 극히 예외적 행위의 책임을 고해자와 고해신부가 마치 통상적 규범인 것처럼 판단하는, 즉 동기만을 기준으로 도덕성을 판단하는 [즉, 결과를 도외시하는] 경향이 발생했다. 극단적이고 예외적인 상황이라면 직접적으로 의도하지 않은 '더 작은 악'을 '허용'할 수도 있다는 원칙과, 이렇게 예외적이고 경계선상에 있는 [논란의 여지가 많은] 규범의 토대 위에 그리스도교 윤리 체계 전체를 구축한다는 원칙은 전혀 다른 차원의 문제다.

자기가 적에게 잡히는 것보다 죄 없는 아이를 죽이는 것이 선험적으로 정당하다고 가정한다면 진정한 그리스도적 행동에 대한 희망의 싹을 어디에서 찾을 수 있을 것인가? 타인을 위해 자신을 희생하라고 가르친 복음과 초대교회의 정신이 이런 상황에서 도대체 어찌 될 것인가? 요컨대 [더 작은 악이 아니라] 더 큰 선을 행하라는 그리스도 정신이 어디로 갈 것인가? 그리스도의 그러한 강조점은 '명령'이 아니라 단지 '참고 사항'에 불과하다는 답이 나올 수 있다. 계명의 문자적 해석에 따르면 이 답이 옳을 수도 있으나 그런 가정 하에 살아간다는 것은 실제로는 완전히 비그리스도적이고 무도덕한 전제에 의거해 살고 있다는 것밖에 되지 않는다.

1961년의 '핵 방공호 사태' 당시에 등장한 발상 — 내 방공호에 억지로 비집고 들어오려는 이웃의 '침입자'를 총으로 쏘아도 죄가 되지 않는다는 식의 발상 — 이 바로 이러한 가정에서 출발했다. 오늘날 우리는 그리스도의 사랑 계명을 어겨도 무방한 것처럼 생각되는 이런 식의 희귀하고 비정상적이며 상징적인 윤리 상황에만 집착하고 있는 것같이 생각된다. 그러한 예외적 상황이 있을 수도 있겠지만 왜 유독 그런 희귀한 경우에만 집착하여 정상적인 그리스도의 정의와 자비에 대해서는 잊고 사는가? 우리의 사고방식 속에서 이제 예외적 폭력이 정상이 되었고 정상적 자비는 오히려 찾아보기 힘들게 되어 버렸다.

마키아벨리는 사람들이 왕권신수설을 믿던 시대에 군주들을 위해 자신의 조언을 제공했다. 하지만 마키아벨리 이후 정치사상은 상당히 발전했다. '군주'는 '주권국가'로 대체

되었고 절대군주의 폭정으로부터 인간을 해방시키려 했던 혁명의 결과 [역설적으로] 인간은 더욱 교묘하고 더욱 절대적인 추상적 폭정하에 놓이게 되었다.

수학과 상거래와 기술이 발전하는 데 0이라는 숫자가 필요했듯이 정치권력과 경제권력도 한없이 무책임한 무제한적 주권을 얻기 위해 국가와 기업이라는 얼굴 없는 추상적 존재가 필요했다. 따라서 과거 노예제 시대의 인간들이 오늘날 경제적·군사적·정치적 전체주의하에서 소외를 경험하는 현대인보다 훨씬 더 나은 대우를 받았을지도 모른다는 역설이 발생한다. 이와 동시에, 권력 추구의 완벽한 도구가 되는 존재가 다름 아닌 현대의 무책임하고 익명이며 소외된 인간, 즉 자기 생각과 결정이 익명 사회의 부산물인 인간이라는 결론이 나온다. 그러한 조건하에서 권력 추구의 과정은 완전히 자족적이고 모든 것을 집어삼키는 존재가 되고 만다. 그 결과 개인이나 가족이나 도시의 생사뿐만 아니라 모든 나라와 모든 문명의 생사가 부도덕하고 비인간적인 맹목적 세력 앞에 무릎을 꿇을 수밖에 없다.

이런 와중에도 소위 '자유'와 '자율'을 누리는 일부 소수가 있는 것처럼 보인다. 하지만 이런 종류의 자유와 자율이라는 것도 따지고 보면 역사적으로 미리 예정된 조류의 방향을 알아차리고 그것을 거스르기보다 그 흐름을 타는 영악성에 지나지 않는 것이다. 그러한 상황이 얼마나 잠재적으로 사악한 것인지 여기서 재론할 필요조차 없다.

도덕성이란, 사안을 자의적이고 편리하게 해석하는 것이 아니라 사물의 '본성'과 인간 스스로에 의해 규정된 심원하고 본질적인 원리에 따라 자유를 지성적으로 또 질서 있게 행사하는 것이다.

도덕 관념이 없는 결정이라 함은 수단과 목표라는 점에서 현실의 저변에 깔려 있는 객관적 질서를 고려하지 않고, 피상적인 가정에 근거하여 이해하고 목격한 사건으로부터 영향을 받아서 내리는 그러한 결정을 뜻한다.

도덕 관념이 없는 행동은 스스로 구체적인 사안을 잘 알고 있다고 생각하므로 도덕 관념이 있는 행동보다 더욱 '현실적'인 것처럼 행세한다. 그러나 실제로는 도덕 관념이 결여된 행동의 가장 큰 약점은 바로 현실성이 결여되어 있다는 점이다. 그래서 구약의 지혜서에서 도덕 관념이 없고 기회주의적인 인간을 '바보'라고 부르는 것도 다 이유가 있다. 도덕 관념이 없는 행동에서 나타나는 구체적이고 객관적인 외양 그 자체가 실은 극히 속임수일지도 모른다.

도덕 관념이 없는 인간은 자신이 객관적 사안의 실상을 잘 알고 있다고 착각할지 모르나, 사실상 그는 자신의 그러한 생각에서 우러나오는 중압감과 긴박성을 경험하고 있는 것이다. 그런 사람은 자신의 불합리하고 상징적인 강박관념을 외부 세계로 투사하여 그런 관념을 객관적 현실인 것처럼 받아들일 수도 있겠으나 이런 경우에 그 사람은 비현실적인 사람일 뿐만 아니라 정신적으로 병자나 다름없다.

따라서 우리는 이제 소위 핵무기 현실론자 — 컴퓨터에
의해 어마어마하게 그 생각이 증폭되고 객관화된 — 의 현실
주의와, 마키아벨리의 현실주의를 비교할 지점에 이르렀다.

『히로시마의 유산』[11]처럼 그럴듯하게 자기만족적인 책은
어찌 보면 아주 간결하고 포괄적인 표현으로써 강력하고 투
명한 핵 정책을 주장하고 있어서, 언뜻 마키아벨리의 주장
처럼 들릴지도 모른다. 이 책 저자인 텔러의 체계적인 무도
덕 관념을 살펴보면 그 유사성이 명백히 드러난다.

텔러는 겉으로는 점잖게 들리는 '수소폭탄의 아버지'라는
명성을 누리고 있다. 그는 원래 헝가리 사람으로 1930년대
에 유럽에서 미국으로 건너와 제2차 세계대전 중 로스앨러
모스 연구소에서 추진한 원자폭탄 개발 프로젝트에 참여했
다. 텔러는 이 책에서 핵무기 사용에 대해 심각한 도덕적 우
려를 표했던 동료 과학자들의 태도를 묘사하면서 자기도 한
때 이들의 태도에 공감할 뻔했노라고 말한다. 하지만 그는
히로시마 사건 이후 '원자폭탄에 진저리를 낸' 동료들이 연
구소를 떠나 대학 등으로 직장을 옮겼을 때도 자신은 로스
앨러모스에 남아 가공할 파괴력을 지닌 열핵무기[수소폭탄]를
개발하자고 사람들을 열심히 설득하고 다녔다고 한다.

이 이야기를 곰곰이 따져 보면 핵무기 개발 과학자들의
도덕적 갈등이 핵 개발에 있어 가장 큰 장애물이었고 그 이

<hr>

[11] Edward Teller, *The Legacy of Hiroshima* (Westport, Conn.:
Greenwood Press 1962).

후 미국의 방위 태세 설정에도 영향을 주었다는 점을 알 수 있다.

원자력 위원회가 1949년 개최한 자문위원 전체회의는 만장일치로 수소폭탄 개발을 반대하는 보고서를 채택했다. "우리는 여러 방법을 통해 수소폭탄의 개발을 회피할 수 있기를 희망한다. 우리 모두는 미국이 수소폭탄을 먼저 개발하는 사태를 우려하고 있다. …"(『히로시마의 유산』 43). 이와 동시에 이 보고서보다 더 간결한 두 편의 보고서가 제출되었지만 대중에 공개되지 않았다. 이 두 편의 보고서는 더욱 논리 정연하게 수소폭탄에 반대하는 의견이었다. 앞에서 말한 자문위원 전체회의의 보고서에는 이렇게 나와 있다: "수소폭탄을 개발하지 않는다는 모범을 보임으로써 전쟁의 총체적 파괴성을 조금이나마 제한하고 인류의 공포를 줄이며 희망을 진작시킬 수 있는 좋은 기회를 마련할 수 있을 것이다." 그런데 엔리코 페르미와 I. I. 라비가 서명한, 공개되지 않은 소수 의견에서는 수소폭탄에 대해 이보다 더 단호한 도덕적 반대를 표명했다. 소수 의견은 다음과 같다.

핵폭탄이 야기할 파괴력이 무제한이기 때문에 이런 종류의 무기가 존재한다는 사실 자체, 그리고 그런 무기를 생산한다는 사실을 알게 되는 것 자체가 전 인류에 위협이 된다. 어떤 측면에서 보더라도 이것은 사악한 짓이다. 이런 이유로 인해 미국 대통령이 미국의 대중과 전 세계인에게 이런

무기를 개발하는 것이 윤리의 근본 원칙에 위배된다는 점
을 천명해야 마땅하다고 우리는 생각한다(『히로시마의 유산』
43-44).

그러나 텔러가 보기에 이런 과학자들은 현실을 도외시하는
인간들로밖에 생각되지 않았다. 우선 소련이 원자폭탄을 곧
개발할 조짐이 있었기 때문이다. 실제로 1949년 8월에 소련
은 핵폭탄을 완성했다고 발표했다.

텔러는 핵무기 문제를 도덕적 선택의 문제라기보다 정책
선택상의 문제라고 보았다. 물론 그가 도덕적 문제에 전혀
무관심한 것은 아니었고, 그 역시 핵무기에 반대하는 도덕
적 주장을 민감하게 이해했지만 그의 판단은 일차적으로
[윤리 차원이 아닌] 전략 차원의 판단이었다. 하지만 전략 차
원에서 보더라도 텔러조차 [핵 공격을 받았을 경우] 대량의
핵무기로 상대방에게 엄청난 보복을 가해야 한다는 전략적
신조에는 반대했다. 우리는 텔러의 태도에 일종의 도덕적
함의가 깔려 있음을 발견한다.

우리는 어떤 일이 있어도 대규모 핵 보복 전략의 유혹에 빠
지지 않았어야 했다. 우리는 소련이 제한적 침략을 감행하
더라도 엄청난 핵무기로 반격한다는 따위의 선언을 하지
말았어야 했다. 그 어떤 경우에도 우리는 핵 전면전에서 먼
저 공격을 가해서는 안 된다. 소련이 내일 우리에게 핵 공

격을 가할 것이라고 우리가 확신한다 하더라도 그것을 예상해서 오늘 그들을 우리가 먼저 공격해서는 안 된다고 나는 말할 것이다. 이런 말을 하는 것이 현실적인 이유 때문만은 아니다. 그렇게 해야 옳기 때문에 그렇게 말하는 것이다. [이런 도덕적 고려 외에도] 또한 선제공격을 하지 않는 것이 유일무이한 현실적 정책 선택이라고 나는 믿는다(『히로시마의 유산』 261).

우리는 이런 견해에 백 번 천 번 찬성하지 않을 수 없다.

7

현대전의 정의*

때는 1917년, 제1차 세계대전 중 영국군에 복무 중이던 시인 시그프리드 서순Siegfried Sassoon은 「런던 타임스」지에 다음과 같은 독자 편지를 기고했다.

> 내가 방어 전쟁이라 생각하고 참전했던 이 전쟁은 이제 침략 전쟁이자 정복 전쟁으로 변질했습니다. 나는 나와 내 동료 병사들이 원래 품었던 참전 목적을 처음부터 분명히 밝혀서 나중에 그것이 변질되지 않도록 했어야만 했다고 후

* 이 장의 사례들은 다음의 귀중한 연구에서 취했다: Robert C. Batchelder, *The Irreversible Decision* (Boston: Houghton Mifflin 1961).

회하고 있습니다. 그렇게 했더라면 우리가 달성하고자 했
던 목표를 지금쯤 협상으로도 충분히 달성할 수 있었을 것
입니다(*The Listener*, 1962년 2월 8일자 전재).

여기서 심각한 의문이 제기된다. 설령 어떤 전쟁이 '정당한
전쟁'으로 시작되었다 하더라도 전쟁 도중 명백하게 정당하
지 않은 수단에 의지하게 되거나 병사들과 전략가들이 한없
이 비인도적인 잔혹성에 사로잡히게 될 경우 '불의의 전쟁'
으로 변질될 수 있기 때문이다. 전쟁의 광기가 극에 달한 상
황에서 '정당한 전쟁' 원칙에 근거한 도덕성 따위는 잊혀지
기 십상이라는 점을 부인할 수 없다. 더욱 호전적이고 더욱
잔인해진 현대전, 그리고 적국의 도시와 민간인들에 대해
엄청난 공습을 해 대는 현대전의 상황에서는 더욱 그러할
것이다.

제2차 세계대전 당시 나치에 대항해 싸우던 연합군은 전
통적 규범에 비추어 분명 정당한 전쟁이라는 대의명분이 있
었지만 적에 대해 '무조건 항복'을 요구하는 무자비한 전략
으로 인해 공습에 가일층 열을 올렸고 급기야 히로시마와
나가사키에 원자폭탄을 투하하기에 이르렀다.

제2차 세계대전이 끝날 무렵 많은 신학자들이 공공연하
게 전통적인 정당한 전쟁 원칙이 실제로 준수될 수 있는지
논의하기 시작했다. 당시 이 문제를 논하던 신학자들 중 일
부는 양측 교전 당사자들이 모두 감행한 도시 섬멸 폭격 작

전, 특히 히로시마와 나가사키가 각각 원폭 1기씩을 탑재한 비행기의 폭격으로 초토화되었던 사건으로 인해 전쟁의 성격 자체가 완전히 변했다고 생각하기 시작했다. 이제 더 이상 민간인과 전투원을 구분하지도 않게 되었다. 그러한 구분이 없어졌을 때, 또는 없어지는 경향이 있을 때, 정당한 무력 사용을 과연 누가 정할 수 있을 것인가?

이중 효과 원칙에 따르면 선이 '의도하는 바'와 악이 '허용하는 바' 사이에 심각한 괴리가 없어야 한다. 만일 군수공장 서너 군데의 생산을 중지시키기 위해 민간인 5만 명의 살육을 '허용'한다면 이중 효과의 원칙을 지켰다고 할 수 있을까?(조사에 따르면 섬멸 폭격으로 인해 엄청난 파괴와 수많은 인명 피해가 발생했어도 공장의 생산 라인은 그다지 오랫동안 정지되지 않았고 단기간에 복구되었다고 한다).

만일 '적의 사기를 꺾기' 위한 수단으로서 그리고 적의 '전의'를 약화시킬 수단으로서 민간인의 살육을 노골적으로 의도하는 경우에라도 이중 효과 원칙을 운운할 수 있을까? 이렇게 되면 그 전쟁은 순수한 테러리즘이 되며 이런 부도덕한 방식은 전통적인 정당한 전쟁 이론으로부터 제외된다. 전쟁 포로의 고문, 인질의 무작위 처형, 단지 인종이 다르다는 이유로 벌이는 인종 말살과 같은 행위 역시 전통적 도덕률에서 배척된다. 실제로 제2차 세계대전 당시 적국이 이런 방식을 실행했으며 전쟁이 끝난 후 서구 국가에서도 이런 방식을 계승하여 실천했던 것이다. 예컨대 알제리에서 프랑스가 저지른 행위를 기억해 보라.

어쩌다가 전통적인 정당한 전쟁 기준에 부합하는 정밀 폭격이 섬멸 폭격으로 변해 버렸는가? 어쩌다가 섬멸 폭격 또는 심지어 핵폭탄에 의한 대량 살상까지도 옹호하는 윤리적 입장이 등장하게 되었는가? 도대체 어쩌다가 우리가 조국을 구하기 위해서라면 어떠한 분노도, 어떠한 과도함도, 어떠한 공포도, 그것이 '더 작은 악'(次惡)이고 '필요악'이라는 이유로 기꺼이 허용하게끔 되어 버렸나?

군사적·정치적 목적에서 무방비 상태의 민간인들을 고의적으로 절멸시키는 행위가 어쩌면 완전히 새로운 현상이 아닐지도 모른다. 모든 시대를 통틀어 전쟁시 무고한 민간인을 학살하는 냉혹한 테러리즘이 존재해 왔다. 그러나 이런 행위를 두고 전쟁에서 실제로 승리하기 위해 정말 필요하다거나 정말 유용하다고 생각한 적은 결코 없었다. 그런 행위는 [전쟁의 승리와는 직접 관계가 없는] 일종의 보너스로 여겼다(독일의 드레스덴을 완전히 잿더미로 만들었던 공습 보고서를 읽어 보았을 것이다. 드레스덴에는 당시 동부 전선에서 러시아군을 피해 난민들이 많이 들어와 있었다. 그 공습을 명령한 연합군 지도부에서는 수천 명의 난민들이 더 죽었던 것을 '보너스'라고 표현하면서 그것을 은근히 즐기는 것처럼 나와 있다).

전쟁 조건에 가장 부합하는 경우라 할지라도 전쟁 그 자체를 개탄했던 전통적인 그리스도교의 가르침에서는 전시의 테러리즘을 서슴지 않고 엄중한 범죄로 단죄하였다. 하지만 이제는 더 이상 이런 행위를 심각한 범죄라고 생각하지 않게 되었다. 이제 우리는 우리 정부가 전 도시를, 전 인구를, 심지어 지상의 모든 생명을 쓸어버릴 수 있는 핵폭탄으로 중무장을 해야 할 '의무'가 있다는 식의 이야기를 듣고 있다. 적게 잡아도 현재 미국이 지상의 모든 인간에 대해 1인당 10톤의 폭탄에 해당되는 전쟁 파괴력을 보유하고 있다고 한다.

고의적으로 민간인 집단에 공습을 가하는 행위는 나치와 파시스트 추축국 세력의 특기였다. 유럽에서 이런 짓을 처음 시작한 '영예'는 스페인의 프랑코와 이탈리아의 파시스트당에 돌아간다. 장소는? 그리스도교 국가 스페인의 그리스도교 지방 바스크의 그리스도교 도시 게르니카에서였다. 언제? 1937년. 또한 같은 해 중국 난징에서 벌어졌던 대학살도 기억하기 바란다. 그런데 당시는 그리스도인이 많지 않았으므로 전 세계의 항의가 쏟아졌다!

폴란드가 다음 피해자였다. 독일 공군에 의해 1939년 완전히 폐허가 되다시피 했다. 영국이 그다음 순서를 이었다.

독일군의 거듭된 공습으로 영국의 민간인들이 엄청난 피해를 입고 도시들이 완전히 파괴되는 와중에서도 영국 정부가 자국 공군이 전통적 공습 방식을 고수할 것이며 오직 군사적 목표의 전략적 폭격만 시행할 것이라고 공표했던 것은 영원히 기억될 만하다. 하지만 주간 폭격은 대단히 위험했으므로 대부분의 폭격 작전은 야간에 이루어질 수밖에 없었다. 이 때문에 정밀폭격이 아주 어려워졌고 그 결과 적의 방위산업보다 민간인들이 더 많은 피해를 당했던 것이다. 따라서 미국이 참전하기 전에 이미 군사적 목표가 포함된 지역 일대를 완전히 초토화하는 '융단폭격'이 시행되고 있었다. 미국은 전통적 전쟁 윤리를 지키려고 했다. 처음에는 루스벨트 대통령이 미국 공군이 전략적 폭격만 감행할 것이라고 발표했다.

1942년에 독일 도시들을 상대로 섬멸 폭격을 개시했던 인물은 영국 공군 원수 아서 트래버스 해리스 경이었다. 이 작전은 놓치기 쉬운 공장과 군사적 목표를 확실히 파괴할 목적 외에도, '적의 사기를 꺾을' 목적을 노골적으로 드러내고 있었다. 이 목적을 달성하기 위해서 '우리는 그 어떤 폭력 사용도 불사할 것'이라고 처칠은 공언했다. 그리고 익명의 정부 대변인은 다음과 같이 말했다. "우리가 할 수 있는 모든 방법을 동원하여 이 전쟁을 일으킨 책임이 있는 인간들을 폭격하고 불태우고 무자비하게 궤멸시키는 것이 우리의 목적이다."

여기서 우리는 이미 하나의 유형을 발견한다. 한 나라가 방어 목적의 '정당한 전쟁'을 시작한다. 이 나라는 교회와 대다수 국민들이 지지하는 윤리 원칙을 엄격히 준수하겠노라고 선언하면서 전쟁을 시작한다. 한동안 그 나라는 적으로부터의 불의한 고통을 영웅적으로 감내한다. 하지만 자국의 대응 방식이 효과가 없다고 생각하는 군부의 인내가 한계에 달하기 시작한다. 그래서 군부가 전쟁 수행 정책을 바꾼다. 새로운 잔인한 전쟁 방식이 효과를 보기 시작한다. 이런 방식에 항의하는 민간의 목소리는 터져 나오기도 전에 억누른다. 보통 때 같으면 이런 방식에 반대했을 사람들도 다음과 같은 주장에 설득당한다. "이렇게 해야 생명을 구할 수 있다. 되도록 빨리 전쟁을 종결해야 하고 불의의 침략자를 물리칠 필요가 있다."

정의의 기준이 아직은 가시권 안에 보인다. 부분적으로 가시권 안에 있다. 반면 침략자의 불의는 너무도 명백하게 보인다. 수단의 정당성은 이미 온데간데없고 편의적 조치만 중요한 것 같다. … 이런 식이다.

물론 전쟁으로 인해 말할 수 없는 고통을 겪었고 하루빨리 전쟁이 끝나기만을 염원하는 용기 있는 사람들을 함부로 비난할 수는 없다. 그러나 … 연합국 측은 결국 적군이 애초에 사용했던 무자비하고 비인도적인 바로 그 전쟁 방식을 스스로 채택하기에 이르렀던 것이다. 이제 양측이 모두 불의한 행위를 한 것이다. 이제 양측이 자기네 전쟁이 정당했다고, 자기네 방식이 정당했다고, 승리를 위해 모든 노력을 경주할 필요가 있다고 스스로를 합리화하면서 서로 똑같은 식으로 자기주장을 펴고 있음은 두말할 필요도 없다. [수단과 방법을 가리지 말고] 빨리 전쟁을 종결해서 '생명을 구하자'는 것이다.

전쟁 당사국 양측 모두에서 성직자들과 교회 언론의 말을 곧이곧대로 믿은 신심 깊은 그리스도인들이 이런 식의 주장을 인정하고 지지했다. 따라서 자기편이 완전히 정당하다고 믿었던 그리스도인들이 양쪽에 모두 있었다. 양쪽 그리스도인들은 서로서로를 죽이면서 '하느님을 섬겼던' 것이다. … 도대체 '정당한 전쟁' 교의의 의미가 어떻게 변한 것일까? 이런 상황에서 그리스도교 윤리는 어떻게 되었나? 그리스도인들의 이 같은 완전히 불합리한 자기모순에 대해 누구 하나 성찰한 사람이 있었던가? 교회를 철저히 박해하던 자기 정부를 위해 전쟁에 나가 영웅적으로 스스로를 희생한 독일 그리스도인들의 끔찍한 모순을 어떻게 설명할 것인가? 완전히 부도덕한 정책을 펼치던 히틀러의 비그리스도적 이념을 지키기 위해 그들은 프랑스, 영국, 미국의 그리스도인 형제들과 싸웠던 것이다.

미국 역시 전쟁 논리에 의해 영국이 나치로부터 전수받을 수밖에 없었던 바로 그 전술을 조만간 채택하게 되었다. 미국 공군도 오래지 않아 섬멸 폭격을 개시했다. 1944년 '국제 화해 우애회'에서 발행하는 『펠로우십』이라는 잡지에 항의 기사가 게재되었다. 이 잡지를 통해 개신교 목사들은 섬멸 폭격 작전을 비난하였다. 이 기사를 심각하게 받아들였는지 하여간 미 정부의 공식 반응이 나왔다. 루스벨트 대통령은 '전쟁을 앞당기기 위해' 이러한 전술이 불가피하다고 답변했다. 미국민은 50대 1의 비율로 전쟁을 반대한 이들을 손가락질했다. 이런 상황에서 도덕적 책무 운운하는 것은 가소롭기 짝이 없는 것처럼 보였다. 섬멸 폭격의 중지를 요구하는 것은 순전히 패배주의에 지나지 않는다고 생각했던 것이다.

정밀폭격과 섬멸폭격 사이의 모든 구분이 대중의 격분 속에 묻혀 버렸다. 히틀러를 쳐부수고 불의를 정의로 바꾸는 것이 무엇보다 더 중요했다. 이런 목적을 달성할 수만 있다면 그 어떤 방식도 정당화할 수 있다고 생각했다.

존 C. 포드라는 예수회 신부의 반대 의견도 있었다. 그는 도시를 섬멸폭격하는 것은 부도덕하며, 이중 효과의 원리로 옹호할 수 없다고 주장했다.

이런 와중에 히틀러의 과학자들이 보통 폭탄의 수천 배 파괴력을 지닌 원자폭탄을 완성할 단계에 이르렀다고 믿었던 미국은 자체 핵무기 개발에 총력을 기울였다.

그러나 원자폭탄을 사용하기 이전에 이미 태평양의 미 공군 B-29 전폭기 부대 사령부는 일본 내 군사 목표의 정밀폭격이 불가능하다는 점을 깨닫고 있었다. 재래식 폭격으로는 일본의 군수생산을 저지하기가 불가능했다.

1945년 초 커티스 르메이 장군은 자신의 책임하에 야간 저공 소이燒夷 공습을 대대적으로 감행한다는 새로운 전술을 개시했다.

3월 9일에서 10일 사이 도쿄의 밤은 네이팜탄으로 불타올랐다. 불길이 얼마나 거셌던지 시내를 흐르는 운하가 끓

어오를 정도였다. 불바다로 산소가 희박해져 불길에 죽지 않은 사람은 질식으로 죽어 갔다. 이 야간 소이 공습이 얼마나 지독했는지 히로시마에서 원자폭탄으로 인한 피해만큼이나 많은 인명 피해가 도쿄에서 발생했다.

이런 식의 극단적 전쟁을 옹호하는 사람들은 전쟁의 재래식 무기에 의한 전면전이나 핵무기에 의한 전면전 사이에 실제로는 큰 차이가 없으므로 현대전이라고 해서 특별히 새로운 도덕적 이슈가 발생하는 것은 아니라고 지적한다. 그러나 여기서 우리는 이 문제의 진정한 도덕적 이슈를 명확히 해야 할 필요성을 느낀다. 정확히 말해 그것은 바로 다음과 같은 점이다. 즉, 재래식 무기는 정당하고 핵무기만이 불의하다는 말이 아니라, 어떤 무기를 사용하건 테러리즘이나 섬멸전과 같은 방식을 쓰면 그것은 무조건 불의의 전쟁이 된다는 사실이다.

도쿄 공습 그리고 그 이후 일본 내 50여 도시에서 이루어진 이와 유사한 섬멸 폭격을 다음과 같은 이유로 정당화하는 견해도 있다. 일본에서는 [일정한 군수산업 지역이 따로 존재하지 않고] 일반 가정에서 가내공업 형태로 수많은 군수물자를 제조하는 식으로 전쟁을 수행했기 때문에 민간인 거주 지역에 섬멸 공격을 감행할 수밖에 없었다는 것이다. 따라서 민간인 거주 지역이 군수공장 지대와 마찬가지로 '합법적인' 공격 목표였다고 한다. 이런 논리로 인해 오늘날 '현대전에서는 모든 시민이 전투원'이라는 식의 애매모호한 통념이 널리 유포되게 되었다. 이렇게 해서 민간인 거주 지역도 당당히 '군사 목표'가 되었던 것이다.

이미 1945년 5월에서 6월경 미군 최고사령부는 원자폭탄을 투하할 적당한 장소를 물색하고 있었다.

트루먼 대통령과 그의 보좌관들은 목표를 선정할 때 이러저러한 해군기지나 요새, 또는 부대 주둔지나 조병창을 거론하지 않았다. 트루먼 대통령의 말을 직접 들어 보자. "스팀슨의 참모들이 [원자폭탄 투하] 목표가 될 만한 일본 내 도시들의 목록을 미리 작성해 놓았다. …" 또 다른 맥락에서 트루먼은 히로시마 도시 전체를 '군사 목표"인 것처럼 취급하는 발언을 한다.

이 도시 목록 중에서 처음에는 일본의 종교적 고도古都인 교토가 원폭 투하 예정지로 지목되었다는 사실을 기억해야 한다. 교토는 어떤 면으로 보아도 군사 목표일 수 없었다.

히로시마에는 산업체들이 약간 존재했지만 '군수' 시설로서 중요도가 극히 낮은 산업체여서 원폭 투하 이전에는 폭격을 맞은 적이 거의 없을 정도였다. 심지어 르메이의 소이탄 공격에서도 히로시마는 제외되었다.

달리 말해 원폭 대상지로 고려된 '목표들'은 순전히 민간도시들이었다. 이제는 도시라는 사실 만으로 그 어떤 도시도 '군사 목표'가 될 수 있는 시대가 온 것이다. 교토가 원폭투하 후보지였다는 사실은 최고사령부가 [공습의 실제 효과를 염두에 둔 것이 아니라] 일본 국민에 대한 도덕적·심리적 효과를 주로 고려했음을 보여 준다.

히로시마를 선택한 것은 그 전에 '한 번도 건드리지 않았던' 목표를 폭격해야 원자폭탄의 실제 효과를 확실히 보여 줄 수 있었기 때문이었다. 민간인 거주지에 극단적 파괴력을 가진 폭탄을 떨어뜨려 그곳을 철저히 파괴함으로써 일본 국민의 저항 의지를 완전히 꺾어 놓겠다는 의도였던 것이다. '군사 목표'와 '도시'가 완전히 동의어가 되어 버렸다.

이 경우만 보더라도 단지 2~3년이라는 짧은 기간 안에 도덕적 사고가 완전히 뒤바뀔 수 있음을 알게 된다. 미국이 참전할 때만 해도 자신의 대의명분을 굳게 믿고 정당한 수단만을 사용하겠다는 확고한 의지가 있었는데 말이다.

그러나 미국인은 영국인보다 '정당한 수단'이라는 개념 자체에 대해 훨씬 더 모호한 관념을 가지고 있다. 현실 원칙을 기반으로 한 도덕 관념은 매우 불확실하고 유동적인 경향이 있다. 따라서 전쟁 당시의 도덕적 판단이라는 것이 명확한 도덕 원칙에 근거한 것이 아니라, 결과에 대한 단기적 추측에 근거한 일련의 기회주의적 선택이 되고 말았던 것이다.

미국 대중의 양심은, 정확히 표현할 수는 없지만 이런 문제에 대해 일종의 선량함과 중용을 갖춘 특징 — 다소간 그리스도교 전통의 흔적을 보여 주는 특징 — 이 있었음에도 불구하고, 이런 식의 [현실적] 도덕 관념은 상황에 따라 쉽사리 굴복하고 마는 편의적 도덕 관념에 지나지 않았다.

전쟁을 한시바삐 종결시켜야 한다는 긴박한 요구 때문에

경고도 없이 원자폭탄을 일본의 도시에 투하하자는 '도덕적' 결정이 내려졌다. 일본 열도에 곧 상륙작전을 감행해야 하는 상황에서 수많은 미국 병사들의 생명을 희생시킬 수 없다는 생각에서였다. 이 역시 '불의의 침략자를 응징'하고 '미국민의 생명을 구한다'는 취지였다. 원폭 투하 전까지만 해도 대다수 미국인들은 이러한 주장의 타당성에 큰 의문을 제기하지 않았을 것이다. 전쟁을 끝내려면 그렇게 하는 수밖에 없다고 생각했던 게 사실이다.

연합군 측이 강력히 요구한 무조건 항복 대신, 일본이 평화 협상을 하기 위해 러시아를 통해 연합군 측과 외교 접촉을 시도했다는 사실은 널리 알려져 있지 않다. 따라서 평화를 위해서 일본 본토 점령이나 원자폭탄의 사용이 절대적으로 필요한 것은 아니었다. 하지만 전쟁이라는 특수한 상황 하에서 당시의 전쟁 수행 당국은 그런 식으로 사고하는 것이 불가능했다. 그들은 원폭이 반드시 필요하다고 확신했으므로 이런 신념이 다른 모든 고려 사항을 압도했던 것이다.

그럼에도 불구하고 무방비 상태의 두 도시에 원자폭탄을 사용한 것은 명백한 불의였고 만행이었다.

전쟁이 끝난 이후에도 『포춘』지가 실시한 설문 조사에 따르면 대상자 중 절반이 히로시마와 나카사키에 원폭을 투여한 것이 옳았다고 응답했고, 거의 25%가 일본에 대해 더 많은 원폭을 사용하지 않았던 것을 유감으로 생각한다고 응답했다! 이런 태도가 바로 미국의 일반적인 도덕적 분위기였고 그것은 지금도 달라진 바가 없다.

그런데 원자폭탄의 가공할 위력을 목격한 미국 내 일각에서는 도덕적 충격과 심각한 개탄을 감추지 않았다. 종교단체와 저술가들이 일제히 들고 일어났다.『커먼윌』,『가톨릭 세계』그리고『가톨릭 노동자』와 같은 간행물들이 원자폭탄의 '죄'를 소리 높여 성토했다. 하지만『아메리카』지는 이미 이때 원폭 문제를 상당히 '현실적'이고 타협적인 관점에서 보았다는 점을 지적해야겠다.

따라서 도덕성에 근거해서 원폭을 조리 정연하게 반대한 목소리는 극소수에 불과했다. 다수의 미국인들이 원폭을 사용한 것에 대해 '유감'이라고 생각하고 그것을 '안 좋게' 느낀다고 했지만 그뿐이었다. 이런 식의 점잖은 국민 정서는 '현실적'인 고려 앞에 쉽사리 굴복했으며, 히로시마 이후 미국의 대외 정책은 간혹 종교적인 체면치레의 발표를 내놓긴 했지만 그것은 결국 원자폭탄으로 상대방을 파멸시키겠다는 노골적인 협박 정책에 불과하였다.

물론 핵무기 사용에 따르는 결과가 엄청나다는 막연한 근거에서 핵 위협을 구사하지 않겠다는 입장 표명이 계속 있었던 게 사실이다. 그러나 대다수 미국민은 마음속에서 여차하면 원폭을 사용할 수도 있다고 추호도 믿어 의심치 않았다. 이 점은 현실적으로 당연한 사항으로 치부되었다.

냉전의 압력이 더욱 긴박해지면서 핵 억지 정책과 핵 방공호 공포가 더욱더 긴밀하게 연관되었다. 국민의 '합의를 끌어내기’ 위한 캠페인과 이러한 냉전 상황이 노골적으로 결합되었고, 미국민의 의식 속에서 핵전쟁에 대비해야 한다는 생각, 적어도 핵전쟁이 어느 정도 가능성이 있는 현실이라는 생각이 자리 잡았다. 또한 이런 정책은 우리 적에게 다음과 같은 사실, 즉 미국민이 핵전쟁을 ‘믿는다’는 사실, 그리고 우리가 핵전쟁이 일어나지 않기를 경건하게 희망하고 있긴 하지만 우리가 적의 위협을 받는다면 핵무기를 분명히 사용할 것이라는 사실을 믿게 하려는 목적이 있었다.

8

냉전의 종교적 문제

전쟁에 따른 문제에 대해 우리가 지금까지 논의한 바를 다시 돌아보도록 하자. 작년에 발생했던 사건으로 인해(1962년 10월의 쿠바 미사일 사태를 말함 — 역자 주) 모든 이들이 핵무기의 위협만으로는 전쟁을 결코 예방할 수는 없다는 사실을 절실하게 깨닫게 되었다. 또한 수소폭탄은 우리의 상상을 초월하는 위력을 지닌 무기이므로 국제 문제를 해결하기 위한 윤리적 수단이나 현실적 수단이 결코 될 수 없다. 핵 전면전은 절대로 어느 한쪽이 '승리'할 수 없는 전쟁이다. 우리가 설령 허만 칸의 다음과 같은 전형적인 허언, 즉 "어느 누구도 1억이나 되는 사람들을 먼저 죽이고 싶어 하지는 않을 것"[12]이라는 말에 동의한다 하더라도, 철의 장막 양쪽의 책임 있는 자리에 있는 사람들 중 상당수가 핵전쟁을 불가피하게 야기할 정책 목표를 추구할 것이라는 점은 의심할 바 없다.

5세기경부터 신학자들이 옹호하기 시작한 '정당한 전쟁' 이론은 방어 전쟁에서 무력을 엄격하게 제한해서 사용하고, 비전투원의 생명과 권리 혹은 경우에 따라서는 전투원의 생명과 권리까지도 보호해 주기 위해 최선을 다한다고 가정하는 이론이다. 역사를 보면 이러한 조건이 실제로는 거의 지켜진 적이 없음을 알 수 있다. 하지만 화약의 발명 이전만 해도 양측의 전력이 동일한 경우 성벽으로 둘러싸인 도시나 요새를 지키는 수비 측이 훨씬 유리한 위치에 있었다.

그러나 순전히 공격적인 핵무기가 판을 치는 오늘날에 와서는 '정당한 전쟁'이라는 전통적 사상에 큰 혼란이 왔다. 핵무기는 공격적일 뿐만 아니라, 엄청난 위력과 무제한적 파괴력으로 인해 비전투원, 무방비 상태의 도시, 중립국을 가리지 않고 모조리 몰살시키는 가공할 무기다. 마지막으로 핵무기는 효과적 방어 수단이 존재하지 않는 무기다. 따라서 만일 핵무기를 단 한 번이라도 사용하게 된다면 대규모

[12] 참조: Erich Fromm and Michael Maccoby, "The Question of Civil Defense: A Reply to Herman Kahn", in *Breakthrough to Peace* (New York: New Directions 1962) 61-2. 머튼은 이 책을 인용하고 서문과 논평을 쓰기도 했다. 그러나 검열을 우려하여 이 책의 편자로 소개하지는 못하게 했다.

선제공격에 사용될 가능성이 크다. 그래서 만에 하나 소위 '제한전'을 통해 전술 핵무기를 사용한다면 이 전투에서 패한 측이 대규모의 전략 핵무기로 반격하지 않으리라는 보장이 없다. 적군에게 이런 식으로 자제를 요구하느니 차라리 완전히 무장해제하고 하느님의 섭리에 의탁하라고 요구하는 편이 훨씬 더 쉬울 것이다.

따라서 신학자가 전통적 그리스도교 기준으로 핵전쟁을 정당화하려 든다면 그는 극히 까다로운 난제에 봉착하게 되는 셈이다.

다른 한편으로, 전쟁을 앞두고 긴장이 고조된 현 상황에서, 아군이 핵무기를 대량으로 비축하고 있고 신형 미사일까지 갖추고 있다 하더라도 적의 핵 공격을 억제할 수 없을 뿐만 아니라, 오히려 적의 핵 공격을 자초할 가능성이 높다는 사실이 점차 드러났다. 그러자 우리 그리스도인들조차 공산주의자들이 먼저 선제공격을 할 경우에만 우리가 반격할 것이 아니라, 우리가 먼저 선제공격을 가할 수도 있다고 생각하기 시작했다. 케네디 대통령이 미국은 '절대 선제공격을 감행하지 않을 것'이라고 공식적으로 확약했지만 그 후 그는 1962년 겨울, 냉전 상황의 압력 앞에 굴복하여 미국이 '먼저 선행 조치를 취해야 할 경우가 있을 수도 있다'고 선언하고 말았다. 어쨌든 사고나 오판, 오해나 혼란으로 인해 민주주의와 자유와 심지어 그리스도교의 이름으로 선제공격을 취하게 될 가능성이 분명히 존재한다!

　그런데 이러한 가능성을 언급하기만 해도 엄청난 비난을 받곤 한다. 말하는 즉시 도대체 그런 '증거'가 어디 있느냐는 질문을 받는다. 굳이 증거가 필요하다면 미국이 오랫동안 핵전쟁을 준비해 왔고, 우리의 핵무기 사용 능력이 완전히 신빙성이 있다는 점을 입증하기 위해 특별히 신경을 써 온 것이 사실이 아니냐고 대답할 수밖에 없다.

　미국 정부는 우리가 세상에서 최대·최고·최강의 핵무기를 보유하고 있다고 선전해 왔고, 미국이 적으로부터 도발을 받을 경우 핵무기를 분명히 사용할 것이라고 공공연하게 약속해 왔다. '현실주의자'들이 아직도 희망을 걸고 있는 핵 억지력 개념은 이러한 핵무기 사용의 신빙성에 달려 있다. 소련 측에서는 우리보다 더 확실하게 핵무기 사용을 공언하고 있다. 두 초강대국이 자신의 국운을 걸고 유사시에 핵무기를 기필코 사용할 것이라고 공언하고 있는 판에 도대체 어느 한쪽의 말이라도 입에 발린 소리로 흘려들을 수 있겠는가? 미국과 소련이 자기 입으로 핵전쟁을 일으킬 태세가 되어 있고 분명히 그러한 의도가 있다고 말하고 있는데 우리가 그것을 믿지 않을 이유가 어디 있는가?

　제2차 바티칸 공의회를 본격적으로 준비하기 시작했을 때 프랑스의 『레알리떼』지에 「마지막 기회의 공의회」라는 제목으로 꽤 예리한 분석 기사 한 편이 실렸다. 물론 대다수 가톨릭 신자들은 이 기사를 신중하지 못한 필자의 경박한 글로 치부했다. 하지만 현재 냉전의 위기로 인해 가톨릭과 프로테스탄트를 가리지 않고 많은 그리스도인들이 오늘날 교회가 결정적이고 어쩌면 '최후'일지도 모르는 시련에 직면해 있다는 느낌을 감출 수 없다. 그리스도교가 어쩌면 카타콤바 시대로 강제로 회귀하고 있으며 그 와중에서 수많은 신자를 잃을 지경에 처해 있다고 볼 수도 있다.

이보다 더 나쁜 일은, 만일 그리스도인들이 냉전의 대결 구도에 깊이 관여되어 있다가 문명 세계가 파괴되고 지구상의 모든 생명이 멸종되는 파국적 상황이 올 경우에 그리스도인 스스로의 책임이 막중할 것이라는 사실이다.

이런 염려로 인해 대중들이 불안해하고 심지어 절망감에 빠지기도 했지만 이와 동시에 일종의 희망도 함께 자라나고 있음을 부정할 수 없다. 우리는 교회가 절망적 상황에 직면하면 할수록 결의와 희망도 동시에 불러일으킬 수 있다고 믿는다. 그 이유는 역사적 위기의 순간에 그리스도인들에게 '책임을 묻는' 일이 벌어진다면 그것이 단지 맹목적 운명의 순간을 의미하는 것이 아니라, 전체 그리스도인 그리고 전 인류의 미래가 그리스도인들의 헌신과 양심에 달린 엄중한 선택 또는 이거냐 저거냐의 '기로'를 의미할 것이기 때문이다. 다른 말로 하면 우리는, 현재 인류가 공통적이고 보편적인 핵전쟁의 위험 앞에 노출되어 있다는 단순한 사실 이상의 어떤 상황을 맞고 있다는 것이다. 왜냐하면 우리 그리스도인들은 아직도 핵전쟁이 인간의 선택에 달려 있고, 이 세상 그리스도교 정신의 미래가 우리가 내릴 결정의 도덕적 수준에 달려 있다는 사실을 어렴풋하게나마 깨닫고 있기 때문이다.

물론 '그리스도교 정신의 미래'가 오늘날 위기에 처해 있다고 말하는 것은 오해를 불러일으킬 수도 있다. 도대체 그리스도교 정신이 무엇인가? 그리스도교 정신은 교회와 같은 뜻인가? 그것은 그리스도교 문명과 같은 말인가? 이 용어를 명확히 해설하려면 논문 한 편이 따로 필요할 것이다. 여기서는 중요한 몇 가지 사실만 논의하고 넘어가기로 하자.

1. 그리스도의 몸인 교회의 미래는 사람의 손에 달린 것이 아니다. 교회는 일진일퇴하는 정치적 역사의 대상이 아니다. 지상에서 교회가 수행해야 할 사명에 대해서는 애매모호하거나 불확실한 점이 없고 그럴 수도 없다. 교회는 그리스도가 구원하신 세계에 현존하고 신비 속에 가난 속에 현존하는 그리스도 그 자체이기 때문이다. 교회는 인간의 지혜로는 깨달을 수 없고, 똑똑한 사람과 힘 있는 사람과 부유한 사람과 무자비한 통치자는 이해할 수 없는 방식으로 작동하기 때문이다. 과거에 '현세'가 영광의 주님을 거부함으로써 스스로 자멸했듯이, 오늘날 세상의 권세가 하느님의 왕국을 무자비하게 공격하고 그 공격이 성공할 가능성이 커 보일지라도 사실은 스스로 혼란에 빠져 하느님의 왕국을 건설하는 데 오히려 일조하고 있는 것이다.

2. 그러나 '그리스도교 정신'을 넓게 해석한다면 우리는 훨씬 다른 상황에 처하게 된다. 그리스도교 정신은 모든 유

다―그리스도교적 복합체이자 신앙, 문화, 삶의 방식을 총칭한다. 그리스도교 정신은 서구의 세계관을 형성한 모든 기본 핵심 전제를 의미하며, 이 정신 위에 서구 문명이 건설되었다. 더 나아가, 그리스도교 정신은 모든 종교 전통과 모든 세계관에 내재된 풍요로운 영성 ― 그러한 풍요로운 영성을 '그리스도적이라고 자연스럽게' 이해할 수 있다면 ― 을 암암리에 포함하고 있다고 해석할 수 있다.

그리스도교 정신을 이런 식으로 해석한다면 그것은 서구 휴머니즘, 서구 문화, 그리고 자유 사회에 있어 최상의 것들을 낳은 어머니요 보호자였다고 할 수 있다. 그리스도교 정신이 없었다면 19세기 자유주의적 불가지론을 정당화해 주었던 [세속적] 덕성, 관용, 인간성, 자선과 같은 전통은 절대 존재할 수 없었을 것이다. 심지어 마르크스주의를 신봉하는 사회에서 발견되는 휴머니즘의 잔재조차도 유다―그리스도교 전통에서 그 기원을 찾을 수 있다.

진정한 그리스도교 문화의 인도적 분위기가 존재하지 않는다면 보통 사람들이 도저히 그리스도교 신앙과 교회 구성원의 완전한 삶을 추구할 수 없을 것이다.

달리 말해 '그리스도교 정신'이 파괴된다면 그리스도 안에서 생명을 찾는다는 것이, 보통 사람들이 실천하기에 너무나 어려운 영웅적 행동과 용기와 무조건적 헌신의 문제가 되고 말 것이다. 특히 오늘날과 같이 대중사회의 엄청난 압력에 맞서야 한다면 상황은 더욱 어려울 것이다.

3. 좋든 싫든 우리는 이미 포스트 그리스도교적 세상에 살고 있음을 인정해야겠다. 즉, 현대 세계에서 그리스도교적 이상과 태도를 추구하는 사람들이 점점 더 줄어들고 있는 것이 사실이다.

오늘날 우리 사회에 존재하는 그리스도교적 외양은 거의 속빈 강정과 같은 것이며, 과거에 '그리스도교 사회'라고 불리던 사회조차 오늘날에는 무늬만 그리스도교이고 사실은 완전히 유물론적 이교도의 영향하에 놓여 있다. 또한 이러한 그리스도교의 무늬를 벗겨 내면 도덕성도, 정체성도, 자비도, 감각도 없는 공허한 대중 정신만 적나라하게 드러나며 미신으로 가득 찬 종족 사회로 퇴행한 상태가 드러난다. 영성의 종교가 원시 부족들의 전체주의적 전쟁과 기계의 우상숭배 앞에 무릎을 꿇었다.

다시 말해 전 세계에서 그리스도교 정신이 적나라한 권력의 패권에 속속 굴복하고 있는 것이다.

히로시마 사건 이후 서구에서 일종의 종교적·영적 쇄신 운동이 있었고 철의 장막 너머의 일부 국가에서도 이러한 운동이 없지 않았지만 이러한 쇄신 운동이 얼마나 실질적이고 깊이가 있었는지는 의문이다. 통계 수치상으로는 양적 성장이 있는 게 사실이지만 이것이 곧 질적 발전을 의미하는 것은 아니다. 오히려 매우 많은 사람들이 품고 있는 종교적 열망이 흔히 혼란스럽고 피상적이며, 가련할 정도로 불안해 보이곤 한다.

바로 이렇게 나약하고 어리석은 종교적 심성의 바탕 위에 냉전이 벌어지고 있는 것이다. 냉전으로 인해 사람들은 불안해하고 목전에 닥친 파국 앞에서 공포에 떨었다. 그러나 딱하게도 냉전은 이와 동시에 사람들의 마음속 깊이 도사리고 있던 증오를 일깨웠고 파괴와 자멸을 향한 뿌리 깊은 성향을 백일하에 드러냈다.

소위 '냉전 시대의 종교'가 지닌 가장 큰 위험은 사람들의 자멸적 성향에다, 언뜻 윤리적이고 종교적인 것 같은 자기 합리화의 외양을 덧칠해 주었다는 데 있다. 이 때문에 핵전쟁이 정신적 영웅심으로 이해되고 전 세계적 자살을 마치 희생과 순교인 양 생각하게 되었다. 우리가 내심으로부터 그리스도인의 종교적 심성을 완전히 잃지 않았다면, 심오하고 신성한 현실을 이런 식으로 완전히 전도시키는 행위에 대해 놀라움을 도저히 금치 못할 것이다. 다시 말해, 냉전이 여러 측면에서 조직적으로 그리스도인의 양심을 왜곡하고 잠식하고 있는 충격적 현실을 똑똑히 볼 수 있을 것이다.

오늘날 모든 그리스도인이 2천 년 인류 역사에 있어 가장 결정적인 도덕적·종교적 문제에 직면하고 있는 분위기가 바로 이런 현실이다.

대다수 그리스도인들은 이런 현실의 밑바탕에 종교적 문제가 분명히 깔려 있는지를 확신하지 못하고 있다. 오히려 미국에서는 신부와 목사들이 여느 불가지론자나 무신론자와 마찬가지로 행동하는 것 같다. 서구와 나토와 교회를 하나인 것처럼 혼동하고 심지어 소련에 핵 선제공격을 가하는 한이 있더라도 서구를 방어할 수 있다면 그것은 '필요한' '차악'이라는 식으로 치부하곤 한다. 우리는 아직도 서구 사회와 그리스도교 문명이 하나이며, 공산주의는 적그리스도와 동일하다는 식으로 사고한다. 또한 우리는 우리의 종교 자유를 위해서라면 '그 어떤 대가라도 치를 수 있다'고 서슴지 않고 말한다. 이런 말이 함축하는 사악한 의미에 놀라지 않는 사람에게는 그런 식의 진부한 표현이 마치 고귀한 주장처럼 들릴지도 모른다.

'대가를 치른다'는 말이 과거에는 그리스도의 희생과 같은 뜻이었고, 더 고결한 어떤 선을 위해 자신의 이해관계를 떠나 고통이나 역경을 마다하지 않겠다는 것과 같은 뜻이었다. 그러나 오늘날 우리가 '어떤 대가라도 치를 수 있다'고 말할 때 우리는 실제로 우리 편의 수많은 인명 피해를 예상할 뿐만 아니라 (우리 스스로는 이러한 인명 피해를 입지 않게 되기를 바라면서), 적국의 2천만, 5천만, 1억, 2억 인명 피해를 예상하고 있는 것이다. 그 어떤 대가라도 치를 수 있다니! 희생 번제의 연기에 취해 우리는 적국의 아이들을 희생 제물로 바칠 자세가 되어 있는 것 같다. 우리는 우리 미래 세대를 오염시킬 자세가 되어 있다. 그 어떤 대가라도 치를 수 있다니! 우리는 심지어 중립국도 모조리 쓸어버릴 것이다. 우리는 전 세계를 죽음의 낙진으로 뒤덮을 것이다. 우리 앞에는 거칠 게 없다. 우리는 유럽과 중동도 불길에 태워

버릴 것이다. 인도 역시 희생 제물로 바칠 것이다(인도 사람들에게 물어보지도 않고). 그 어떤 대가라도 치를 수 있다니! 세계평화에 반드시 필요한 변화와 적응과 희생을 위해 힘들고 까다롭고 자존심 상하는 과정을 밟느니 차라리 그 누구라도, 그 어떤 것이라도 희생시키고 말겠다는 것이다.

'그 어떤 대가도 치를 것이다'라는 구호가 이처럼 천박하다는 사실을 더 이상 구구절절하게 설명할 필요가 있을까?

설령 종교적 자유를 지킨다는 점이 완전히 진실이라 하더라도 전 세계를 희생시키면서까지 그렇게 하겠다는 것은 부조리하고 부도덕한 태도다. 하지만 우리가 자유와 권리와 인간적 진실을 옹호한다고 말할 때, 실제로는 무책임한 행동과 흥청대는 삶과 돈벌이의 자유를 말하고 있는 게 아니라고 감히 말할 수 있을까?

우리가 지키려고 하는 게 무엇인가? 우리의 종교인가 우리의 물질적 부인가?

아니면 종교와 돈을 우리가 완전히 동일시하게 되어서 그 둘을 구분하는 것이 이제 도저히 불가능한 지경에까지 이르렀는가?

9

신학자와 국방

우리 삶에 의미를 부여해 주는 종교적 · 정치적 · 문화적 가치를 어떻게든 옹호해야 한다는 데는 이론의 여지가 없다. 하지만 경쟁하는 양측을 모두 패배시키고 파멸시키고야 마는 무의미한 핵 정책 앞에 무기력하게 굴복해서는 이러한 가치들을 지켜 낼 수 없다. 오늘날 전면 핵전쟁이 벌어져도 우리가 이길 수 있다는 점을 증명하려는 사람들의 주장을 들어 보면 최소한의 개연성조차 결여하고 있는 경우가 많다. 지극히 조야한 가정에 의거해서 예측한 그들 스스로의 낙관적 전망에 비춰 보더라도 미국이 소련에 대해 승리하여 설령 '살아남았다' 하더라도 공산주의 중국과 같은 호전적 세력 — 조만간 핵무기 보유국이 될 가능성이 높은 — 앞에 굴복할 가능성이 높다고 하지 않는가.

전면 핵전쟁 정책을 종교적으로, 노골적으로 정당화할 수는 없지만 핵 억지력과 '적절한 방위 태세'를 선호하는 강력한 신학적 견해는 존재하고 있다. 하지만 이러한 주장을 펴는 존 코트니 머레이 신부 같은 신학자조차도 자신의 핵 정책에 관한 견해에 다음과 같은 유보 조건을 붙이고 있다.

1. 핵전쟁은 무제한적 폭력성으로 인해 '국제분쟁을 해결하기 위한 적절한 수단은 고사하고, 심지어 정당한 보복을 위한 적절한 수단조차 되지 못한다'.

2. 국가주권의 한 특성으로서 전쟁의 권리를 인정하는 것은 '국제 공동체가 (교황 비오 12세가 모든 전쟁을 불법화할 수 있는 유일한 수단으로 보았던) [이상적] 정치 형태로 발전해 나아가는 것을 심각하게 저해할' 것이다. 1번과 2번 항에서 머레이 신부는 비오 12세의 언명을 거의 그대로 되풀이하고 있다.

3. 머레이 신부는 방위를 목적으로 핵무기를 비축하는 것이 정당하다는 주장을 뒷받침하기 위해 비오 12세를 인용하면서 다음과 같이 덧붙인다. "그렇다고 해서 케이프 커내버럴이나 로스앨러모스에서 진행되고 있는 모든 [핵무기 개발] 활동을 도덕적으로 지지할 수 있는 것은 아니다."[13]

[13] John Courtney Murray, S.J., "Remarks on the Moral Problem of War", *Theological Studies* 20 (1969) 40-61.

머레이 신부는 『우리는 진실로 믿는다』라는 책에서 한 장을 할애하여 일전에 자신이 설명한 바를 더욱 명확하게 요약한다.[14] 이 장에서 머레이 신부는 현재 [전 세계적으로] 벌어지고 있는 권력투쟁과 그 도덕적 함의를 지성적으로 개진하였다. 그는 윤리적이고 이성적인 관점에서 핵 문제가 유례없이 복잡하고 심각하다는 점을 무엇보다도 강조했다. 머레이 신부는 하지만 이보다 한 걸음 더 나아가 윤리적·이성적 문제보다 더 파악하기 힘들고 더욱 무서운 함의를 지닌 우리 시대의 위기를 영성적 차원에서 바라볼 수도 있었을 텐데 [그렇게 하지 않은 것이] 안타까울 따름이다.

머레이 신부는 '모든 이가 도덕적으로 이행할 의무가 있다고 인정하여 결코 침해할 수 없는 어떤 규범'(교황 비오 12세)을 모든 측이 다 함께 받아들이지 않는 한, 국제 강대국들 간의 '진실 속의 공존'이 불가능하다고 믿으면서, 이와 동시에 현 세계를 갈라놓고 있는 정확한 분열선은 지리적 경계가 아니라 정신적 차이라고 경고한다.

여기서 그는 우리가 옹호해야 할 가치가 무엇인가라고 묻는다. 이러한 가치가 어떤 식으로 침해되는가? 전쟁에 의해서? 또는 좀 더 은밀한 압력에 의해서? 이러한 가치를 지키기 위해 어떤 수단이 가능한가? 갈등 상황에 있어 전쟁을 어

---

[14] John Courtney Murray, S.J., *We Hold These Truths: Catholic Reflections on the American Proposition* (New York: Sheed and Ward 1960).

느 정도나 최후 수단(ultima ratio)이라고 이성적으로 합리화할 수 있는가? 무기 기술 개발이라는 맥락에서 '침략자'가 정확히 누구를 의미하는가? 이런 경우에 가톨릭의 전통적인 '정당한 전쟁' 교리가 진정으로 유용한가?

머레이 신부는 전쟁의 파괴력에 대한 우려와 현대적 통신 수단을 사용할 수 있는 현실을 감안할 때 논리적으로 보면 전쟁을 진짜 '마지막 수단'으로 더욱 엄격하게 규정해야 한다고 주장한다. 이상적으로 말한다면 머레이 신부가 연구하고 요약한 비오 12세의 전쟁에 관한 교의라는 맥락에서 오늘날에는 전쟁을 할 필요가 없게 되었다. 전쟁이 아닌 방식으로 인류의 문제를 해결해야 하기 때문이다. 머레이 신부 역시 "가톨릭의 모든 전쟁 교의는 '경계선 상의 도덕'(Grenz-moral), 즉 본질적으로 비이성적인 전쟁 행위를 최소한의 이성에 의거해 인간적 행위로 만들려는 시도에 지나지 않는다"라고 인정한다(Murray, 263). 머레이 신부는 또한 오늘날과 같은 시대에 전쟁과 같은 방식이 가져올 결과가 얼마나 위험한지에 대해서 적어도 암묵적으로는 인정하고 있다. 한 나라가 '방위 태세'를 갖출 권리가 있다 하더라도 "그렇다고 해서 케이프 커내버럴이나 로스앨러모스에서 진행되고 있는 모든 [핵무기 개발] 활동을 도덕적으로 지지할 수 있는 것은 아니다"(Murray, 264). 그럼에도 불구하고 머레이 신부는 공산주의의 위협이 워낙 현실적으로 화급하며, 공산주의의 호전성이 워낙 가차없이 드러나고 있고 일말의 협상의 여지도 주지 않으므로 핵무기에 의한 방위 정책이 논리적으로 필요하고 도덕적으로도 인정될 수 있다고 본다.

그러나 머레이 신부는 방위 정책을 반드시 펜타곤(미 국방성)이 주도해야 한다거나 미국 국민들이 아무것도 모른 채 맹목적으로 따라야 한다고 말하는 것은 아니다. 오히려 핵 문제는 모든 사람이 책임 있게 관심을 가져야 할 문제이고 국민의 양심이 걸린 중차대한 문제라고 말하고 있다.

머레이 신부가 핵 문제에 있어 흔히 간과하기 쉬운 측면을 정면으로 다룬 점은 긍정적으로 인정해야 마땅하다. 주권국가와 정당한 전쟁이라는 난제를 정식으로 다루었다는 사실만으로도 대단히 의미 있는 것이다. 한 나라가 단지 복수를 위해 또는 먼저 공격할 기회를 놓친 점을 만회하기 위해 전 세계를 전쟁으로 이끌 권리가 있단 말인가? 이런 점들은 전쟁을 일으킬 정당한 동기가 되지 못한다고 머레이 신부는 믿는다. 진정으로 방어 전쟁만이 허용될 수 있을 뿐이다. 그에 따르면 "정당하든 정당하지 않든 간에 모든 침략 전쟁은 도덕적 처벌의 대상이 된다"는 것이 본질적 원칙이라고 한다(Murray, 255).

특히 머레이 신부는 전쟁에 관한 가톨릭 사상이 '더욱 전통적이고 더욱 건설적인 전제'로 회귀할 필요가 있다고 역설한다. 여기서 머레이 신부는 전쟁의 책임을 "장군들과 정부만 질 것이 아니라, 국가정책의 도덕적 방향에 적극적 관심을 기울여야 할 일반 대중도 져야 한다"고 지적한다. 그는

“이러한 사회적 도덕성의 의무가 현재 미국에서는 심각하게 간과되고 있다는 느낌이 든다”고 의미심장하게 덧붙인다 (Murray, 257).

그렇지만 머레이 신부는 일단 이와 같은 점을 전제로 한 후에는 일반 대중이 도대체 어떻게 이러한 책임으로부터 면제될 수 있겠는가 하는 엄청난 문제에 관해서는 그냥 넘어가 버리는 것 같다. 특히 일반 대중이 핵 정책에 관한 구체적 사실을 알지 못하고 알 수도 없을 때, 대중이 도덕적으로 혼란에 빠져 있고 크게 보아 도덕적 판단 능력이 없을 때, 대중이 거대한 선전 활동 앞에 무기력하게 굴복할 때, 대중이 전 세계 상황에 대해 검증되지 않은 모든 전제 ― 머레이 신부 스스로도 별 의문 없이 받아들이는 듯한 전제 ― 를 곧이곧대로만 받아들일 때 어떻게 할 것인가라는 문제에 대해서는 별다른 언급이 없다.

이 문제에 관해서 공산주의자들과는 절대로 협상할 방도가 존재하지 않고 존재할 수도 없다는 핵심 전제가 깔려 있는 것처럼 보인다. 하지만 우리가 이러한 전제를 당연시할 경우 전쟁은 실제로 불가피한 것이 되어 버린다. 그러나 우리가 그러한 전제를 당연시해야 하는가? 군비 철폐 문제와 정치적 고려가 얼마나 밀접하게 얽혀 있는지를 유심히 살펴본 사람이라면 그 누구라도, 그리고 그 어떤 [군비 철폐] 회담이라도, 평화를 위한 실천 가능한 제안을 위한 관심과 노력의 징표가 존재하고 있음을 찾을 수 있을 것이다. 핵 문제의 심각성을 인식하는 동서 양 진영 인사들은 자유 진영과 공산 진영이 서로 협상할 방도를 반드시 찾아야 하며, 그렇지 않으면 모두가 파멸한다는 사실을 분명히 직시하고 있다. 그러한 협상이 절대 불가능하다고 전제해 버린다면 그것은 치명적인 오류가 될 것이다.

그런 식의 전제는 세계 현실을 왜곡된 관점으로 해석하고 평가하게 하며, 그로 인해 서베를린 사태 — 그것 자체가 우매하고 맹목적이고 무지한 인식의 결과였지만 — 와 같은 위기 상황을 놓고 통탄할 만한 우매한 해석이 나오는 것이다. 도대체 서베를린에서 핵전쟁이 벌어져도 그것을 '방위'라고 정당화할 수 있을 것인가?

이 문제에 대해 머레이 신부가 어떤 견해를 가지고 있는지 나는 정확히 알지 못하지만 [핵전쟁]을 할 수도 있다는 입장을 그가 표명하고 있음이 분명해 보인다. 누구나 사건·위협·역위협·전략·역전략 등을 놓고 벌어지는 설왕설래 속에 파묻히게 되면, 서베를린에서의 핵전쟁이 논리적으로 가능하고 심지어 꼭 필요한 일이라는 식으로까지 생각할 수 있게 될 것이다. 그러나 사태를 좀 더 초연하게 큰 관점에서 바라보면 이 모든 상황이 비극적이고 부조리함을 알 수 있다. [우리가 추구하는] 중요한 가치가 위험에 빠져 있지 않아서가 아니라, 완전히 비이성적인 사고방식으로 인해 그 가치가 위험에 빠지게 되었기 때문이다.

어쨌든 머레이 신부는 "불의를 퇴치하기 위해 벌이는 방어 전쟁은 원칙에서나 현실에서나 도덕적으로 용납될 수 있다"(Murray, 258)는 점이 제2의 기본 원칙이라고 말한다.

여기서 머레이 신부는 비오 12세의 유명한 가르침을 인용하고 있다. "법과 질서를 위해 간혹 강력한 군사력이 필요할 때가 있다." "어떠한 선익은 인류 공동체를 위해 너무나 중요해서 불의한 공격으로부터 그것을 지키는 것이 완전히 정당화되는 경우가 분명히 존재한다"(1947년 10월 8일 미 하원 국방위원회 위원들을 접견한 자리에서 행한 발언). 국제 문제에 있어 '잔인한 폭력과 비양심적 행동'을 방지하기 위해 폭력이 유일한 수단이라면 그것을 사용할 수 있고 또 반드시 사용해야만 한다는 것이다. 또한 비오 12세는 헝가리 혁명 직후 자유의 투사들을 지칭한 것으로 보이는 발언을 통해 다음과 같은 말씀도 했다. "이 상황에서 불의한 공격에 맞서 성공의 희망을 품고 효과적인 방어 전쟁을 벌이는 행위를 불법으로 규정할 수 없다"(성탄절 담화문, 1956). 교황께서 서구 국가들이 헝가리를 위해 핵전쟁의 위험을 무릅쓰고서라도 군사개입을 하는 것이 정당하다고 말씀하신 것일까? 이것은 결코 근거 없는 추측이 아니다.

비오 12세가 핵전쟁을 그 자체로서 반대하거나 핵무기 사용이 어떤 경우에도 악이라고 하신 것이 아니라, 전통 윤리의 교리가 가르치는 대로 극히 엄격한 조건하에서만 핵무기를 사용할 수 있다고 말씀하신 것이라고 할 수 있다. 그러한 조건은 다음과 같다.

1. 전쟁이 진실로 방어 전쟁이어야 한다. 방어 전쟁이 되려면 우선 그 나라의 '핵심적 권리'가 먼저 유린되어야 한다. 머레이 신부는 단순히 국가의 위신을 지키기 위한 전쟁은 이러한 기준에 포함되지 않는다고 말한다.

2. 어떤 협상도 불가능한 상황이어야 한다(Murray, 260).

3. 전쟁이 초래할 해악이 전쟁으로 얻을 선익에 비해 과도하지 않아야 한다.

4. 무력 사용을 엄격하게 제한하여 그것이 '인간의 통제를 완전히 벗어나지 않도록' 해야 한다(Murray, 262).

여기서 머레이 신부는 핵무기, 생물학적 무기 및 기타 무기에 의한 대량 무차별 살상은 결코 용납될 수 없다는 것이 '자명한 사실'이라고 강조한다. "군사적 근거에서든 아니면 그 어떤 근거에서든 인간의 통제를 완전히 벗어난 화생방전을 통해 전 인류를 말살시키는 것을 어느 누가 감히 옹호할 수 있겠는가?"(Murray, 262).

이것은 명확하게 [정당한 전쟁] 원칙을 천명한 것이지만 그럼에도 불구하고 우리가 은연중에 받아들이는 [전쟁에 대한] 기본 전제가 워낙 널리 통용되고, 워낙 불가피한 것처럼 생각되며, 워낙 대중의 마음속에 깊이 뿌리박혀 있기 때문에 그것이 우리의 도덕 관념을 저해하여 우리가 설령 그 원칙을 따르고자 하더라도 그것을 올바르게 적용시키지 못하도록 방해하는 경향이 있다.

자신의 '사활적 권리'가 침해된 나라라면 방어 전쟁이 무조건 정당화되는가? 미국인들 중에 쿠바의 공산국가가 미국의 '사활적 권리'를 침해하고 미국의 '존재' 그 자체를 위협한다고 소리 높여 주장하지 않을 사람이 몇이나 있겠는가? 만일 소련인들이 전쟁에 대해 도덕적 선택을 하려고 한다면 그들 또한 터키와 서독에 배치된 미군 기지들이 자기들의 존재 자체를 심대하게 위협한다고 말할 수 있을 것이다.

이처럼 우리는 국가의 위신에 대한 위협과 국가의 존립에 대한 위협을 너무나 쉽게 혼동하곤 하는 선전전에 말려들지 않도록 주의해야겠다.

이 문제가 정말 그 어떤 협상도 불가능한 것인가? 모든 협상이 무의미해졌고 소련 사람들은 악당에 불과하며 전쟁을 방지하려면 [핵무기로써] 위협하는 수밖에 없다고 우리가 너무 쉽게 결론 내리는 것은 아닐까. 이런 질문들 속에 옳은 점도 분명 존재하지만 어쩌면 우리 스스로도 [적과 마찬가지로] 정직하지 않으며 무력 사용을 정당화할 핑계를 찾고 있는지도 모른다. 이렇게 되면 문제가 실로 심각해진다.

전쟁의 해악과 전쟁의 선익 사이에서 적절한 비례를 맞추는 문제를 생각해 보자. 사람이 정신적 가치를 위해 물질적 것을 희생할 수도 있고 때론 그렇게 해야만 하는 게 사실이다. 하지만 '빨갱이 세상에 사느니 차라리 죽는 편이 낫다'는 식의 궤변 속에는 위험한 오류가 숨어 있다. 전쟁, 특히 핵전쟁이 일어날 경우, 물리적 파멸은 전쟁에 부수되는 전체 해악의 한 단면일 뿐이다. 재래식 전쟁에 의해서도 국민 심성의 마비와 범죄, 사회 기풍의 혼란과 타락, 더 나아가 전 사회질서의 파탄이 올 수 있다. 하물며 핵전쟁의 경우에는 어떠하겠는가? 핵전쟁이란 우리가 그토록 지키려고 하는 전체 사회의 완전한 붕괴를 의미할 가능성이 높다. 그런 식의 전쟁이 이성적이거나 정당하다고 할 수 있을까?

머레이 신부는 우리가 앞장에서 말한 것처럼 "가톨릭 교리가 공공 정책을 건전하게 비판할 수 있는 기초로서 그리고 올바른 대중 여론을 형성할 수단으로서 아직 자리 잡지 못했다"(Murray, 265)는 결론을 내린다. 또한 머레이 신부는 가톨릭 교리가 공공 정책에 관여하지 못했던 '고전적 사례'로서 제2차 세계대전 당시 무조건 항복을 요구하는 정책을 방임했던 것을 든다.

머레이 신부의 해법은 '잘못된 딜레마의 해결책으로서', 그리고 비폭력 평화주의와 호전주의 양 극단 사이의 중도책으로서, 전통적인 가톨릭 교리로 되돌아가자는 것이다.

따라서 전쟁을 이성적인 도덕적 가능성으로 이해해야 하며 도덕적 제약 범위 내에서 전쟁을 수행해야 한다는 것이 그의 결론이다. 이론적으로 이런 입장에 대해 논란을 벌일 이유가 없다. 그렇지만 현실적으로, 부도덕하거나 무도덕한 사회에서, 그리고 모든 관점이 왜곡되고 어떠한 제약이나 주저함도 없이 폭력을 사용하며 권력이 목적 그 자체가 되고 인간은 단지 권력의 수단으로 전락하고 마는 철저한 한계상황에서 우리는 '무력으로써 평화 개념을 강행할 의지를 품은 평화 의지'를 천명하는 것이 도대체 어떤 결과를 낳을 것인가라는 의문을 가지지 않을 수 없다.

이렇게 되면 우리는 다시 아우구스티누스와 로마의 멸망으로 돌아가게 된다. 하지만 그때와 지금은 차이가 있고 그 차이가 결코 작지 않다. 오늘날 우리가 직면하고 있는 전쟁은 '자비의 전쟁'이 아니며 칼과 창으로 벌이는 순수한 방어 전쟁도 아니다. 오늘날의 전쟁은 대량 살상 무기를 동원한 무한정한 파괴와 비인도적 살육전이다.

우리는 '전쟁을 끝내기' 위해 '평화에 대한 의지'를 가지고 두 차례나 세계대전을 벌였다. 우리는 세계대전을 통해 [전승국들이 패전국에 대해] 무조건 항복을 요구하는 부도덕한 정책을 평화 보장의 확실한 방법이라고 치장하는 것을 목격했다. 그리고 이제 와서 소위 '평화에 대한 의지'를 내세워 전 세계의 파멸도 불사하겠다는 전의를 불태우고 있다.

머레이 신부의 원칙은 대단히 합리적이므로 필자 역시 그의 집필 동기와 이론에 공감하는 바 크지만 나는 그의 글을 읽는 독자들이 결국 그가 '케이프 커내버럴이나 로스앨러모스에서 진행되고 있는 모든 핵무기 개발 활동을' 도덕적으로 정당화시켜 주었다는 느낌을 받게 되지나 않을까 하는 우려를 떨칠 수 없다.

영국의 저명한 가톨릭 신학자인 맥리비 신부는 핵 억지력 정책이 적국 도시에 대한 실질적 대량 핵 보복으로 이어지는 한 그것은 도덕적으로 용인될 수 없다고 주장한다. "특정한 상황 아래서라면 부도덕한 행위를 할 수도 있다는 적극적 의도는, 그런 상황이 일어나지 않기를 아무리 원한다 하더라도, 그 자체로, 지금 여기서, 부도덕한 것이다."[15]

그러나 맥리비 신부는 '합법적 (군사) 목표'에 사용하기 위해서라면 핵무기를 비축할 수 있을 것이라고 덧붙인다. 여기서 우리는 또다시 같은 현실적 어려움에 직면하게 된다. 군사전략가들이 윤리신학자들처럼 섬세한 구분을 할 것이라는 보장이 전혀 없기 때문이다. 폭탄은 그 목적이 무엇이든 어쨌든 폭탄이다. '해상의 함대'를 목표로 5메가톤 급밖에 안 되는 수소폭탄을 개발할 수도 있다고 가정하는 것은 우리에게 정말 실소를 자아내게 한다. 그렇게 치면 50메가톤 급의 폭탄을 개발해서 안 될 이유가 무엇인가?

따라서 맥리비 신부는 핵무기가 아마도 "실제로는 도덕률에서 요구되는 것과 같은 분별력을 가지고 사용되지 않을 것이며, 만에 하나 메가톤 급 핵무기가 동원된다면, 그것이 최후의 수단으로 또 자위의 목적으로 사용된다 하더라도, 부도덕하게 쓰일 수밖에 없을 것이라고 나는 믿는다"라고 스스로 밝히고 있다.[16]

이렇게 현실적 불확실성 때문에 '상대적' 평화주의 또는 '핵' 평화주의를 선호하는 경향이 분명 존재한다. 이에 따르

[15] L.L. McReavy, *Clergy Review* (1960) *Pax Bulletin* #85에 전재.

[16] L.L. McReavy, *Catholic Herald*에 기고한 서한(*Unity*에 인용, 1960. 5).

면 재래식 무기에 의한 전통적인 정당한 전쟁 이론은 인정하되 핵무기 철폐나 완전히 효과적인 군비 통제가 절대적으로 필요한 도덕적 요구라고 주장한다.

머레이 신부는 충분한 근거도 없이 '상대적 평화주의'가 교회의 공식 교리와 일치한다고 보아서는 안 된다고 말한다. 모든 신학자들이 이 같은 견해에 동의하지는 않음을 우리는 이미 살펴보았다. 인용할 수 있는 글이 많지만 1950년 6월에 발표된 프랑스 추기경·주교단의 사목서한을 인용하는 것으로 충분하리라 생각한다. 무차별 파괴를 위한 핵무기 사용이 용인될 수 있는가라는 질문에 대해 주교단은 그와 같은 질문을 할 필요조차 없다고 답변했다. 주교단은 이어서 다음과 같이 천명하였다. "우리로서는 지난 전쟁 당시 대량 폭격을 비판한 것과 마찬가지로 핵무기 사용을 진심으로 반대한다."

교황 요한 23세는 첫 번째 회칙 「베드로좌에서」*Ad Petri Ca-thedram*를 통해 다음과 같이 말했다.

우리 시대에 현실화된 무기들이 상상할 수 없을 만큼 흉악하기 때문에 [전쟁이 난다면] 패전국이든 전승국이든 가리지 않고 모든 나라들이 헤아릴 수 없을 정도의 파괴, 헤아릴 수 없을 정도의 몰락을 겪게 될 것으로 예상해야 할 것이다.

사실상 교황 회칙은 교회의 공식적 교리를 대변하며, 우리
는 다른 회칙에서와 마찬가지로 이 회칙에서도 "이제 전쟁
이 도덕적으로 부조리한 현상이 되었다"는 주장(머레이 신부의
표현)을 확고하게 지지하고 있음을 알 수 있다. 바로 이 점이
교황께서 전면 핵전쟁에 대해 말씀하신 바다. 실제로 이러
한 진리에 대해 이의를 제기하는 경우는 거의 없는데 이상
하게도 미국과 서독의 신학자들만이 다른 목소리를 내는 것
같다. 어쩌면 신학관조차도 신학자의 정치적 이해관계에 따
라 바뀔 수가 있다는 것을 말해 주는 사례일까?

이렇게 핵전쟁에 대해 종교계의 저항이 늘어나고 있는 현
실을 최근에 구체적으로 보여 준 것이 바로 『신과 수소폭탄』
이라는 저서다.[17] 이것은 대중들도 쉽게 접할 수 있도록 핵
전쟁에 관한 성명, 선언, 기사, 강론 등을 지나치게 전문적
으로 분류하지 않고 한데 엮은 책이다. 이 책에서 유럽과 미
국의 개신교·가톨릭·유다교 지도자들은 한목소리로, 전
면 핵전쟁은 부도덕하며 핵전쟁을 방지하기 위해서 적극적
행동을 취할 필요가 있다고 요구하고 있다. 우리 교회의 여
러 집단이 발표한 공식 성명들, 그리고 교황 비오 12세의 공
식 인용문에서도 이 책에 등장하는 각계 철학자, 신학자들
의 주장을 지지하고 있음을 알 수 있다. 풀턴 쉰 주교의 성
명은 다음과 같이 말한다. "병사와 민간인을 구분하지 않는

<hr>

[17] *God and the H-bomb*, Donald Keys 편집, Steve Allen 서문
(New York: Bellmeadows Press 1961).

대규모 핵전쟁, 그리고 간호사 · 의사 · 나환자 · 갓난아이 · 노인 · 중환자를 가리지 않고 직접적인 공격 대상으로 삼는 핵전쟁은 명백히 부도덕하다."[18]

안도버 뉴턴 신학교의 노먼 고트월드 박사의 글에서 우리는 개신교 신학자가 강력하게 표출한 그리스도교 핵 평화주의의 견해를 엿볼 수 있다. "핵전쟁을 그리스도교적 희생이라고 부르는 것은 예수님의 모든 가르침을 부정하는 일이다. 그것은 정통적 신학 용어를 신격화된 국가 숭배로 옮겨 놓은 것에 지나지 않는다. 그렇다면 이것은 서구판 일본 신도神道라 해야 할 것이다."[19] 소위 '핵 현실주의'를 지지하는 신학 이론은 사실상 신학을 전체주의적 독재의 완전한 정당화 일보 직전까지 몰고 가는 것임을 고트월드 박사는 똑똑히 보여 주었다.

현 상황을 종교적으로 분석한 이 책에서 새뮤엘 드레스너 라비의 「인간, 신, 핵전쟁」이 아마 가장 감동적일 것이다.[20] 그가 말한 대로 우리 시대의 위기는 성서적 계시의 관점에서 검토해 보아야만 그것의 내재적 중요성이 가장 잘 드러난다고 하는 점에 의문이 있을 수 없다. 구약의 예언자적 정

<hr>

[18] Bishop Fulton J. Sheen, "Is Nuclear War Justifiable?", in *God and the H-bomb*, 145.

[19] Dr. Norman K. Gottwald, "Nuclear Realism or Nuclear Pacifism?", in *God and the H-bomb*, 66.

[20] Samuel Dresner, "Man, God and Atomic War", in *God and the H-bomb*, 166-78.

신으로 발언하는 드레스너 라비는 그 어느 때와 마찬가지로 오늘날에도 인간의 존재는 인간 정신의 내적 혁신 그리고 현대에 철두철미하게 '망각된' 신에게 온전히 귀의하느냐 여부에 달려 있다고 명명백백하게 역설한다.

가톨릭계의 원로 평화주의자로 도미니코회의 프란치스쿠스 스트라트만 신부를 꼽을 수 있는데, 그는 바이마르 공화국 때부터 나치 독일을 피해 해외 망명길에 오를 때까지 끊임없이 평화를 위해 집필하고 발언하고 활동해 왔다. 그의 주요 저서로는 지금은 절판된 『평화와 사제』, 『교회와 전쟁』 등이 있다.[21] 스트라트만 신부의 글도 『신과 수소폭탄』에 실려 있다. 그에 따르면 중세 당시 성서적 윤리가 "종교적으로 중립적인 자연법에 의해 대체 — 또는 보기 나름으로는 억압 — 되었다"고 한다. 자연법은 정당한 전쟁 이론을 장려했는데 원래 귀에 걸면 귀고리 식으로 고안되었던 이 이론이 후대의 결의론에 의해 더욱 무분별하게 오용되다가 마침내 오늘날 파산 상태에까지 이르렀다고 한다. 그는 자연법으로 보더라도 전면 핵전쟁은 인정되지 않는다고 설명한다.[22]

또한 핵 평화주의에 관해 영어로 쓴 글을 모은 선집으로 호평을 받은 책 중에 찰스 톰슨이 편집한 『도덕과 미사일』이

<hr>

[21] Franziskus M. Stratmann, *Peace and the Clergy* (London: Sheed & Ward 1936); *The Church and War* (New York: P.J. Kennedy & Sons 1928).

[22] Franziskus M. Stratmann, "War and Christian Conscience", in *God and the H-bomb*, 37-57.

있다.[23] 이 책에 나오는 대부분의 글들이 『신과 수소폭탄』에 재수록되었기 때문에 여기서 다시 자세히 다룰 필요는 없을 것이다. 하지만 E. I. 워트킨이 정당한 전쟁 이론에 관해 썩 좋은 글을 썼음에도 불구하고 어찌된 영문인지 미국판에서는 그 글이 빠져 있으므로 여기서 한 번 더 소개할 만하다고 생각된다.[24] 워트킨은 대규모 핵전쟁에서 전통적 정의 규범은 인정될 수 없다고 주장한다.

최근 영국의 가톨릭 지성인들이 펴낸 논설집 『핵무기와 그리스도인의 양심』에서는, 핵전쟁을 정당화하는 '현실주의자들'의 부도덕한 가설로 인해 "서구 문명이 외부의 적에 의해서보다 내부로부터 더욱 큰 피해를 입었다"는 입장을 솔직하게 개진하고 있다.[25] 이들 가톨릭 인사들은 오늘날 도처에 만연한 기회주의의 '상습적 도덕 불감증'을 통렬히 비판하면서 그리스도인들 ― 십자가에 대해 망각했을지도 모르는 ― 에게 이 시대 상황 속에서 우리가 어쩌면 '의미 있는 고통이라는 궁극적 무기'를 택하거나 그렇지 않으면 그리스도교 신앙 그 자체를 부인해야 하는 양자택일의 기로에 서

[23] *Morals and Missiles: Catholic Essays on the Problem of War Today*, M. De La Bedoyere 서문, Charles S. Thompson 편집 (London: J. Clarke 1961).

[24] E.I. Watkin, "Unjustifiable War", in *Morals and Missiles*, 51-62.

[25] Walter Stein, "Introductory: The Defense of the West", in *Nuclear Weapons and Christian Conscience* [*NWCC*] (London: Merlin Press 1961), 37-8. 이 책의 축약 논문은 *Breakthrough to Peace*, 139-58에 실려 있다.

있다고 일깨워 준다(Stein, 39). 핵폭탄을 통해 그리스도교 문명을 지킬 수 있다는 식으로 말하는 것은 부조리하고 부도덕한 일이다.

이 경우 아우구스티누스라면 우리가 적을 섬멸하려고 하는 바로 그 무기가 우리 심장을 뚫고 적에게 가서 꽂힌다고 말할 것이다. 우리는 물리적으로 파멸할 뿐만 아니라 도덕적으로도 파멸할 게 분명하다. 공산주의자가 수소폭탄을 사용한다면 서구 세계가 잿더미가 될 가능성이 높지만, 그 폭탄을 그리스도인이 공격용 무기로 사용한다면 그리스도교 문명권이 정신적으로 파산할 가능성이 높은 것이다.

그런데 [핵전쟁을 반대하는] 가톨릭 인사들이 완전한 의미에서 평화지상론자가 아니라는 사실을 유념할 필요가 있다. 그들은 전통적인 '정당한 전쟁' 이론을 인정하면서도 이 개념이 더 이상 합당하지 않다고 보는 것이다. 이와 동시에 이들은 그리스도교가 본질적으로 평화지상주의여야 한다고 보는 극단적 주장을 비판한다. 그중 한 필자는 이러한 관념적 견해가 정반대의 극단, 즉 '이중 효과에 대한 이중적 사고'를 불러온다고 비판한다.[26] 그는 '핵무기를 사용할 것인지 여부에 관해 결정을 유보하면서' 핵무기를 생산하고 비축하는 행위의 도덕적 정직성을 의문시한다. 다시 말해 핵무기를 위협용으로만 사용하는 것조차도 도덕적일 수 있는지를 묻는다.

[26] G.E.M. Anscombe, "War and Murder", Stein, 57.

또 다른 질문 하나. 정부가 핵전쟁을 일으킬 수도 있는 정책을 추구할 때 한 시민으로서 어느 정도까지 그것이 나와 상관없는 일이라고 말할 수 있을까? 여기에 대해 어느 논자는 이렇게 답한다. "현대전에서는 어떤 식으로든 전쟁 발발에 조금이라도 관여한 사람이라면 누구라도 사전에, 명백하게, 공개적으로, 전쟁에 반대하지 않은 행위에 대한 책임을 져야 한다."[27] 요컨대 이 책은 일방적 군비 감축에 대해 가톨릭 도덕성에 입각한 논리 정연한 주장을 펼치고 있다.

『위기의 그리스도교』*Christianity in Crisis*를 편찬한 유니언 신학대학의 존 베넷 박사는 과학자, 교육자, 개신교 신학자들을 모아 「핵무기와 양심의 갈등」이라는 주제의 심포지엄을 열었다. 베넷 박사는 자기처럼 평화지상주의자는 아닌 신학자인 라인홀드 니버나 폴 램지가 느끼는 지적 불안에 대해 성찰한다. 이들은 전쟁을 방지하기 위한 보장책으로서 핵 억지력을 공식적으로 인정한 신학자들이었다. 베넷 박사는 말한다. "오늘날 폭력과 그리스도교 윤리가 제기하는 딜레마가 점점 더 까다로워지고 있다. 나 스스로 가까운 미래에 핵 억지력으로 전쟁을 방지할 수 있다고 더 이상 확신하지 못하게 되었다."[28] 따라서 공산주의의 호전성을 방지할 뿐만 아니라 전쟁 자체를 예방할 수 있는 새로운 관점을 개

[27] R.A. Markus, "Conscience and Deterrence", Stein, 81.

[28] John C. Bennett, *Nuclear Weapons and the Conflict of Conscience* (New York: Scribner 1962) 96.

발할 필요가 더욱 커졌다. 베넷 박사는 허만 칸과 같은 학자의 통계 자료와 무도덕한 계산 방식, 그리고 일방주의를 모두 거부한다. 그는 핵무기와 관련하여 다음과 같은 원칙을 개진했다.

1. 우리는 적이 어떤 도발을 해 오든 적국의 인구집중 지역에 메가톤 급 핵폭탄을 사용할 수 있다는 식의 논리에 스스로 현혹되어서는 안 된다(Bennett, 101).

2. 대규모 핵전쟁에서 살아남은 이들의 삶의 질에 전쟁이 어떤 영향을 끼쳤는지를 진지하게 고려해 볼 필요가 있다(105).

3. 우리는 스스로 인권 가치를 수호한다고 믿고 노력하는 바로 그 과정(예: 군비 경쟁) 때문에 점차 비인간적으로 되어 가고 있는지도 모른다(105).

필자는 세부적인 면과 정책에서 베넷 박사와 생각이 많이 다르지만 이 책에서 필자가 주장하는 내용은 베넷 박사의 원칙과 대부분 일치한다. 베넷 박사의 주장은 내가 보기에 반대가 있을 수 없을 정도로 지극히 정상이고 지극히 타당하다.

핵전쟁을 종교적 관점에서 논리적으로 반대한 이런 최근의 글들을 읽으면 사람들이 크게 고무될 것이다. 종교계 인사들 모두가 침묵을 지키고 있거나 모호한 태도를 취하고 있는 게 아니기 때문이다. 하지만 성직자와 평신도들 가운데 무관심과 수동적 체념 의식이 만연해 있는 것이 사실이다. 이들이 일종의 도덕적 불감증에 빠져 있다고 말하는 것이 더 정확할지 모르겠다. 사람들은 공격적이고 호전적인 미디어의 최면에 빠지고, 사회의 일반적인 분위기에 억눌리고 주눅이 들어 있으며, 제2차 세계대전 이전에 벌어졌던 평화운동의 실패를 기억하면서 수동적이고 운명론적인 자포자기의 상태 속으로 도피하는 경향이 있다. 그 와중에 사람들은 핵 방공호 세일즈맨이 시키는 대로 핵미사일이 공중을 날아다니기 시작할 때도 자기 집 뒷마당에 방공호 구멍을 파고 있을 것이다.

10

평화를 위한 행동

교황 요한 23세는 첫 번째 회칙 「베드로좌에서」 모든 그리스도인이 '자신의 모든 수단을 강구하여' 평화를 위해 노력할 의무가 있다고 지적하신 바 있다. 하지만 교황은 또한 평화가 오류와 타협할 수는 없고 불의에 대해 양보할 수도 없다고 강조하셨다. 불의 앞의 수동적 침묵이나 잔인한 폭력 앞의 굴종이 순수한 평화로 이어지지 않는다는 말씀이다. 유약함이나 혼돈은 장기적으로 보면 단호하거나 심지어 완고한 정책보다 더 큰 해를 끼치기 쉽다고 한 마키아벨리의 주장에는 일리가 있다. 그러나 그리스도인의 평화관은 인간적 교활함과 잔인함 또는 폭력에 의존하지 않는다. 권력은 결코 그리스도교적 정책의 초석이 될 수 없다. 하지만 그리스도인의 평화 활동은 생기 있고 개명되고 뚜렷한 목적이 있어야 한다. 우리 평화 활동의 목적은 하느님께서 우리를 '당신의 자비로우신 계획에 봉사하도록' 부르셨다는 종교적 신념으로 규정된다(요한 23세, 1958년 성탄 담화문 참조). 이 말을 하느님께서 우리에게 핵폭탄을 쥐어 주시면서 우리가 그것을 쓰고 싶을 때 마음대로 쓰라고 하신 것으로 경솔하게 해석해서는 안 된다. 우리가 오늘날 원자력을 보유하게 되었다면 그것을 우리 스스로의 파멸에 이용해서는 안 되고, 선하고 평화로운 목적에 이용해야 할 도덕적 의무가 있는 것이다. 하지만 냉혹한 권력을 추구하는 마음을 버리고 사랑과 십자가의 지혜에 의탁하는 내면의 혁신 없이는 그러한 도덕적 의무를 수행하지 못할 것이다.

그러나 불의에 무관심하고 어떤 무질서라도 흔쾌히 받아들이며 오류와 악행과 타협하고 '평화를 위해서라면 악마와도 손을 잡겠다'는 식의 압력에 굴복하고 침묵하는 무기력과, 평화를 만드는 사람인 그리스도인들의 의무 사이를 잘 구분해야 한다. 이 점 명백하고 흔들림 없이 말할 필요가 있다. 그리스도인은 평화가 그런 식으로는 가능하지 않다는 점을 잘 알고 있으며, 또 잘 알고 있어야만 한다. 평화는 가장 영웅적인 노고와 지난한 희생을 요구한다. 평화는 전쟁보다 더 큰 영웅심을 요구한다. 평화는 진리에 충실하고 양심에 대해 더욱 완벽하게 순수할 것을 요구한다. 그리스도인의 평화를 위한 투쟁을 패배주의와 혼동해서는 안 된다. 이 점을 강조하는 이유는 전쟁을 너무 쉽게 정당화하는 선전가들, 그리고 자기와 뜻이 다른 사람을, 전면 핵전쟁의 도덕성을 거부함으로써 마치 은연중에 공산주의에 이미 굴복한 변절자인 양 여기는 선동가들의 자의적 궤변이 세상에 분명 존재하기 때문이다. 누구나 쉽게 알아차릴 수 있겠지만 이런 입장은 참으로 문제가 많다. 또한 이런 악선전의 유혹에 빠진 사람은 아마도 우리가 살고 있는 이 부유한 사회의 실용주의와 기회주의에 너무 큰 영향을 받고 있는 게 아닐까 하는 느낌마저 든다.

일부 성직자 중에는 핵전쟁과 '공산주의의 승리' 사이에 어느 쪽이 상대적으로 더 위험한지를 논하는 사람들이 있다. 이런 이들은 흔히 뚜렷한 근거도 없이 공산주의가 우리 문 앞까지 와 있고 미국을 곧 정복해서 모든 교회를 폐쇄하며 모든 신자를 세뇌시킬 것처럼 단정하곤 한다. 현 상황을 이런 식으로 곡해하여 평가하면 그 해결책으로 단 한 가지 방법밖에 없다는 식의 억지가 강요되기 시작된다. 즉, 빨갱이들이 우리 정부와 우리 대학가에 속속들이 침투하기 전에 그놈들에게 핵폭탄을 먹여야 한다는 주장이다. 이것이 바로 선제공격 논리이며 이 논리는 우리가 실제로 군사적 위협을 받고 있어서가 아니라, 우리가 '도발'을 당했고 '위협'을 받고 있으므로 가장 극단적인 조치를 취해도 무방하다는 생각에 근거를 두고 있다.

핵전쟁이 야기할 참혹한 파멸과, 공산주의의 승리라는 주로 가정법에 근거한 사실에 대한 대응 조치로 얻을 수 있는 선익을 단순 비교할 수는 없다고 누가 말한다면 당장 이런 반응이 되돌아온다: '빨갱이 치하에서 사느니 차라리 죽는 게 낫다.' 또한 이런 논리는 도시와 국가와 인구 집단이 파멸하는 것은 '단지 물리적인 해악'에 불과하지만 공산주의의 승리는 '도덕적 해악'이라는 주장으로 정당화된다.

이런 식의 황당무계한 주장은 논리적으로도 윤리적으로도, 정치적으로도 신학적으로도 아무 근거가 없다는 사실을 이 자리에서 분명히 밝혀 두어야만 하겠다. 이런 당치 않은 주장은 궤변, 그 이상도 그 이하도 아니다. 이런 문제에 대해 진정한 가톨릭적 관점을 입증하기 위해서 교황 비오 12세의 말씀을 인용하는 것으로 충분하리라고 본다.

도시와 국가와 인구 집단이 파멸하는 것이 '단지 물리적인 해악'에 불과하다고? 비오 12세는 화생방전이 "죄이자, 대죄이고, 하느님의 왕권에 대항하는 극히 무엄한 행위"라고 분명히 말씀하신다. 덧붙여 교황은 다음과 같이 말씀하신다. "화생방전은 가장 엄중한 형태의 국내·국제적 제재를 받아 마땅한 범죄행위다"(1954년 세계의학회 기조연설). 심지어 결코 '평화지상주의자'가 아닌 존 머레이 신부조차도 다음과 같이 말한다. "단순히 모든 공산주의자들을 죽이기 위해 전쟁을 해야 한다는 식의 극단적 입장은 정당한 가톨릭적 입장이 될 수 없다."

여기서 진짜 문제가 되는 것은 실제로 도덕 원칙이라기보다는 우리의 정신 상태다. 우리는 매스컴을 통해 이러한 정신 상태의 문제를 발견할 수 있다. 매스컴을 통해 표출되는 대중의 정신 상태는 세계 현실과 미래 전망에 관한 피상적인 여러 가정들로 이루어지곤 한다.

'정신 상태'는 불확정하고 구체적이지도 않으므로 바로 그 이유 때문에 무시되거나 경시되곤 한다. 정신 상태는 확실한 담론으로 집어내기 어렵기 때문에 그것을 제대로 파악하기란 어렵다. 하지만 정신 상태의 전염성을 과소평가할 수 없다. 그것은 마치 요원의 불길처럼 빠르게 타 들어가며 모든 사람의 마음과 가슴을 사로잡는다. 원칙이나 사실을 이성적으로 말한다고 해서 이러한 정신적 폭발 작용을 방지할 수는 없다. 무언가 심층적인 어떤 것이 필요하다. 우리는 정신적 원칙에 대한 심오하고 탄탄한 근거를 가져야 한다. 우리는 깊이 있고 참을성 있는 도덕적 견결함과 인자함, 진리와 인류에 대한 애정, 하느님에의 믿음, 하느님의 사랑의 계명에 대해 타협하지 않는 성실함이 있어야 한다. 이렇게 하지 못할 때 애매모호하고 전염성 강한 어떤 '정신 상태'가 도덕과 양심의 자리를 차지하고 편리한 종교·윤리적 처방으로써 우리의 편견을 합리화시켜 줄 것이다. 그렇게 되면 우리는 진리와 정의로부터 치명적으로 멀어지게 된다.

현 시점에서 우리의 '정신 상태'는 두려움에 의한 잔인성과 불신의 상태라고 할 수 있다. 그런 상태에서 폭력 이외의 다른 해결책을 생각해 내기란 어렵다. 이런 상태에서 전쟁은 논리적으로 더욱 '최후의 수단'으로 생각되며 상황이 절망적이라는 말을 들으면 들을수록 극단적 조치, 즉 핵무기 사용이 꼭 필요하다고 믿게 된다. 따라서 이성적이고 적절한 모든 발상이 비현실적이고 멍청한 짓이라고 경멸받는 지경에 이른다. 우리는 현재 우리의 구원이 달려 있는 평화 조치를 완전히 배척하는 단계로까지 가고 있다. 전쟁을 '진정한 해결책'으로 여길 정도로까지 가고 있는 것이다. 생존, 그리고 그리스도교 신앙 자체가 완전히 우리의 생각에 달려 있다고 한다면 이 얼마나 비극적인 일인가!

따라서 우리가 진정 [핵전쟁으로부터] 보호받고 싶어 한다면 도덕적 관점에서, 매스컴이 매일같이 우리 귀에 속삭이는 정신적 상투어들을 합리화하기보다 정신을 차리고 제대로 서서 우리의 그리스도교적 관점을 다시 찾으려 노력해야 한다.

우리는 개인주의 정신과 혼란한 마음가짐으로 인해 '모두 다 제 살 길을 찾으면 되고 나머지는 악마의 몫이다'라는 [이기적인] 윤리관을 가지게 되었음을 인정해야겠다. 이러한 윤리관은 안타깝게도 간혹 그리스도교 교리로 표현되기도 하는데 그것은 교리가 아니라 풍요로운 사회의 세속 윤리에 지나지 않는다. 모든 이가 돈 버는 일에만 관심을 기울이면 경제법칙 원리에 따라 공동선은 자동적으로 달성될 것이라는 잘못된 가정에 입각한 윤리인 것이다.

이기심에 기반한 윤리는 그리스도교 윤리일 수 없다. 이런 윤리를 국가적 차원으로까지 확대하여 모든 나라가 자기이익 추구에만 급급하더라도 전 세계의 복리가 자동적으로 달성될 것이라는 식으로 생각할 수는 없는 노릇이다. 그와 반대로, 우리는 사고의 지평을 넓혀 (모든 나라와 모든 집단의 권리가 존중되고 보장되는) 국제 공동체를 구축할 책임을 통감해야 한다. 적나라한 권력투쟁의 아수라장으로부터 평화로운 세계 사회가 등장하리라고 기대할 수 없다. 우리는 노력하고 희생하며 협력해서 미래 세대가 그 위에 안정되고 평화로운 국제 공동체를 건설할 수 있는 초석을 놓도록 노력해야 한다. 모든 그리스도인이 결과적으로 이러한 책무를 지고 있으며, 그러기 위해서 모든 그리스도인은 적극적으로 정보를 찾고 자기 양심을 성찰하여 이 목적을 위해 지성적인 정치적 행동으로써 전 사회에 기여해야 한다.

시카고의 마이어 추기경이 1962년 사순 시기 사목교서에서 말한 것을 들어 보자. "그리스도의 자비를 생각하면 우리는 전 세계의 복지 문제에 더욱 관심을 기울여야 하고, 우리 가족과 우리 미국 사회는 타인에 대해 더욱 관심을 가져야 한다. … 공산주의가 세계를 지배하는 날이 우리가 악에 굴복하는 날이 되겠지만, 그뿐만 아니라 우리가 공산주의적인 [강압적] 방식과 기준을 스스로 적용할 때에도 우리가 악에 굴복하게 되는 것이다. 증오의 정책을 추구한다거나, 우리에게 반대한 이들의 파멸을 원한다거나, 무제한의 전면전

정책을 추구한다거나, 공포와 공황을 불러일으키는 정책을
용인한다거나, 과장된 선전전, 무조건적 항복 요구, 그리고
[타국을 아랑곳하지 않고] 오로지 민족주의 정책만을 추구
한다면, 우리는 이미 악의 영향권에 들어가 있는 것이나 다
름없다."

11

동과 서를 넘어서

우리는 오늘날 더 이상 그리스도교 세계에 살고 있지 않다. 물론 우리가 기꺼이 '신앙의 시대'라고 부르는 옛 시절도 지상의 낙원과 같은 시대는 아니었음이 분명하다. 하지만 우리 선조들은 적어도 그리스도교 사랑의 윤리를 공개적으로 인정하고 지지했다. 당시에도 잔혹한 비그리스도교적 전쟁을 벌이곤 했고 그 와중에 오늘날까지 역사의 큰 오점으로 남아 있는 범죄를 저질렀던 것이 사실이다. 그렇다 하더라도 당시 전쟁은 일정한 한계가 있었다. 오늘날의 세계는 세속화되었지만 그래도 여전히 그리스도교적 도덕성의 흔적과 생활 방식과 상투적 표현들이 남아 있다. 이런 흔적들이 때때로 신문 지상의 사설과 공인의 연설문을 장식하곤 한다. 하지만 이것을 제외하고는 그리스도교의 진리와 도덕성을 반대하고 그것에 뿌리를 둔 모든 교육을 제거하려는 의도적인 노력이 성행하고 있음을 우리는 목격하고 있다. 비그리스도인뿐만 아니라 그리스도인들까지 비폭력과 사랑에 관한 복음의 윤리를 '감상적'이라고 비하하곤 한다. 그 결과 그리스도께서 악에 대해 비폭력적으로 저항하라고 가르치셨다는 말을 하기만 해도 엄청난 비난과 조롱을 받을 각오를 해야 한다. 어느 가톨릭 인사는 자기가 자연법만 따르겠으며 산상설교는 '개신교 목사들과 유다교 랍비들에게' 맡기겠다고 여러 번 공언하기까지 했다.

서구가 한때 주로 그리스도교를 믿었다는 이유로 오늘날 서구 국가들이 하느님의 가르침을 곧이곧대로 따른다고 쉽게 가정한다면 그것은 큰 오류가 될 것이다. 물론 우리는 공산주의자들이 세계를 정복하려는 전술을 단호히 거부해야 하겠지만, 핵무기를 사용한 전멸 작전은 우리 스스로의 이익에 비춰 보아도 득보다 실이 더 많을 것이다. 그것은 묵시론적 유혹일지도 모른다. 핵전쟁 이후 인류가 살아남을 수 있을지는 몰라도 그것으로 그리스도교 문명이 파멸되리라는 것은 명약관화하다. 핵전쟁으로 대량 학살이 벌어지고 전 세계적 차원의 파괴가 일어나더라도 [서구를 대신하여] 아시아와 아프리카가 그리스도교를 존중하기 시작하고 그것을 온전히 받아들일 것으로 우리가 기대할 수 있겠는가?

그리스도교가 핵 선제공격으로 스스로를 방어할 수 있다고 믿는 것은 신앙으로도 이성으로도 상상하기 어려운 일이다. 오늘날 전면 핵전쟁이 타당성이 있고 그리스도교 윤리에 어긋나지 않는다고 우리가 용인하는 것처럼 보이는 사실 자체가 세계사적인 일대 사건이다.

그리스도교가 공산주의를 반대할 뿐만 아니라 실제로 공산주의와 전쟁 중이라는 것은 진실이다. 하지만 그 전쟁은 정신적 전쟁이고 이념적 전쟁이다. 교황 요한 23세도 "교회는 물리적 무기가 없지만 지고지선의 정신적 권한을 위임받았다"고 하지 않았는가.

이것은 그리스도인이 기도와 신앙으로써 평화와 정의를 위해 투쟁함을 뜻할 뿐만 아니라, 그리스도인의 사회적 행동이 공산주의에 대해 교회가 쓸 수 있는 가장 중요한 무기임을 뜻한다. 요한 23세의 회칙 「어머니요 스승」*Mater et Magistra*에 이 같은 점이 명확히 나온다. 그리스도인들은 저개발국에 대한 원조에 있어 낭만적 이상향을 꿈꿀 필요는 없지만 그것이 합당한 계획이라면 열렬히 후원해야 한다. 해외 원조를 효과적으로 시행하여 원조의 대상이 되는 국민들에게 실질적으로 도움이 되어야 하며, 그것이 부패한 정치·군사 세력을 배불리는 데 이용되거나, 더 나쁘게는, 자유의 적들에 의해 오용되어서도 안 된다. 더 나아가 우리는 '제3세계'의 모든 문제에 대해 경제원조와 생활수준 향상만이 유일한 해결책이라고 착각해서도 안 된다.

다시 말해, 돈의 힘만을 믿는 것이 그리스도인답지 못하듯이 핵무기에 의존하는 것 또한 그리스도인답지 못하다. 두 가지 경우 모두 궁극적 목표는 재건이 아닌 지배이며, 그리스도인은 사회구조가 제대로 기능하지 못하는 곳이면 어디에서건 사회적 행동으로써 사회구조의 완전한 쇄신을 위해 노력해야 한다.

공산주의는 위협으로 이길 수 없고 더구나 매수해서 이길 수도 없으며, 그 사회가 건설적이고 창의적인 능력이 있음을 온전히 과시할 수 있어야만 이길 수 있다. 사회의 이러한 능력은 고전 시대와 그리스도교의 사회정의 기준에 잘 부합된다. 하지만 우리 사회의 무책임성이 조직화되어 있고 저질스럽다면, 폭력에 의존하는 것 외에 다른 방도가 없을지도 모른다. 하지만 그런 것은 해결책이 될 수 없다. 그렇게 되면 우리 스스로가 그리스도교의 유산을 불신함으로써 생겨난 문제를 부도덕하게 회피하는 것밖에 되지 않는다.

우리가 핵전쟁의 윤리성을 어떻게 생각하든 핵폭탄이 주는 메시지가 구원도 '복음'도 아님은 명백하다.

하지만 우리는 비폭력적이고 합리적인 조치가 무기보다 더 강력하다는 메시지가 '기쁜 소식'의 핵심이라고 믿는다. 초대교회가 정신적 무기만으로 로마제국 전체를 정복하지 않았던가? 우리가 이러한 '성령의 칼'에 대한 믿음을 잃었단 말인가? 우리가 어쩌면 성령의 칼이 존재한다는 사실 자체를 망각한 것은 아닐까?

우리는 자기 자신과 자기 권리와 그리스도교 진리를 지킬 수 있는 수단이 되지 못하는, 인간을 한없이 취약하게 만드는 무기력한 수동성의 방식을 거부해야 마땅하다. 우리는 자신의 권리와 진리를 가장 효과적인 수단으로 지켜야 한다는 사실을, 그리고 모든 것 중에서 가장 효과적인 수단이 바로 비폭력적인 수단 — 사회와 인간에게 진정으로 영속적인 도덕적 변화를 가져다줄 수 있는 유일한 수단 — 이라는 사실을 말하고 또 말한다. 교회는 인간이 방어 전쟁보다 훨씬 더 엄격하고 훨씬 더 영웅적인 요구인 영적 전쟁을 도저히 수행할 수 없는 상황에서만 방어 전쟁을 용인한다. 그런데 실제로는 영적 무기에 의존하는 것을 모조리 거부하거나 무시하고, 그러한 영적 무기를 마치 어떠한 효험도 없는 것처럼 뒤로 밀쳐 버리고, 진짜 무기만이 우리가 진정으로 의지할 수 있는 수단인 양 (그것도 더 크면 클수록 좋다는 식으로) 여기는 태도는 전적으로 비그리스도인의 자세다.

실은 핵전쟁에 관한 수많은 도덕적 논의가, 영적 무기는 비현실적이고 아무 소용 없으며, 진짜 무기만이 진지하게 고려할 만한 수단이라는 식의 가정에 기반하고 있는 것같다. 그러나 바로 이런 태도야말로 전쟁에서의 폭력 사용에 관한 교회의 전통적 가르침을 본질적으로 침해하게 만든다. 이런 태도는 어쩔 수 없이 최후의 수단으로만, 순수하게 방어용으로만, 반드시 정당한 수단으로만 전쟁에 임해야 한다는 [그리스도인의] 의무를 어떻게든 회피하려는 짓이다.

다시 강조하거니와 '최후의 수단'이라는 점이 결정적으로 중요하다. 그리스도인들 사이에서 전쟁에 관한 기본적 윤리 원칙에 대해서는 의견이 크게 갈리는 것 같지 않다. 하지만 이런 원칙을 실제 사례에 적용할 때 격렬한 논쟁이 벌어지곤 한다. 바로 이 점에서 흔히 간과되곤 하는 기본적 가정으로 돌아가 보자.

만일 우리가 모든 협상이 소용없게 되었고, 적이 본질적으로 철저히 사악하므로 어떤 경우에도 절대로 신뢰할 수 없으며, 적이 군비 철폐 노력에 결코 응하지 않으리라는 점을 당연시한다면, 우리는 새로운 위기 상황이 터질 때마다 늘, '최후의 수단'으로서 전쟁에 의존하는 것이 명명백백하게 정당하다고 여기게끔 되어 버린다. 그러는 와중에 긴장이 고조되어 무자비한 수단 이외에는 다른 어떤 수단도 절대 소용이 없다는 생각이 우리 마음에 확실히 자리 잡게 되는 그 순간 우리는 적을 파멸시킬 공격을 위해 전면적이고 무자비한 핵폭탄 사용의 필요성을 더욱더 확신하게 된다.

이렇게 되면 당연히 적국의 극단론자들 사이에도 이와 똑같은 태도, 즉 이쪽은 도저히 상종할 수 없이 사악한 존재이고, 극단적 폭력 수단으로 권력을 쟁취하고자 하는 불온한 욕구로 가득 찬 존재라고 확신하는 태도가 나타난다.

여기서 진실을 말하자면 양쪽의 극단주의자들이 모두 옳다는 것이다. 그들은 자기 스스로의 증오와 두려움과 불신과 악한 의도를 거울 이미지처럼 서로 간에 보고 있다. 양쪽 모두 다른 쪽이 흉악한 저의를 품고 있다고 가정하고 그 사실을 믿어 의심치 않는다. 따지고 보면 그 가정이 옳다. 자기 스스로 확고하게 과격한 의도에 기반하여 상대방을 불신하고 있기 때문이다.

그리스도인의 의무는 양쪽 중 어느 누가 핵폭탄을 투하할 도덕적 권리가 있는지를 결정하는 것이 아니라, 이런 식으로 호전적인 가정을 하게 되는 맹목적이고 유독한 연막을 걷어 내는 것이다. 그러한 과제는 우리 쪽이 먼저 시작해야 한다. 하지만 우리는 스스로 허점을 보이는 순간 상대의 공격을 받아 내가 거꾸러지리라고 확신하기 때문에 그것을 먼저 시작하지 못하는 것이다.

그렇다면 문제의 핵심은 점진적이고 합리적으로 협상된 군비 철폐안의 가능성과 문제점을 잘 연구하여 희망의 분위기와 협상의 자신감을 창출하는 것이다. 이것이야말로 가장 선결적인 과제이며 그리스도인으로서의 의무인 것이다.

우리가 군비를 더욱더 확충해야 한다는 강박관념에 사로잡히자마자 비전투원 민간인의 정당한 권리를 고려하는 것은 불가능하게 된다. 우리는 가능한 모든 방식으로 진실을 왜곡하여 다음과 같이 스스로에게 최면을 거는 경향이 있다. 즉, 비전투원도 따지고 보면 전투원이나 마찬가지고, 우리의 '공격'은 실제로 '방어'인 데 반해 적의 '방어'는 사실상 '공격'에 해당된다는 식의 왜곡 말이다. 그런 논리를 받아들이게 되면 우리는 영적 인간으로서 또 그리스도인으로서 판단할 수 있는 유일한 기준인 빛과 은총을 받을 수 있는 자격을 스스로 잃게 된다. 이러한 빛의 특별한 은사 없이는 우리가 영적 무기, 기도, 희생, 협상, 일반적 비폭력 수단 등을 알아보거나 그것의 가치를 식별할 수 없으리라는 점이 너무나 분명하다.

이렇게 되었을 때 비종교적인 불확실한 철학으로 무장한 비그리스도인이 그리스도교 특유의 영적 방식을 쉽사리 깔아뭉개는, 불행한 상황이 도래한다. 이때 영적 방식은 그저 영적 영역에 국한되는 것으로만 치부되고, 그렇게 되면 이미 전쟁과 무기가 국제 문제를 해결하는 '정상적' 방식이라는 식의 정당화 논리로 인해 혼란을 겪고 있는 정통 신자들에게 영적 방식은 더더욱 신빙성을 잃게 된다.

우리는 교회가 어느 특정 정치체제에 속하지 않음을 반드시 기억해야 한다. 철의 장막 양쪽 모두에 그리스도인들이 존재하고 있으므로, 우리는 공산주의 치하에서 자신의 원칙을 지키기 위해 영웅적으로 고통을 참아 내고 있는 그리스도인 형제들과 매우 특별한 유대감을 느껴야 한다.

'종교 자유'의 명분으로 철의 장막 저편에 사는 영웅적인 그리스도인 형제들을 그들의 탄압자들과 함께 쓸어버리는 것이 그리스도교를 정당하게 옹호하는 행위가 되겠는가?

여기서 잠시 대량 보복과 그보다 더 나쁜 선제공격 정책이 어떤 결과를 초래할지 생각해 보자. 우리가 인구 밀집 지역을 핵무기로 전멸시키고 동시에 그 주변 지역도 치명적인 방사능 낙진으로 뒤덮을 작전을 짜고 있다고 가정해 보자. 우리는 세계 적화라는 재앙으로부터 스스로를 지키기 위해서 그렇게 해야만 한다고 믿을 것이다.

그런데 우리가 주저하지 않고 전멸시키려 하는 나라의 인구 대다수가 공산주의자가 아니라고 생각해 보자. 그들 대다수가 공산당의 지배를 무기력하게 받아들이고, 우리가 자기들을 적으로 여기고 있다고 선언했고 자기들을 쓸어버리겠다고 공언했으므로, 우리에게 기대할 게 별로 없다고 믿고 있다 할지라도 그들은 [진정한 의미에서] 공산주의자들이 아니다. 그들은 전쟁을 원치 않는다. 이들은 대부분의 경우 전면전의 공포와 희생 아래서 살아왔고 우리가 상상조차 하지 못하는 고통을 경험해 왔다. 그들은 또다시 이런 고통의 길을 걷고 싶지 않을 것이다.

우리는 서슴지 않고 자유와 정의와 인류의 이름으로 그들을 엄청난 공포로 파멸시킬 정책을 취하려 하고 있다. 어쩌면 수백만 명이 [오랜 고통을 겪지 않고] 눈 깜짝할 사이에 사라질 것이므로 차라리 그 점에서는 자비롭다고 해야 할 것인가? 자비롭다고? 상대편 중 많은 이가 그리스도교 배경을 가지고 있고 많은 이가 실제 그리스도인인데도 이런 짓이 자비로운가? 우리가 그리스도를 믿는 이들, 우리 교회의 다른 지체들을 신앙과 교회의 이름으로 파멸시킬 수 있는가? 그들에게 통회할 기회도 주지 않고 그렇게 하는 것이 과연 정당한가?

그런 나라의 민중에게 우리의 호전적 행동이 어떤 선익을 가져다줄 것인가? 아무것도 없다. 군비 증강과 전쟁이 필요하다는 운명론적 신념 — 공산당 소수 지배층이 다수 민중에게 귀가 따갑도록 선전해 온 — 을 강화시킬 뿐이다.

따라서 소수의 광신도들을 무찌르기 위해 우리는 그 나라의 무고한 시민들을 희생시킬 공포의 전략을 서슴지 않고 구사하게 된다. 철의 장막 너머의 민중들은 두 번 피해자가 되는 셈이다. 이들은 이미 우리 적에게 갇혀 있는 죄수들인데 우리가 그들을 우리의 인질로 삼아 버린 것이다. 우리의 적으로 하여금 우리의 힘을 뼛속까지 절감하도록 하기 위해 가장 야만적인 방식으로 무고한 사람들을 죽이려고 들다니. 이것이 그리스도인다운 짓인가? 아니 그리스도인은 차치하고라도 이것이 제정신으로 하는 생각인가?

나는 '우리'가 이 모든 짓을 하려 한다고 말한다. 물론 우리는 이런 결과를 원치 않는다. 하지만 우리가 불가피한 결과를 초래할 상황을 원한다면 우리가 스스로 책임이 없다고 발뺌할 수 있을까? 원칙도 없고 종교적이지 않는 사람들에게 맞추기 위해 우리의 도덕적 원칙을 이렇게 함부로 계속해서 훼손할 수 있는 것인가?

이런 종류의 전쟁 발발을 어떻게 정당화할 수 있을까? 우리가 공산주의에 대해 철저하게 두려움을 느끼고 있다는 사실을 직시하자. 물론 우리는 스스로를 지켜야 한다고 믿는다. 그런데 우리는 왜 두려워하는가? 왜냐하면 냉전하에서 시간이 갈수록 공산주의자들이 우리보다 우위를 점하고 있기 때문이다. 그들이 어떻게 그럴 수 있었을까? 이것은 역사적 사실이긴 하나 완전히 명확하게 드러나 있지 않다. 하지만 우리가 막강한 핵전력에 의존함으로써 오히려 우리의 우위가 손상되었고 우리 운신의 폭이 좁아졌으며, 공산주의자들이 [역설적으로] 이러한 대규모 핵 위협 — 너무나 큰 위협이어서 극단적인 경우가 아니면 도저히 사용할 수 없는 — 의 보호를 받으면서 자기 세력을 넓힐 수 있었음을 누구나 인정할 수 있을 것이다. 따라서 우리는 적이 전면 공격이라는 극단적 도발 대신에 전 세계적으로 수많은 작은 위협들을 통해 조금씩 세를 넓혀 가는 상황에 직면하고 있다. 그런 식의 세 확장이 분명 [적의 입장에서는] 효과가 있으면서도 우리 입장에서는 그렇다고 핵무기를 쓸 수 있는 처지도 못 되는 상황이 벌어진 것이다.

따라서 우리는 핵무기의 위력으로 인해 우리가 오히려 무력해지는 역설의 상황을 맞고 있다. 1939년 프랑스군이 제1차 세계대전 때의 참호 전쟁식 사고방식으로 히틀러에 맞서 마지노선 — 지하철까지 갖춘 초대형 참호 — 을 구축했던 것처럼, 우리 역시 어쩌면 옛날 식으로 사고하고 있는지도 모른다. 하지만 프랑스는 독일 공군의 지원을 받은 전차 부대의 기동전 앞에서 무력할 수밖에 없었다.

무엇보다 우리가 핵무기에 의존했기 때문에 냉전 시기에 우리의 능력이 저하되었고 무력해졌던 것이다. 우리는 이 같은 사실을 직시할 수밖에 없다. 이와 동시에 우리가 긍정적이고 평화적이며 건설적인 임기응변을 내놓는다 하더라도, 논리적이고 체계적인 장기 계획이 없는 맥락에서 그런 정책의 성공 여부는 불확실하다.

다시 말하거니와 문제의 근원을 우리의 정신적·영적 혼란, 상상력의 부재, 내면의 의혹, 우리의 기회주의, 원칙의 결여에서 찾아야 한다. 이 모든 것이 우리가 세계정세를 평가하는 가정과 '원칙'에 다 드러나 있다.

12

도덕적 수동성과 악마적 능동성

우리 시대 서구에서 가장 우려되는 측면은 수세기 전 분명 그리스도교 사회이던 당시보다 오늘날 서구 사회가 공산주의 사회와 매우 비슷해지기 시작했다는 점이다. 우리는 철의 장막 양쪽에서 똑같은 도덕적 질병의 병리적 현상을 발견한다. 양쪽 모두 유물론적 인생관에 기반하고 있다. 양쪽 모두 자기 식으로 본질적으로 기회주의적이고 실용적이다. 또한 양쪽 모두 도덕성의 차원에서 일종의 결의 같은 태도 ─ 사람을 완전히 무책임하게 만드는 ─ 를 맹목적으로 무턱대고 견지한다는 특성을 지니고 있다. 따라서 도덕적 의무와 결정은 실제로 아무 의미가 없게 된다. 도덕적 의무와 결정은 잘해야 말장난, 그때그때의 필요에 따라 이미 내려진 현실적 결정을 합리화하는 것에 지나지 않는다.

물론 심지어 러시아에서도 모든 사람이 원칙 없는 유물론자는 아니므로, [현실 속에서] 비록 불편하고 마음 내키지 않는 죄책감 — 부도덕한 명령에 기계처럼 자동적으로 복종하지 못하게 가로막는 — 의 형태로나마 도덕 감정이 존재하게 마련이다. 하지만 나치 독일의 역사를 보면 '공중의 이익'을 위해 '합법적 권위'에 '복종'한다는 미명하에 극악한 범죄조차도 위에서 시키는 대로 무책임하게 실행했던 것이 어떤 결과를 낳았는지를 잘 알 수 있다. 미국 주교단이 1960년과 1961년에 발표한 서한에서 지적한 것처럼 이런 식의 도덕적 수동성이 우리 시대에 가장 끔찍한 위험 요소다.

그런데 이러한 도덕적 수동성에 균형을 (너무) 잡으려는 듯 정치·경제·군사 활동의 영역에서 악마적 능동성이 활개치고 있다. 이 악마적 능동성은 극히 다양하고 유능하고 복합적이고 극단적으로 교묘한 기술 진보의 광란 상태로서, 광포하고 광기 어린 증폭 과정 속에서 계속 불어나고 있다.

"우리는 현재 약 5년의 간격을 두고 전쟁 기술에 있어 완벽한 기술혁명을 겪고 있다"라고 한 허만 칸의 말에 비추어 보면 기술 진보가 얼마나 빠른 속도로 이루어지고 있는지를 잘 알 수 있다.[29] 지난 인류 역사 속에서 그런 기술 진보는 적

29 Herman Kahn, "The Arms Race and Some of Its Hazards", *Daedalus* (Fall 1960) 765.

어도 수세기에 걸쳐 일어났다. 이 때문에 우리는 오늘의 급속한 기술력의 발전에 맞서 적절한 도덕적·정신적·지성적 대응을 하지 못하고 있다. 정치는 이러한 기술력을 사회적 목적을 위해 또는 '인류의 이익'을 위해 마치 하인처럼 부릴 수 있을 것처럼 내세우곤 한다. 그러한 의도는 좋을지 몰라도 그것을 자신하는 것은 순진한 태도다. 우리 시대 기술력의 진보는 내재적으로 사악한 것이 아니다. 오히려 기술력은 엄청난 선익이 될 수 있고, 되어야만 한다. 하지만 내막을 들여다보면 기술적으로 진보한 이 세계가 파국을 향해 미친 듯이 치닫고 있다는 사실은 그 누구도 이 과정을 제대로 통제하지 못하고 있음을 증명하는 것이다. 특히 정치 지도자들은 말할 것도 없다.

히로시마에 처음으로 원폭을 투하했던 과정을 간단히 조사해 보기만 해도, 전승국의 좋은 의도를 가진 과학자·장군·정치인 들이 어떻게 해서 스스로 깨닫지도 못하는 사이에 이해할 수 없지만, 단순한 '상황 논리'로써 조금씩 조금씩 핵폭탄을 사용하는 길로 나아가게 되었는지 잘 알 수 있다. 그들이 그렇게 한 것은 핵폭탄이야말로 제2차 세계대전을 끝낼 수 있는 가장 간단하고 가장 인도적인 방식이라고 정말 철두철미하게, 진지하게 믿었기 때문이었다.

따라서 우리 시대의 비극은 사악한 자의 악의가 아니라 '착한 사람'의 좋은 의도가 허망한 결과를 자아낸다는 점이다. 전쟁광과 전범이 이 세상에 존재하는 것은 사실이다. 아군과 적군 양쪽 모두에 이런 인간들이 버젓이 활개치고 있다. 그러나 평화를 위해 최선을 다하고 있는 우리 역시 전쟁 범죄자처럼 행동할 수 있는 처지로 부지불식간에 말려 들어가고 있다. 히로시마와 나가사키가 완전히 고의적인 범죄는 아닐지라도 어쨌든 범죄였음은 부인할 수 없기 때문이다. 그런데 이 일이 누구 책임이었는가? 누구의 책임도 아니었다. 아니 어쩌면 '역사'의 책임이었는지도 모른다. 하지만 우리는 핵폭탄을 가지고 나쁜 짓을 저지른 다음 그것의 결과를 그저 '역사'에 돌릴 수는 없다. 우리 스스로 이런 짓에 관련이 있다. 우리 자신에게 책임이 있다. 역사가 우리를 만드는 것이 아니다. 우리 스스로 역사를 만들거나 … 또는 우리 스스로 역사를 끝장낸다.

쉽게 말해서 우리가 전 세계적 파국을 겪지 않으려면 내가 지금까지 말했던 요소들 — 도덕적 차원에서의 거의 완전한 수동성과 무책임성, 그리고 사회적 · 정치적 · 군사적 영역에서의 악마적 능동성 — 의 상호 작용으로 인해 악화 일로에 접어들고 있는 세계의 통제권을 되찾아야 한다.

무엇보다 먼저 우리는 기술적 영역에서 어떤 식으로든 처방책을 강구해야 한다. 무기의 생산과 비축에 있어 시민의 통제권을 조금이나마 되찾기 위해 노력해야 한다. 어떤 장기적 계획의 흔적도 없이, 냉소적으로 '방위'라고 부르는 활동에 있어서 어떤 계획도 없이, 이러한 대량 살상 무기들이 도처에서 무제한 늘어나는 것을 수수방관하고 있을 수는 없다. 만들자마자 금세 구식이 되고 마는 값비싼 무기의 생산, 그래서 더 새롭고 더 강력한 무기를 생산하기 위해 정부가 돈을 물 쓰듯 하는데도 그냥 수수방관하는 것은 인류의 오랜 역사에 있어 가장 심대한 불의로 기록될 것이다. 우리가 이런 짓을 하고 있는 동안 전 세계 인구의 2/3가 기아선상에 놓여 있거나, 또는 유례없는 비인간적 절망 상황 속에서 살아가고 있다.

우리는 공산주의의 승리가 몰고 올 '정신적 황무지'와 도덕성의 나락을 염려한다. 그러는 우리 서구 사회는 어떤가? 이 세상에는 한편으로 무기를 팔아 남긴 이득으로 흥청거리면서 로마제국 말기에 비견될 만한 도덕적 타락 상태에 빠져들고 있는 선진국 사회, 다른 한편으로 전 세계적 규모의 광대한 슬럼 지역에서 참담한 삶을 살면서 자체적 질서와 문화를 박탈당한 채 거지 신세가 되어 버린 극빈국들이 존재한다. 양극단이 뒤섞인 이런 상태를 도대체 정신적 천국이라고 부를 수 있는가?

내가 보기에 그리스도교의 도덕성에 충실하다면 이런 미치광이 같은 파괴를 부추길 것이 아니라 우리 모두 그러한 행위에 항의하고, 기술력을 통제할 수 있는 권한과 수단을 지닌 국제기구를 창설하도록 하며, 우리가 지닌 놀라운 재능을 인류 파멸이 아닌 인류 행복을 위해 써야 할 것이다.

우리가 군축 협상을 위해 노력해야 한다거나 이쪽 또는 저쪽이 먼저 주도적으로 군비 철폐를 단행해야 한다고 말하는 것만으로는 충분치 않다. 여러 방법과 정책을 모두 공평하게 고려해야 한다. 하지만 가장 중요한 일은 어떤 대가를 치르고서라도 평화를 향해 가능한 모든 방법을 동원하여 나아가야 할 의무인 것이다. 그러한 목적을 위해 전통적이고 합법적인 모든 방법을 동원하되 그와 동시에 새롭고 창의적인 수단을 고안해 내야 한다.

원자폭탄이 나오기도 전에 교황 비오 12세는 우리가 '전쟁에 대해 선전포고'를 해야 할 지대한 의무가 있음을 선포하신 바 있다(1944). 당시 교황은 모든 침략 전쟁을 금지해야 할 우리의 도덕적 책무를 강조하면서, 이런 의무가 모든 이에게 해당되며 그것에는 '그 어떤 지체도, 지연도, 주저도, 핑계도' 허용되지 않는다고 천명하셨다. 그런데 그 후에 우리가 한 일이 무엇인가? 어떤 나라든 [대량 살상] 무기 사용이 타당할 수도 있겠다는 판단이 서기만 하면 원자탄이든, 수소탄이든, 대륙간탄도탄이든, 화학무기든, 생물학무기든, 가능한 모든 방법과 핑계를 동원하여 이들 무기의 무제한적 사용을 정당화할 마음의 준비가 되어 있지 않았던가?

따라서 1954년과 1955년 성탄 담화문에서 비오 12세는 만국이 화생방 전쟁을 불법화하라고 거듭 촉구했다.

> 우리는 국제적 합의를 통해 (정당한 자기 방위의 원칙을 언제나 인정하면서) 화생방전의 금지와 철폐를 효과적으로 실현하기 위해 쉴 새 없이 노력할 것이다(1954, 강조 첨가).

1955년, 교황은 더 상세하게 일반적 군비 경쟁뿐 아니라 핵 실험과 핵무장에 대해서도 반대의 뜻을 밝혔다. 교황은 핵 실험을 중지하고, 핵무장을 포기하며, 전반적 군비 경쟁을 엄격히 통제하라고 요구했다.

> 우리는 이전의 담화에서처럼 이런 식의 전쟁 예방 조치를 모두 취하는 것이 모든 나라와 그 지도자들의 양심적 의무 사항이라고 서슴지 않고 선포하는 바다(강조 첨가).

그러므로 평화를 위한 인류의 운명을 통제할 수 있는 효과적인 국제기구를 창설하기 위해 자기 노력을 기울이지 않는 그리스도인은 교회의 성숙한 구성원으로 생각하고 행동하지 않는 사람이다. 온전한 그리스도인의 관점을 가지고 있지 않은 사람이다. 그러한 관점은 본질상 '가톨릭적'(보편적)이어야 하는데 그것은 다시 말해 전 세계적으로 통용되어야 한다는 뜻이다. 그리스도인은 일시적 편의와 특정 국가의 근시안적 정책이 아닌 인류 전체의 욕구를 고려해야 한다.

'전 세계적' 관점을 멀리하고, 인류 전체의 선익을 고려하지 않고, 군수산업으로 벌어들인 풍요를 즐기며 만족해하는 것은 결코 그리스도인의 자세라 할 수 없다. 또한 무기 생산으로부터 비롯된 두둑한 보상에 집착하는 태도로는 평화로 나아갈 수 있는 유일한 길인 희생의 길을 제대로 볼 수도 제대로 이해할 수도 없을 것이다!

도덕감을 회복하고 진정한 책임감을 되찾는 것도 전쟁 기술의 통제만큼이나, 아니 그보다 더 어려운 일인지도 모른다. 이런 자세가 없다면 우리가 자유니 '군비 통제'니 하고 떠드는 것은 모두 허망한 짓이다. 도덕적 원칙이 아직도 어느 정도 살아 있는 곳에서조차 안타깝게도 우리 현 상황의 현실로부터 도덕성이 이미 괴리되어 버린 것 같다. 현대전은 인간들이 싸우는 것일 뿐만 아니라 기계들이 싸우는 것이기도 하다. 전쟁 계획조차도 상당 부분 컴퓨터에 의존하고 있다.

따라서 오늘날 전쟁으로 나아가는 행위의 도덕성을 가늠하기가 더욱 어려워졌다. 도대체 무슨 일이 벌어지고 있는지를 알기가 더욱 어려워졌기 때문이다. 전쟁이 지극히 복잡한 기계를 조작할 줄 아는 일부 전문가들의 전유물이 되고 있을 뿐만 아니라 방위 정책에 영향을 주는 모든 사안을 극비로 취급하는 문제도 심각하다. 매스컴에 나오는 보도에 의거해서 이러한 소위 '객관적 사실'이 전쟁을 찬성하거나 반대하는 도덕적 판단의 충분한 근거가 될 수 있을지를 상상해 보면 우습기조차 하다. 하지만 우리는 실제로는 진공 속에서 도덕적 공상에 빠져 있다. 우리가 무엇을 결정하든 사실상 우리는 국가의 권력에 좌지우지되거나, 아니면 국가의 간판 뒤에 숨어 있는 관리자들과 장군들의 익명의 권력에 휘둘리고 있는지도 모른다. 이런 사람들이 취하는 결정과 정책에 대해 우리가 직접 영향을 줄 수 있는 방법이 아무

것도 없다. 따라서 실제로 우리는 정부 당국이 앞으로 어떤 결정을 내릴 것인지 전혀 감도 잡지 못한 채 '합법적으로 선출된 권력'이 어련히 알아서 하겠지라는 식으로 더욱 안이하게 판단하는 맹목적 믿음에 빠져드는 수밖에 없다. 무책임하고 수동적인 이런 상황은 극히 위험할 뿐 아니라 진정한 도덕성과도 거리가 멀다.

현대전과 관련된 놀라운 기술과 전쟁 수행 과정으로 인해 전혀 새로운 차원의 현실이 펼쳐지고 있다. 미국 대통령이 지구에서 멀리 떨어진 우주 공간에서 전쟁을 치를 수도 있다고 발언할 때 아무도 그 말에 대해 웃음을 터뜨리지 않는다. 실제로 가능한 이야기를 하고 있기 때문이다. 공상과학소설이나 만화영화에나 나올 법한 이야기가 갑자기 현실이 되고 있다. 손가락 하나로 수소폭탄이 장착된 미사일을 민간 도시를 향해 발사시키는 상황에서 '사체 몇 백만 구'라는 식으로 사망자 수를 추산한다. 수백만 명의 사망자를 거론하는 것이다! 이런 판국에 여기서 천 명 또는 저기서 만 명이 더 죽는 것은 이제 아예 이야깃거리조차 되지 않는다.

근년 들어 전략공군 지휘본부의 전체 타격 부대에 잘못된 경계경보가 발령되어 미리 예정된 목표 — 도시 포함 — 를 초토화시키기 위해 [전폭기들이] 출격 태세에 돌입했던 사건이 몇 건이나 있었다. 천만다행으로 이런 사례들이 재난으로 이어지지는 않았다. 그러나 분명히 크나큰 위험 요소가 존재한다. 이러한 가공할 파괴력을 지닌 무기를 보유한 군인들이 그리스도인다운 윤리적 기준에 따라 핵무기를 사용할 것이라고 가정한다 하더라도(이런 가정 자체가 틀린 것이지만), 여전히 완전하게 불합리한 상황 — 전 세계 문명이 예측 불가능한 기계적·심리적 오작동에 달려 있는 — 이 올 수 있다.

당분간은 이렇게 부조리하고 끔찍한 악몽을 지니고 살 수도 있고 또 그렇게 살아야만 할지도 모른다. 하지만 이런 상태를 영구적인 것으로 받아들이고, 그 상황에 적응해 가고, 거기에 맞춰 미래의 정책을 입안한다는 것은 부도덕할 뿐만 아니라 미친 짓이기도 하다.

따라서 전쟁을 향한 가속 페달을 늦출 브레이크이자 항의로서, 그리고 평화 구축을 위한 더욱 긍정적이고 건설적인 단계를 준비하기 위하여 강력한 평화운동이 필요한 것이다.

13

과학자와 핵전쟁

통상적·논리적으로 평화가 평화운동의 결과가 아니라 정부 활동의 결과라는 점을 독자들께 새삼 상기시킬 필요는 없을 것이다. 전 세계를 핵 재난으로부터 구할 책임은 일차적으로 핵보유국의 지도자 그리고 국제정치에서 이들과 협력하는 사람들에게 달려 있다. 특히 직접적이고 구체적인 책임은 군축 회담에 파견된 핵보유국의 협상 대표들에게 있다. 하지만 지금까지 협상 노력은 말장난 속에서 난항을 거듭했다. 양쪽 모두 논리적 제안들을 내놓았지만 그것을 받아들일 수 있는 타개책을 마련하지는 못했다. 평화 협상의 전 과정이 한없이 까다로우므로, 아무리 어렵더라도 진정한 평화를 달성해야 한다고 생각하는 사람조차 수천 쪽에 달하는 보고서와 분석문을 모두 숙지하기에는 역부족이다. 실제로 모든 격론과 토의의 와중에 진짜 중요한 문제는 쉽사리 정리하기 어려워 보이는 문제들이다. 그랬을 경우 이 모든 노력이 허망하고, 협상 자체가 하나의 코미디에 지나지 않는다는 인상을 받기 쉽다. 이것이야말로 매우 위험한 정신 상태인데, 이유인즉 논리적 협상의 대안은 전쟁뿐이기 때문이다. 우리에게는 합의에 도달하든지, 같이 죽든지 둘 중 하나의 길밖에 없다. 따라서 우리는 단순한 형식이나 정치적 술수나 평범한 선전의 장으로서가 아니라, 진실로 정직한 협상을 계속하는 것이 정말 중요하다. 그러나 정직성은 이런저런 입장의 우위를 위해서가 아니라 인류의 선익을 진심으로 염려하는 것이어야 한다.

국가의 논리적 행동을 자극하기 위하여 여론의 압력이 반드시 한몫을 할 수 있고 또 그렇게 해야만 한다. 바로 이 때문에 개명된 양심이라면 반드시 준수할 도덕적 한계를 먼저 명백히 설정할 필요가 있다. 이렇게 원칙을 공표하고 그 원칙을 반드시 지키겠다는 굳은 의지를 대외적으로 명명백백하게 밝혀서 그런 원칙이 정책의 향방에 결정적 효과를 낼 수 있도록 해야 한다.

우리는 단기적인 정치적 이득을 취하는 것보다 객관적 진리와 권리의 수호를 믿는다는 점을 한 점 의혹 없이 밝혀야 한다. 또한 만일 우리가 우리 스스로의 가장 깊숙한 도덕적 의무에 충실하다면 (설령 그러한 자세가 일시적으로 우리에게 불이익을 줄지라도) 진리 그 자체가 우리 자신과 전 세계의 가장 본질적인 이해관계를 지키는 강력한 보루가 된다는 사실을 우리가 확신하고 있다는 점을 밝혀야 한다.

자연법은 아직도 살아 있으며 없어질 수도 없다. 자연법은 공산주의자를 포함한 모든 인류의 가슴에 새겨져 있다. 물론 자연법도 침해하거나 무시할 수 있다. 실제로 자연법은 오늘날 흔히 조직적으로 침해되고 있으며, 지난 역사 속에서 집단과 개인에 의해 헤아릴 수도 없이 침해당해 왔다. 하지만 그럼에도 불구하고 양심의 소리를 영원히 침묵시킬 수 없다는 사실을 인정해야 한다. 인간은 아마 영원히 진실과 대면해야 할 것이다. 설령 자연적 윤리가 핵전쟁을 방지할 수 없다 하더라도, 명백한 객관적 사실에 비추어 대량 핵 파괴는 무슨 일이 있어도 막아야 한다는 사실을 깨닫게 해 주는 최소한의 이성과 양식은 있어야 한다. 부정직하게 사실을 왜곡하고 진리를 조작하려는 사람들이 있다 할지라도 그들은 진리와 권리의 이름으로 그러한 행동을 정당화하려고 하게 마련이다. 진리에 대해 부정직한 호소를 하더라도 사람들에게 진리와 현실에 대해 주목하라고 촉구하게 마련이며, 그러다 보면 스스로 원하든 원치 않든 간에 객관적 사실을 인정하는 사람이 나올 수밖에 없다.

원자폭탄이 개발된 이래 핵 과학자들은 스스로의 도덕적 의무와 대면해야 했으며, 그중 대다수는 도덕적 의무에 따라 살려고 노력해 왔다. 핵 개발 초기부터 과학자들은 핵무기의 영향력에 대해 지적했으며, 정치인들이 정당하고 인간적인 윤리 기준에 따라 정책을 펼칠 수 있도록 노력해 왔다. [정치인들은] 이런 과학자들의 목소리를 존중하기는 했지만 처음부터 이들의 제안은 정치적 고려 대상이 아니었다. 이런 와중에서 통상 [과학자보다] 정치인들과 여론 주도층이 주도권을 잡았다. 즉, 무지와 편의적 태도가 지식과 도덕적 관심을 눌렀던 것이다!

과학자들 스스로도 분열되었다. 위험하고 심각한 결과가 초래될 수 있는 문제에 대해 모든 과학자들이 전력을 다해 관심을 기울인 것도 아니었다. 대중은 균형 잡힌 과학자들의 목소리를 들으려 하지 않는다. 정치인과 기업인 역시 자신들이 어떤 견해를 선호하는지 굳이 감추려 하지 않았다. 대중매체는 인기 없는 견해 — 그 견해가 핵물리학계의 거두로부터 나온다 할지라도 — 를 장려하는 법이 없다.

현재 정치적으로 가장 '정통적'이고 가장 '적합'하며 가장 '경청'받는 예언자는 더 새롭고 더 크고 더 정교한 무기 체계를 제안하는 사람이며, 모든 사람에게 방공호를 권장하는 그런 인간이다. 무기 체계와 방공호는 분명히 군비 경쟁과 잘 맞아떨어지는데 이런 정책을 가장 활발하게 주장하는 이는 에드워드 텔러와 허만 칸이다.

왜 이런 사람들이 전문가로 인정받으며 대접받을 수 있을까? 왜냐하면 이 사람들의 메시지가 대기업, 군부 그리고

'병영국가'의 초조한 대중들의 목표, 두려움, 우려와 가장 잘 맞아떨어지기 때문이다.

에드워드 텔러는 『히로시마의 유산』에서 여타 핵 과학자들의 도덕적 우려 때문에 그의 발명품인 수소폭탄 개발이 늦춰졌다는 식으로 불만스럽게 말하고 있다. 텔러가 『원자력 과학자 회보』*Bulletin of the Atomic Scientists*에 자신들의 우려를 개진한 동료 과학자들의 견해에 동의하지 않는다는 것은 의심할 나위가 없다. 상당히 많은 원자력 과학자들이 적극적이고 구체적인 군축 정책을 지지하며, '최저한의 억지력' 수준으로 다자간 군비 감축을 이룰 가능성이 있다고 확신하는 데 반해, 텔러는 전면적 군비 경쟁을 선동하는 과학자에 속한다.

물론 텔러가 자신의 진짜 목표는 [대량 살상 무기가 아니라] '깨끗한 전술 핵무기'를 개발하는 데 있다고 애써 강변하고 있기는 하다. 그는 특별히 훈련된 부대가 시행하는 제한적 핵전쟁 정책으로 평화를 유지할 수 있다고 믿는다. 텔러에 따르면 이런 식의 제한적 핵전쟁을 치르면 민간 도시에는 피해가 없으면서, 적군은 분산시킬 수 있으며, 게릴라의 저항을 분쇄하고 공산주의자들의 침투를 쫓아 버릴 수 있다고 한다. 대량 살상 무기의 사용, 대량 보복, 또는 심지어 선제공격을 막으려면 우리가 '철통같은 억지력'과 민방위에 의존하면 된다는 것이다. 하지만 이처럼 철통같은 억지력을 갖추려면 수천 기의 미사일을 배치해야 한다. 이런 유의 핵전쟁 철학은 지적이고 효율적으로 전쟁을 수행할 수 있는 방안과 수단이 있다고 장황하게 주장한다. 효율성은 준비성을 뜻한다. 사실상 완전한 준비성이야말로 자본주의가 공산주의의 침투에 맞서 살아남을 수 있는 유일한 보장책이다.

이런 이론의 장점이 무엇이든 나는 이 책의 도덕적 주장과 직접 관련 있는 몇 가지 중요한 사실만 지적하고자 한다.

우선, 텔러는 최대한의 군비 경쟁을 지지하고 있지만 선제공격 정책이 부도덕하고 효과도 없음을 거듭 강조한다.

여기서 텔러의 말을 길게 인용할 필요가 있다. 텔러는 불명확한 주장을 절대 하지 않지만 그가 말하는 바를 미국의 대중이 정확하게 알아들었는지는 전혀 확실치 않다. 특히 텔러의 말이라면 사족을 쓰지 못하고 진리 그 자체로 받아들이는 사람들에게 그의 주장이 확실히 전달되었는지는 극히 의문이다. 우리는 '수소폭탄의 아버지'가 다음과 같이 말하는 것을 특히 의미심장하게 받아들일 필요가 있다.

우리의 국가적 목표는 평화이며 전 세계 모든 인민의 자유와 적절한 생계 수준의 유지 또한 우리의 목표다. 세계평화를 유지하기 위해 우리가 취한 정책에 대해 나는 전적으로 공감하고 지지한다. 우리는 어떤 일이 있어도 선제공격을 감행해서는 안 된다. 핵전쟁을 먼저 시작하는 것이 도덕적으로 용납되지 못한다는 사실을 우리는 굳게 믿어 의심치 않는다. 우리는 지금까지 이 정책을 지지해 왔다. 미국이 핵무기를 독점하고 있을 당시, 공산주의자들이 무력을 동원하여 동구권의 자유를 말살하고 중국까지 손아귀에 넣었지만 우리는 핵무기 사용을 진심으로 고려한 적이 없었다.

대량 보복 정책과 상호 억지 정책의 의도는 미국의 동맹국이 공격받을 경우 미국이 반드시 싸울 것이라고 위협하는 데 있다. 이 정책은 다수의 미국인들이 강력하게 지지하는 확신과 본질적으로 위배된다. 또한 극히 위험한 정책이기도 하다. 만일 미국의 위협 정책이 현실화된다면 국지전이 전 세계적 핵전쟁으로 비화될 것이다. 나는 적이 우리에게 전면적 공격을 했을 경우에 대한 대응 외에 다른 이유에 근거하여 전면적 핵 공격을 감행해야 한다고 절대 믿지 않는다(『히로시마의 유산』 234, 강조 첨가).

이 인용문은 두 가지 중요한 도덕적 주장을 하고 있다. 선제 공격 정책은 고려 대상조차 되지 않는다는 점, 그리고 대량 보복 정책 역시 미국이 대량 선제공격을 당하여 불가피하게 보복해야 할 경우를 제외하고는 고려 대상이 되지 않는다는 점이다. 텔러는 또한 소련이 (적어도 현 시점에서는) 핵전쟁을 원치 않는다는 점을 당연하게 여긴다. 이런 입장은 결코 '강경파'의 통상적 교의가 아니다. 마찬가지로 '현실주의자'들 역시 텔러가 말하는 또 다른 관점, 즉 '우리가 세계 공동체를 건설해야 한다. 이것이 우리 시대의 핵심 과제다'라는 관점에 쉽사리 동조하지 않을 것이다(『히로시마의 유산』 290).

텔러의 주장을 여기서 조금 길게 생각해 보는 이유는 그의 호전적 입장에 비추어 그의 주장이 상당히 특이하기 때문이다. 즉, 우리가 포화 상태에 이를 정도로 무기를 생산하겠지만 결코 그 무기를 사용하지는 않겠다는 주장이기 때문이다. 텔러는 자신의 모호한 핵무기 관련 입장에 대해 사람들이 불안해하는 것을 누그러뜨리기 위해서 자기답지 않게 이런 주장을 하고 있다는 느낌마저 든다. 텔러는 사람들이 자신이 부도덕하거나 무도덕한 인간이 아니라는 점을 알아주기를 바란다. 여기에는 은연중에 만일 자신이 선제공격의 부당함을 개탄할 정도로 양심적이라면 자신의 기본 입장 — 핵무기 실험, 비축, 준비 태세 그리고 무엇보다 나토 동맹국들에게 우리 핵무기를 제공하는 것 — 에는 아무런 문제가 없다는 식의 함의가 깔려 있다.

우리는 텔러의 주장이 도덕적인지를 검토하기 위해 시간을 오래 끌 필요가 없다. 그가 '세계 공동체'를 원한다고 주장하지만, '우리 시대의 핵심 과제'를 풀기 위해 전쟁도 불사한다는 식의 바로 그러한 방안들 — 핵무기의 개발에 박차를 가하고 핵무기를 확산시키며 핵무기의 종류를 늘리는 행위, 그리고 특히 소련에 맞서 서독을 핵무장시키는 행위 — 을 서슴지 않고 내놓는 태도를 보면 그의 주장을 곧이곧대로 받아들이기 어렵다. 이런 것이 텔러가 말하는 바의 본질이므로 우리는 그가 방공호니, 지하 예술 박물관이니, '전후 조직 과정을 지금부터 계획해야 한다'는 식의 주장, 그리고 핵전쟁으로 인해 우리 삶이 현재 누리고 있는 최고의 수준으로부터 바닥으로까지 떨어졌을 때 '합심해서' 세상을 재건할 필요가 있다는 따위의 '이론'에 전념하도록 내버려두는 게 좋을 것이다(『히로시마의 유산』 257).

우리가 자랑하는 물질적 풍요가 나락에 떨어지도록 전쟁을 일으키자고 선동하는 사람들 중에서 바로 자신들이 이 나라에서 가장 영향력이 크다고 텔러나 칸이 스스로 인정한다면 우리가 그러한 [솔직함에서 비롯되는] 작위적 위안을 받아들이기가 훨씬 더 쉬울 것이다.

칸이 발표한 이론이 1961년의 베를린 위기 당시 전쟁의 공포를 새롭게 부추기는 데 큰 역할을 했다는 사실에 의문의 여지가 없다. 미국인들에게 핵전쟁이 임박했음을 절감하게 해 준 것이 바로 집집마다 방공호를 파자는 식의 소동이었던 것이다. 칸의 이론에서 자가 방공호 구축은 핵심 요소에 속하는데 그의 이론을 요약하자면 다음과 같다: 어느 누구도 1억 명을 먼저 죽인 사람으로 역사에 기록되고 싶지 않겠지만 우리가 극도의 경계 상태에 놓여 있는 것은 사실이며, 우리가 단순히 억지력을 위해서만 핵폭탄을 비축하고 있는 게 아님이 명백하다는 것이다. 여기서 핵심은 우리의 핵 위협이 단순한 말이 아니라 진짜 구체적인 위협임을 알게 해야 한다는 점이다. 우리가 소련에 대해 선제공격을 감행할 수 있다고 말한다면 우리가 분명 그렇게 할 의도가 있음을 입증해야 하며, 그것을 입증하기 위해 우리의 선제공격 이후에 뒤따를 소련의 보복 공격을 우리가 태연히 감수할 것이라는 인상을 주어야 한다. 우리가 설령 지금 당장 전쟁을 계획하고 있지 않다 하더라도 우리의 방위 태세가 신빙성이 있으려면 핵전쟁이 가능할 뿐만 아니라 합리적 선택이라고 믿어야 하며, 전쟁이 나면 반드시 이길 자세가 되어 있어야 한다는 말이다.

미 공군을 위해 연구를 수행하는 집단의 존경받는 공식 대표격 인사가 이런 주장을 하면, 그것은 미국이 핵전쟁을 진정으로 고려하고 있으며, 이제 핵전쟁이 중요하게 공인된 정책으로 격상했음을 뜻한다고 쉽게 해석될 수 있다. 이런 상황을 감안하면 1961년과 1962년에 베를린, 자가 방공호, 핵실험 등을 놓고 왜 그렇게 큰 긴장이 야기되었는지 쉽게 이해할 수 있다.

우리가 앞서 보았듯이 모든 과학자들이 텔러나 칸의 견해에 동조하지 않은 것은 천만다행이다. 당초 루스벨트 대통령에게 원자폭탄 개발을 촉구하는 편지를 보내라고, 아인슈타인에게 청했던 레오 질라드는 [그 후 입장을 바꿔] 핵에너지를 좋은 목적에 사용하자고 주장해 온 과학자들 중에서도 가장 핵심적인 인물이다. 핵전쟁의 윤리에 관한 질라드의 이성적이고 명민한 도덕적 사유를 살펴보면 그의 주장이 진정으로 그리스도교의 기본 도덕률을 충족시키고 있다고 말해도 과언이 아닐 것이다. 핵전쟁에 관해 우리 대중의 양심을 형성하는 데 있어 질라드가 칸보다 영향력이 적다는 것은 놀랍고도 애석한 일이다.

아래에 소개하는 내용은, 1961년 가을 몇 대학이 공동 주최한 중요한 학술 모임에서 발표되었고 그 후 1962년 4월 『원자력 과학자 회보』에 재수록된 글이다.[30] 이 글은 질라드가 '전쟁 폐지를 위한 협의체'를 통해 '지금 여기에서' 평화를 구축하자는 구체적인 제안을 요약한 것이다.

그는 글 서두에서 핵무기 보유 강대국들이 무제한 군비 경쟁을 부추기는 정책을 채택했으며 따라서 아마 십 년 내로 전면전이 일어날 수도 있다는 견해를 피력한다. 이러한 파국을 막으려면 소련과 미국의 행동 양태가 변해야 한다.

다음과 같은 문제는 회피할 것이 아니라 똑바로 직면해야 한다: 미국은 군비 감축을 할 준비가 되지 않았고 어쩌면 그럴 의향이 없을지도 모른다. 소련은 그럴 의향이 있는가? 질라드는 이 질문에 대답하지 않는다. 두 강대국에게 군비 감축은 전쟁 그 자체만큼이나 큰 문제를 야기할지도 모른다. 이러한 딜레마 속에서 군축 협상은 '문제의 본질적 측면보다 대중을 상대로 한 홍보 활동에 의해 좌우'되고 있다. 이로 인해 건설적 정치 행위가 통상 저지되고 진정한 통찰력을 지닌 정치인들조차 자기 생각을 실행에 옮길 수 없게 된다. 이들은 실제로 자신의 본심을 드러내지도 못하는 경우가 많

[30] 참조: *The Atomic Age: Scientists in National and World Affairs*, Morton Grodzins and Eugene Rabinowitch 편집 및 서문 (New York: Basic Books 1963). 이 책의 논문들은 핵무기 개발 직후 과학자들의 초기 견해를 다루고 있다.

다. 여타 정치인들은 목전의 정치적 이득을 추구하기에 바쁘다. 올바르게 행동해서 얻을 수 있는 이득은 한없이 작고 그것을 위해 감수해야 할 위험은 한없이 크다.

이러한 상황에서 질라드는 "원자폭탄으로 인한 세계의 문제는 전쟁을 폐지하지 않고는 해결될 수 없으며 그 외 다른 어떤 방안도 존재하지 않는다"고 분명히 말하면서, 우선 긴급하게 집중해야 할 단기적 목표들 — 긴장을 완화하고, 궁극적으로 평화를 위한 효과적인 사고와 협상을 가능케 할 감각을 회복하기 위해서 앞으로 몇 년간 추구해야 할 목표들 — 을 논한다.

질라드는 결코 일방적 군비 감축론자가 아니다. 그는 결과를 고려치 않고 과격한 유토피아적 조치를 화급하게 취하라고 제안하지 않는다. 위기 상황하에서 적대국들 중 어느 한쪽이라도 먼저 제한적이긴 하지만 긍정적인 첫 조치를 스스로 취할 용의가 있어야 하고 또 그렇게 해야만 한다고 말하는 것은, 인생에 조금이라도 경험이 있는 사람이라면 누구나 긍정할 수 있다. 즉, 사소한 첫걸음이라 할지라도 누군가가 그 걸음을 먼저 떼어야 한다는 것이 진리다.

> 현재의 전쟁 위험을 줄이기 위한 조치를 취할 수도 있고, 미국도 소련도 원치 않는 전쟁이 발발한 경우 전면전이라는 파국으로 치닫기 전에 분쟁을 종식시킬 수 있는 조치를 취할 수 있을 것이다.

질라드는 방공호나 핵실험과 같은 이슈를 '문제의 원인보다 문제의 증상에만 초점을 맞추는' 주변적 이슈라고 보면서 자기 생각에 이것보다 더욱 적합한 문제를 거론한다.

그는 우선 냉전에 있어 미소 양국의 행동을 모두 비판한다. 아무 의미도 목적도 없는 사소한 국제적 대결에만 집착하여 자신의 에너지를 엉뚱한 데 소진하고 있는 냉전 시대 정치인들의 행동으로 인해 거대한 위험이 조성되고 있다는 것이다. 이러한 행태는 이 세계에 영구적으로 공허한 분위기를 자아내고 있다. 이 짓거리로 인해 전 세계 인민들은 항시적으로 병적 긴장 상태에 놓여 있다. 그러한 상태 때문에 분노와 절망과 혼란이 야기되며 그것은 언제건 완전히 맹목적이고 완전히 파멸적인 전쟁으로 터져 나올지도 모른다.

질라드는 극히 중요한 정책 결정 두 가지가 우리에게 큰 도움이 되리라고 제안한다.

두 번째 정책 결정은 전투에서 적군에 대한 전술 핵무기 사용을 아주 엄격하게 제한하는 것이다. 전술 핵무기를 사용한다면 전쟁 개시 이전의 국경선에서 우리 쪽 영토 내의 범위에만 한정될 것이다. 이런 입장은 질라드의 정책 제안에서 그 핵심을 이룬다. [전략 핵무기가 아닌] 전술 핵무기라 하더라도 우리 측 영토 또는 우리 우방국 영토를 적군이 침범하거나 점령했을 때 그것을 퇴치하는 데 필요한 경우에만 핵무기를 사용해야 한다는 것이다. 따라서 이렇게 되면 핵무기를, 방어용이라는 명분으로 위장한 공격용이 아니라, 말 그대로 방어용으로만 사용하는 것이 된다. 이것이 최소한의 도덕적 요구로 들리지만 실제로 그리스도인의 완전한 이상형을 나타내지는 않는다. 그럼에도 불구하고 질라드의 주장의 핵심은 양측이 모두 똑같이 자제한다면 이 제안이 적어도 믿을 만하며 분명히 실행 가능하다는 점이다.

전술 핵무기를 놓고 질라드와 텔러 간의 주요 차이점을 간추려 보면 질라드는 우리 측에 대한 적의 침공을 막을 방안을 주로 생각하는 반면, 텔러는 권력 보존을 위해 공산주의의 운신의 싹을 아예 잘라야 한다고 생각한다. 따라서 텔러는 질라드처럼 방어력의 한계를 고심하는 것이 아니라 공격의 한계를 어떻게 설정할까 고심한다. 질라드는 "너희가 이 선을 넘으면 우리가 전술 핵무기로 반격할 것이다"고 말한다. 텔러는 "너희가 권력을 장악하기 위해 움직임을 개시할 조짐이 보이면 우리는 핵무기로 즉각 반격에 나서되 일정한 한계를 지킬 것이다"고 말한다. 이때 '일정한 한계'라는 것이 상황에 따라 정책 결정자들이 편의적으로 결정할 수 있는 것이어서 [단순 방위가 아닌] 침략으로 변질될 소지를 많이 남겨 놓고 있다.

다시 질라드의 말을 들어 보자. 그의 궁극 목표는 효과적이고 완전한 군비 철폐이지만 이것이 불가능하다면 최소한의 억지력을 유지하기 위해 필요한 폭탄과 미사일 정도만을 보유하자는 것이다. 우리가 선제공격을 당했을 경우에 적국의 도시에 대해 핵폭탄을 쓸 수 있겠지만 질라드는 그것마저도 사전 경고 없이 사용해서는 안 된다고 주장하고 있음을 명심하자. 다시 말해 질라드는 핵폭탄을 적의 도시에 투하할 수도 있음을 원칙적으로는 인정하지만 도시에 거주하는 주민들이 실제로 대피할 수 있는 기회를 부여해야 한다고 주장한다. 내가 이해하는 한 이 제안이야말로 핵무기를 이용한 '대량 살상' 보복과 그리스도인의 양심을 화해시킬 수 있는 유일한 방안이다. 우리는 여기에 와서야 재산을 파괴하는 물리적 악과 대량 학살이라는 도덕적 악 사이의 진정한 구분을 발견하게 된다.

또한 이런 구분을 해야만 핵폭탄 투하의 위협이 더 이상 일반적 억지력 — 즉, 순전히 자의적 판단으로 우리가 위협받고 있다거나 도발을 당했다고 느낄 때 언제든 사용할 수 있는 억지력 — 이 되지 않을 것이다. 그것만이 우리 국토나 우방국의 영토에 대한 핵 공격에 반격하는 진정한 방어적 대응이 될 것이다.

질라드는 또한 정상적 전쟁 수단으로든, 전쟁을 예방하기 위한 억지책으로든, 선제공격 정책은 폐기되어야 한다고 믿는다. 질라드는 미국 정부 내에 아직도 선제공격의 가치에 대해 회의적 입장을 가진 사람들이 남아 있으므로 선제공격 정책을 지금이라도 폐기할 수 있으며 그렇게 되면 국제적 긴장이 상당히 줄어들 것으로 믿는다. 그런데 이 글을 쓰는 시점에서 선제공격의 필요성을 용인하는 입장이 미국 내에서 더욱 늘어나고 있다는 사실이야말로 가장 심각하고 중차대한 사태 발전임은 의심할 여지가 없다.

마지막으로 질라드는 텔러의 입장과 반대로 원자폭탄과 미사일을 절대로 독일에 제공해서는 안 된다고 주장한다.

미국민이 군비 철폐를 믿을 만하고 가능한 것으로 여기지 못하는 한 군비 철폐는 현실적으로 불가능하다. 또한 군비 철폐는 철폐 이후 어떻게 평화를 보장할 것인가라는 문제를 놓고 미국과 소련이 흉금을 터놓고 대화하지 않는 한, 신뢰할 만한 것이 되지 못할 것이다. 이것이 또 다른 핵심 문제다. 질라드는 군비 철폐라는 것이 순전히 우리가 방어 태세를 풀자마자 우리를 즉각 무자비하게 공격하려는 소련의 계략에 불과하다고 가정하는 사람들과는 생각이 다르다.

질라드는 이와 같은 사활적 문제를 해결할 구체적 조치, 또한 그러한 인식에 기반한 정책 수행을 제시하였다. 적어도 가톨릭적 관점에서 보면 질라드의 주요 논거는 교황 비오 12세와 요한 23세가 현대전에 관해 천명한 도덕 원칙들과 완전히 일치한다고 생각된다.

교황들의 가르침과 마찬가지로 질라드의 제안은 공산주의를 그 자체로 배격해야 한다고 가정한다. 또한 교황들의 가르침과 마찬가지로 질라드의 제안은 이러한 배경하에서 전술 핵무기를 사용할 수는 있겠지만 그러한 공격은 명백히 방어 목적으로만 사용되어야 하며, 비오 12세가 가장 명확한 표현으로 강조한 것처럼 민간인들의 무차별 대량 학살은 그 어떤 경우에도 용납될 수 없다고 가정한다. 마지막으로, 질라드의 궁극 목표는 국제적 합의에 의한 군비 철폐와 전쟁의 폐지이며, 이는 비오 12세가 모든 사람이 잠시도 지체하지 말고 추구해야 할 가장 엄중한 책무라고 선언했던 것이기도 하다.

14

빨갱이냐 죽음이냐?

합리적인 방책을 마련해야 한다. 전쟁으로 이어지는 길을 어떻게든 피해야 하며, 국제적 긴장을 줄여서 제정신을 찾을 수 있는 정책을 추구해야 한다. 공포와 잔혹과 편견과 증오 대신 우리는 인간이 이루지 못하는 일을 하느님이 해 주실 것으로 믿으면서 어떤 희생도 아끼지 않을 은인자중하는 자신감을 회복해야 한다. 그런데 지금 이 순간 평화를 보존하기 위해서 인간이 이룰 수 있는 일이 많지 않으므로 하느님께 청해야 할 것이 너무나 많다! 어떤 일이 있어도 우리의 자유를 포기해서는 안 된다. 우리가 자유를 오용하여 그것을 광적이고 파괴적인 목적에만 쓴다면 우리의 생각과 행동의 결과를 감수할 각오를 해야 할 것이다. 우리의 모든 행동과 생각이 전쟁과 같다면 기적으로도 전쟁을 내쫓지 못할 것이다.

오늘날 우리가 더욱더 친숙하게 여기는 사고와 행동으로는 건설적인 해결책을 내놓을 수 없다는 사실이 참으로 애석하다. 이 세상과 그 문제들을 보는 우리 시각의 저변에 놓여 있는 혼란, 불만, 아집, 우둔함으로는 명석한 판단이 나올 수 없고 오직 흑암과 절망만이 따를 뿐이다.

우리의 사고가 더욱더 일차원적이 되어 간다. 우리는 공허한 상투구를 더욱더 남발함으로써 우리의 광기를 누그러뜨리려고 한다. 그런데 때가 때니만큼 상투구는 결코 터무니없이 하찮은 표현이 아니다. 공허한 구호가 끔찍한 힘을 발휘한다. 상투구는 공허함 그 자체, 심각성의 완전한 결여 그 자체로 인해 인간 정신 — 냉전의 간교한 허망함으로 더욱 나빠진 — 의 원초적 불만을 자극한다.

여기서 요즘 유행하는 상투구 하나를 간략히 분석해 보자. 이 상투구는 "빨갱이가 되느니 죽는 편이 낫다"(better dead than Red)고 하면서 자신이 정말 과감하고 용기 있는 체한다. 이 말은 독일에서 "죽느니 차라리 빨갱이가 되는 편이 낫다"라는 표현에서 처음 시작된 것으로 보인다. 미국인들이 이 공을 재치 있게 막아내어 다시 쳐냈는데 그러는 과정에서 도전적이고 반항적인 표현으로 바뀌었다. "빨갱이가 되느니 죽는 편이 낫다"는 말은 체념적이고 자포자기적인 냉소주의에 대한 대응이다. 그것은 '유화정책'에 대한 비판이었다(소련에 대해 핵 공격을 감행하는 것 외의 다른 모든 정책은 '유화정책'으로 치부되곤 한다).

하지만 어떤 쪽으로 받아들이든 간에 이 말은 공허하고 부조리하다. 진짜 문제를 회피하는 말이다. 복잡하고 까다로운 인간 문제를 무의미한 양자택일로 몰아넣는다. 어떤 쪽으로 받아들이든 간에 이 구호는 다음과 같은 결론밖에 나지 않는다. 즉, 이러나저러나 어차피 파멸할 것이요, 핵폭탄에 의존하든지 아니면 국제 문제를 해결할 희망을 모두 버리든지 양자택일밖에 없다는 것이다. 이런 말을 심각하게 받아들일 정도로 아둔한 사람이라면, 죽음을 기꺼이 받아들일 수 있기 때문에 또는 공산당 치하의 노예 상태를 기꺼이 받아들일 수 있기 때문에, 스스로 용감하다고 착각하면서 흡족해할 수 있을지도 모른다.

물론 이 상투구는, 솔직한 협상을 통해 참을성 있고 겸손하며 끈기 있는 노력이라는 참된 용기로써 점진적 상호 이해에 도달하면 결국 긴장이 완화되고 진지한 군비 철폐 조치를 취할 수 있는 어떤 합의에 도달할 수 있음을 간과하고 있다. 빨갱이냐 죽음이냐 하는 식의 양자택일은 평화롭게 하나가 된 세상을 건설하기 위해 우리에게 필요한 끈기 있는 노력과 희생을 사실상 모조리 부정하는 것이다. 죽음이냐 공산당의 승리냐 하는 허위의 선택을 취할 때 우리는 제대로 사고하려는 노력을 포기하고, 증오와 불신과 광기가 제멋대로 피어오르도록 허용하는 손쉬운 선택 — 따라서 혼란과 절망감에 아무런 위안도 되지 않는 — 에 빠지고 만다.

이렇게 황당한 양자택일을 최종적인 것으로 받아들이고 국제 위기를 이런 식으로만 해석하면 우리가 그토록 자랑스럽게 생각하는 자유 사회의 평화적 창의성에 대한 모든 자신감을 포기하는 게 된다. 그러나 수많은 사람들이 받아들인 '빨갱이냐 죽음이냐?'는 식의 태도는 우리 사회가 반드시 해결해야 하는 어떤 모순점을 내면으로부터 인정하지 못하도록 덮어 버린다. 그토록 쉽게 죽음 또는 노예 상태를 받아들이는 잘못된 태도는 18세기식 [계몽주의] 이념 — 아직도 우리의 정치적 사유에 있어 본질적으로 여겨지는 — 의 피상적 낙관주의가 어쩌면 이미 닳아 없어졌다는 것을 인정하는 태도인지도 모른다. 하지만 오늘날 우리 사회는 아담 스미스나 토마스 페인이나 루소와 같은 고지식한 교의에 따라 죽고 살 만큼 [허약한] 사회가 아니지 않은가? 아니 실제로는 그러한가? 우리에게 도대체 철학이란 게 있는가? 우리가 하려는 것이 어떤 일인지를 도대체 명확히 인식하고 있는가? 우리는 이러한 '빨갱이냐 죽음이냐?'는 식의 감정 표현이 실제로는 대중의 혼란과 맹목성, 전반적 미성숙성 — 격동의 국제사회 속에서 성숙한 책임 의식과 지도력을 갖추도록 자라나느니 차라리 성마르고 자기 파멸적인 광기로 폭발하겠다는 미성숙성 — 을 표출하고 있는 게 아닌지 숙고해 보아야 할 것이다.

이런 유의 사고가 너무나 광범하게 유포되어 있고 너무나 유해하므로 '빨갱이냐 죽음이냐?'라는 상투구 속에 숨은 함의를 밝히는 것이 어느 정도 도움이 될 것이다.

'빨갱이냐 죽음이냐?'를 현실적 양자택일의 표현으로 받아들이는 순간부터, 이러한 양자택일에 근거하여 진지한 논의를 하는 척하는 순간부터, 우리는 다음과 같은 사실을 믿는다고 은연중에 인정하는 셈이 된다:

1. 민주주의의 생존 그 자체가 필경 전면 핵전쟁과 맞물려 있다. 전면 핵전쟁 위협에 의존하지 않고는, 그런 전쟁을 벌일 자세가 되어 있지 않고는, '선제공격'으로 적을 초토화할 능력이 있지 않고는, 민주주의와 자유와 서구 문명의 생존이 더 이상 가능하지 않다.

2. 다시 말해 민주주의와 서구 문명 그리고 어쩌면 그리스도교조차 평화적 수단으로는 생존할 수 없다. 인간성과 이성의 원천이 고갈되었으므로 공포에 의한 위협이 아닌 다른 협상은 상상할 수 없다.

3. 우리 서구인들이 살아남는다면 공산당 치하에서 살아남는 것이다. 이렇게 되면 살아남아 공산주의자가 되느냐, 민주주의의 이상과 자본주의 경제와 자유와 미국식 삶의 방식을 지키다 죽느냐의 선택이 된다. 이런 논리를 끝까지 펼치면 마치 미국식 삶의 양식은 전쟁 없이는 살아남기 어려운 데 반해 공산주의는 전면적 핵전쟁이 없어도 살아남을 수 있다고 말하는 것과 마찬가지가 된다. 이것을 어떻게 믿

주주의에 대한 신앙고백이라 할 수 있을 것인가?

4. 공산당이 살아남는 것은 자동적으로 그들의 승리를 뜻하므로 무슨 수를 써서라도 그들이 살아남는 것을 막아야 한다. 핵전쟁 없이 서구가 살아남는 것은 실제로는 패배를 뜻하므로 핵전쟁을 거부하고 살아남기 위해 평화 협상에 들어가는 것은 순전히 패배를 자인하는 셈이 된다. 이것은 '유화정책'이고 비겁한 짓이므로 우리가 대담하다는 것을 증명하려면 설령 우리가 파멸에 빠지더라도 공산당이 살아남는 것을 막아야 한다. 이렇게 되면 핵공포가 점점 더 서구인에게 남아 있는 유일하게 합리적이고 정직하고 올바른 길인 것처럼 보인다. 우리 대중매체들이 이런 입장에 푹 빠져 있는 것 같은데 물론 대다수 대중들도 수동적 패배주의로 이런 입장을 받아들인다.

5. 마지막 가정이 가장 끔찍하고 가장 부조리하며 가장 불길한 내용이다. 만일 우리가 공산당의 생존이냐 전 인류의 파멸이냐라는 양자택일을 강요당한다면 전 인류의 파멸을 택하는 길이 용감하고 고결하며 영웅적이고 심지어 그리스도인다운 결정이라는 것이다. 물론 이런 입장을 공개적으로 인정하지는 않는다. 왜냐하면 그런 생각을 공개하게 되면 언제나 '[소수는] 살아남을 수 있는' 합리적인 허점이 나오기 때문이다. 그런데 다른 사람들이 다 죽고 나서도 '우리 편 5천만 명 정도가 살아남는'다고 치더라도, 그런 식의 생존이 얼마나 부질없고 비인간적이며 지옥과 같은 상태일지

를 고려하는 사람이 아무도 없는 것 같다.

내가 보기에 이런 식의 '사유'는 오로지 광기에 지나지 않는다. 겉으로는 승리의 외양을 하고 있지만 사실은 패배주의의 정신인 것이다. 유화정책을 거꾸로 뒤집은 것밖에 안 된다 — 적 앞에서 설설 기는 태도는 아니지만 너 죽고 나 죽자는 식이다. 납작 엎드리는 것과 멸망 외에 다른 대안이 없다고 가정한다. 이런 식의 가정은 불합리와 히스테리에 순전히 굴복하는 것이다. 이것보다 더 미국 전통의 특징인 자유정신과 합리적 창의성에 상반되는 것도 없다.

1. 이런 식의 생각은 패배주의적 정신 상태를 나타낸다. 이런 생각을 철저히 따져 보면 민주적 가치가 평화적 수단으로 보존될 만큼 강하지 못하다고 추정한다. 이런 생각을 철저히 따져 보면 오래 전 마르크스가 자본주의 체제를 반대하기 위해 구사한 논법, 즉 자본주의는 전쟁에 의존하지 않고는 생존할 수 없으며, 또 그것은 적을 분쇄하기 위해서라면 어떤 극단적 행동이라도 서슴지 않고 할 것이라고 한 말을 그대로 따르고 있다는 것을 알 수 있다. 서구 문명에 대한 유언장으로서 마르크스의 분석을 그대로 받아들인다는 것은 완전한 도덕적·지성적 투항이라고 나는 생각한다. 그것은 공산주의자들이 우리와 투쟁하기 위한 근거로 사용하는 독선적 논증을 완전히 정당화시켜 준다는 뜻이다.

2. 그것은 절망적 정신 상태를 나타낸다. 말로는 민주적 이상을 믿으며 우리 삶의 방식 속에 내재된 창의성을 믿는

다고 하면서도, 실제로는 이 모든 가치를 전면적으로 회의하고 있음을 인정하는 것이다. 이런 입장은 우리의 가치들이 공산주의의 저항을 이겨 낼 만한 힘이 없다고 믿기 때문에 우리 스스로의 가치에 대한 구체적인 신념이 없다. 핵폭탄만이 이 상황을 타개할 수 있다는 식이다. 이런 태도는 세속주의적·반종교적·실용주의적 정신의 소산인 바 이런 사조가 사실상 서구의 전체 도덕 구조를 잠식해 왔다. 이런 태도는 공허함, 분노, 허망하고 무의미한 감정 등에서 비롯되었고 이것들이 서구인의 심장부를 몰래 갉아먹고 있다.

3. 마지막으로 이것은 자살의 심리밖에 되지 않는다. 이런 태도는 우리가 마음속으로 경멸하는 대상 앞에서 계속 체면을 구기게 된 원인이었던 사소한 창피가 쌓이고 실수가 거듭되고 실패와 오류가 되풀이되면서 나타난 자기 파괴적이고 자기혐오적 감정이다. 이렇게 해서 쌓인 울분과 자기혐오감을 방출하기 위해 우리는 우리 자신과 전 세계를 한 방에 날려 버릴 각오가 되어 있다. 그러면서 압제에 굴하느니 차라리 (우리 스스로와 모든 인류를 위해) 죽음을 택하겠노라고 스스로를 정당화한다. 모든 인류의 죽음을 택할 권리가 우리에게 있는가? 이것이야말로 극도의 압제이며 불의가 아닌가?

이런 식의 생각을 과거에 목격한 적이 있었던가? 그렇다, 멀리 갈 필요도 없다. 히틀러를 벌써 잊었단 말인가? 히틀러의 병적인 증오, '결정적 해결책'에 대한 그의 애착, 그가 싫어했던 인종들을 처리할 '최종안'에 대한 그의 애착을 우리가 벌써 잊었단 말인가? 독일 전체와 함께 기꺼이 자폭하려던 그의 태도를 우리가 벌써 잊었단 말인가? 나치에게 있어최고의 미덕, 최고의 합리성이 총통의 파멸적 광기에 맹목적으로 복종하는 것이었음을 우리가 벌써 잊었단 말인가?

오늘날 이 나라에서 전 세계가 공산주의의 수중에 떨어지느니 모두 함께 자멸하는 게 낫다고 진정으로 생각하는 사람들은 민주주의의 이상을 모두 포기한 패배주의자일 뿐만아니라 히틀러와 똑같은 사고 구조를 가진 사람들이다. 이들은 나치식 심리 구조를 가지고 있다. 게다가 이들은 나치가 꿈도 꾸지 못했던 강력한 대량 살상 무기를 보유하고 있다. 이러한 오류와 망상은 결코 작은 문제가 아니다. 이들이자기 생각을 파멸적 행동으로 실행에 옮기려 한다면 이들은잠재적 전쟁범죄자다. 또한 이들을 따라서 같은 식으로 생각하는 사람들 역시 전쟁범죄자가 될 위험이 있다.

15

세계적 위기와 그리스도인의 관점

우리 시대의 도덕적·정신적 혼란 상태를 볼 때 오늘날의 전 세계적 위기는 단지 정치적·경제적 갈등 정도가 아니라 그보다 훨씬 더 심각한 것이다. 이 문제는 이념의 문제보다 훨씬 더 깊은 연원을 두고 있다. 이 문제는 인간 정신의 위기다. 종교적·문화적 뿌리를 상실한 인류의 도덕성이 완전히 전복된 문제다. 우리는 이런 사태의 원인이 무엇인지 절반도 파악하지 못하고 있다. 오늘날 우리 자신과 우리 사회에서 대체 어떤 일이 벌어지고 있는지 우리가 정확히 안다고 할 수 없다. 바로 이 때문에 명확하고 결정적인 해결책을 애타게 간구하는 우리가 유혹에 빠지곤 하는 것이다. 우리는 지나친 일반화의 오류를 범하곤 한다. 우리는 악의 근원을 찾다가 그것을 어느 한 국가, 어느 한 계급, 어느 한 인종, 어느 한 이념, 어느 한 체제에서 찾곤 한다. 그러고서 이 희생양에다 (두려움과 고통으로 범벅이 된) 우리의 모든 적개심을 퍼붓는다. 우리가 모든 악의 구현이라고 자의적으로 지목한 대상을 파괴함으로써 우리는 두려움과 죄책감을 덜어보려고 애쓴다. 이렇게 해 봐도 우리가 치유되기는커녕 또 다른 발작으로 인해 우리의 병은 깊어만 간다.

이 세계의 도덕적 악은 심오한 진리로부터의 인간의 소외, 자기 내면에 있는 정신적 삶의 원천으로부터의 인간의 소외에 기인하며, 또한 하느님으로부터의 인간의 소외에 기인한다. 이 점을 깨달은 사람들은 형제자매들을 설득하고 계몽하려고 애타게 노력한다. 하지만 그 이전에 들어 보지 못한 완전히 새로운 종교의 메시지를 통해 그 근본에 있어 이교적이던 종교 세계를 변혁시켰던 초대교회의 그리스도인들과 오늘날 우리의 입장은 전혀 다르다.

그때와는 반대로 우리는 반종교적 포스트 그리스도교 세계에 살고 있다. 이 세계에서 그리스도의 메시지가 계속 들려오기는 하지만 그것은 하느님의 말씀을 듣기도 전에 귀를 막아 버리는 사람들에게 아무런 알맹이도 없는 공허한 메시지로 여겨지기 일쑤다. 이들이 보기에 그리스도인은 더 이상 새로움과 변화가 아니라 케케묵은 건물을 따분하게 보존하려는 사람들에 불과하다.

하지만 왜 그러한가? 그리스도교의 정신적 참신함이 2천 년의 세월 속에서 닳아 버렸단 말인가? 예전에는 사람들이 복음 말씀을 들었지만 오늘날에는 그것을 잊었단 말인가? 아니 어쩌면 오랜 세월 동안 그리스도인들 스스로가 복음의 메시지를 배신하고 업신여겼기 때문에 그러한 것인가?

그리스도교는 본질적으로 그리스도와 그분의 교회가 지닌 신비 속에 드러난 신적 자비다. 무한한 자비, 무한한 사랑이 세상에 드러났고, 그리스도의 신비스런 육화로 세상에 나타났으며, 자애로 합일되고, 성체성사 — 모든 이가 신성한 아가페, 강생한 말씀의 희생에 참여하는 — 의 신비로 윤택해진 것이다. 그리스도교를 사랑의 계시라고 말하는 것은 그리스도인이 자비로운 사람들이라는 (또는 마땅히 그래야 한다는) 사실만을 뜻하지는 않는다. 그것은 사랑이 생명 그 자체에 대한 열쇠이자, 온 우주와 역사의 전체 의미에 대한 열쇠임을 뜻한다. 그런데 만일 그리스도인이 사랑이 없다면 타인들로 하여금 (모든 존재에 의미를 부여하는) 핵심 진리에 가까이하지 못하도록 막고 있는 것이나 다름없다.

"너희가 서로 사랑하면, 모든 사람이 그것을 보고 너희가 내 제자라는 것을 알게 될 것이다"(요한 13,35).

"그들이 모두 하나가 되게 해 주십시오. 아버지, 아버지께서 제 안에 계시고 제가 아버지 안에 있듯이, 그들도 우리 안에 있게 해 주십시오. 그리하여 아버지께서 저를 보내셨다는 것을 세상이 믿게 하십시오"(요한 17,21).

"나는 너희에게 평화를 남기고 간다. 내 평화를 너희에게 준다. 내가 주는 평화는 세상이 주는 평화와 같지 않다. 너희 마음이 산란해지는 일도, 겁을 내는 일도 없도록 하여라"(요한 14,27).

"위에서 오는 지혜는 먼저 순수하고, 그다음으로 평화롭고 관대하고 유순하며, 자비와 좋은 열매가 가득하고, 편견과 위선이 없습니다. 의로움의 열매는 평화를 이루는 이들을 위하여 평화 속에서 심어집니다. 여러분의 싸움은 어디에서 오며 여러분의 다툼은 어디에서 옵니까? 여러분의 지체들 안에서 분쟁을 일으키는 여러 가지 욕정에서 오는 것이 아닙니까? 여러분은 욕심을 부려도 얻지 못합니다. 살인까지 하며 시기를 해 보지만 얻어 내지 못합니다. 그래서 또 다투고 싸웁니다. 여러분이 가지지 못하는 것은 여러분이 청하지 않기 때문입니다"(야고 3,17-4,2).

그러므로 만일 평화의 복음이 그리스도인의 입에서 더 이상 확신에 차서 나오지 않는다면 그것은 다름 아니라 그리스도인들이 평화와 일치와 사랑의 생생한 모범을 더 이상 보여 주지 않기 때문일 것이라는 점을 인정해야겠다. 물론 우리는 교회가 이 지상에서 지고지순하게 완벽한 존재로 만들어지지 않았으며, 불완전하고 죄인들로 가득 찬 존재임을 이해해야 한다. 따라서 그리스도의 평화와 자비는 '서로의 짐을 져 줄' 필요성, 그리고 자신의 삶과 타인의 삶을 괴롭히는 불완전성을 받아들일 필요성에 근거하고 있다. 우리의 일치는 불화와의 투쟁이며, 우리의 평화는 갈등의 한복판에 존재하고 있다.

하지만 호전적이고 전쟁광과 같은 일부 그리스도교 문명권에서 자비와 평화의 복음을 (확신을 가지고 또는 성공적으로) 가르치지 못했다는 것은 엄연한 사실이다. 뉴먼 추기경이 정확히 지적한 것처럼 콘스탄티누스 대제 이전, 그러니까 그리스도교 군대도 없고 진정한 그리스도인 병사는 모두 (비폭력적으로 그리스도를 증거한) 순교자이던 시절에, 그리스도교는 이미 중요한 승리를 모두 거두었던 것이다. 2천 년 동안 안정된 승리를 누릴 수 있도록 그리스도교가 로마를 정복할 수 있었던 것은 바로 순교자들의 덕이었다. 그런데 십자군이 도대체 얼마나 오래 예루살렘을 정복할 수 있었던가?

이런 역사적 사례를 통해 우리는 복음 말씀이 아직도 초기의 생생함과 강력한 힘을 여태 유지하고 있지만 오늘날 우리가 그 말씀을 단순히 되풀이하거나 설명하는 것만으로는 부족하다는 점을 깨달아야 한다. 더 이상 뉴스거리가 아닌 판에 박힌 메시지를 전하는 것만으로는 충분치 않다는 말이다. 가르치고 증명하고 믿도록 하는 것만으로는 부족하다. 이제는 무엇보다도 말로만이 아니라 행동으로써 그리스도의 진리를 구현할 때가 되었다. 우리의 신학적·영성적 표현이 아무리 명석하고 아무리 설득력 있고 아무리 논리적이고 아무리 심오하다 하더라도 이미 그런 말에 귀 기울이지 않는 사람에게는 쇠귀에 경 읽기에 불과한 것이다. 바로 이 때문에 '정당한 전쟁'에 관한 전통적 그리스도교 신학의 가르침을 설파하는 소위 침착하고 고전적이며 이성적인 도덕가들은 오늘날과 같이 절반의 진실, 선전성 구호, 악랄한 상투구 ― 성직자를 포함한 많은 그리스도인들이 설파하고 유포시키고 있는 ― 들이 판을 치는 아수라장 속에서 완전히 길을 잃고 헤매는 것이다.

이 시대에 필요한 사람은, 말로 표현하든 표현하지 않든, 사회적 행동 속에서 복음의 진리를 현양하는 그리스도인이다. 그리스도인이 삶 속에서 그리스도의 가르침을 분명히 현양하면 할수록 더욱 유익할 것이다. 분명하고 결단력 있는 그리스도인의 행동은 그 자체로 모든 것을 설명해 주며 언어가 결코 하지 못하는 방식으로 우리를 가르칠 수 있다.

그리스도인은 법과 질서가 의문시되거나 또는 심지어 완전히 잊혀진 세상에서라도 도덕적 질서와 자연법의 존재를 주장해야 할 것이다. 그뿐만 아니라 그리스도인은, 정의와 객관적 권리가 단지 맘 편한 관념으로서가 아니라 자신에게 가장 중요하고 본질적인 현실인 것처럼 여기면서, 무엇보다도 자기가 행하는 모든 일에서 사회적·정치적 관계를 실천에 옮겨야 한다.

교황 요한 23세는 회칙 「어머니요 스승」에서 다음과 같이 말씀하셨다.

기술과 경제의 진보가 어떠하든, 사람들이 바로 하느님께 창조되어 그분의 자녀가 된 자신의 존엄성을 인식하지 못하는 한, 세상에는 결코 정의도 평화도 있을 수 없다. 우리가 말하는 하느님께서는 당신이 창조하신 만물의 제일 원인이요 최종 원인이시다. 하느님께로부터 멀어진 인간은 자기 자신과 다른 이들에게 비인간적인 괴물이 된다. 따라서 인간의 상호 관계는 절대적으로 모든 진리와 정의와 사랑의 원천이신 하느님과 맺는 인간 양심의 올바른 관계를 요구한다(215).

또한 비오 12세는 1955년의 성탄절 담화문에서 그리스도인들이 진정으로 그리스도교의 원칙에 기초하여 사회를 건설할 엄중한 책무를 지니고 있다고 강조하였다.

만에 하나 그리스도인들이 공적 영역에서의 종교적 지도력을 적극적으로 행사하지 않음으로써 자신의 이러한 책무를 망각한다면 '신-인'God-Man에 대항하는 반역죄를 저지르는 셈이 될 것이다.[31]

[31] 교황 비오 12세는 그리스도를 지칭하기 위해 '신-인'이라는 용어를 사용하였다. 전문: "만에 하나 그리스도인들이, 자기 책임 범위 내에서, 공적 영역에서의 종교적 지도력을 적극적으로 행사하지 않음으로써, 자신의 이러한 책무를 망각한다면, 베들레헴의 요람에서 우리 사이에 나타나신 '신-인'에 대항하는 반역죄를 저지르는 셈이 될 것이다." 참조: Vincent A. Yzermans 편집, The Major Addresses of Pope Pius XII, vol.2: *Christmas Messages* (St. Paul: Northern Central Publishing Co. 1961) 205.

따라서 오늘날에는 그리스도의 말씀과 표양에서 내면의 기쁨만 찾는 그리스도인이 아니라, 자신의 삶과 기도와 보속을 통해서뿐 아니라 정치적 결단과 사회적 책무에 있어서도 그리스도를 완전히 따르고자 하는 그리스도인이 필요하다.

현세와 현세의 문제와는 완전히 담을 쌓고 인간 사회에 대해서는 관심을 저버린 채 하느님과 관계된 일에만 온전히 자신을 바치겠다고 하는 사이비 관상적 영성은 오늘날 분명 필요치 않다. 모든 진정한 그리스도인의 영성은, 심지어 그리스도교 관상가의 영성이라 할지라도, 인간에 대해 깊은 관심을 쏟게 마련이며 마땅히 그래야 한다. 왜냐하면 "인간이 하느님이 될 수 있도록 하느님께서 인간이 되셨기"(이레네우스) 때문이다. 그리스도인의 정신은 연민과 책임과 헌신의 정신이다. 그리스도인의 정신은 고통과 불의와 오류와 허위에 무관심할 수 없다. 바로 이러한 이유 때문에, 진정한 그리스도인의 정신이라면 핵무기와 세균무기를 사용하지 않고 비축만 해 놓고 있다 하더라도 그것이 함축하는 위험성과 문제에 대해 심각하게 우려해야 마땅할 것이다.

핵 억지력과 목전에 닥친 전 지구적 자살의 가능성에 입각한 국제정치 앞에서 어떤 그리스도인도 무관심할 수 없으며, 어떤 그리스도인도 대중매체가 떠먹여 주는 즉석 이유식에 취해 무기력하고 수동적으로 수수방관할 수는 없다.

또한 그리스도인의 양심은 국제정치와 전쟁의 문제에 있어 폭력과 공포를 가능한 한 많이 정당화하고 허용하려는 윤리를 더더욱 허용할 수 없다. 그리스도인은 무력을 억제하고, 전쟁을 효과적으로 예방하고 평화를 촉진할 수 있는 긍정적인 국제기구를 창설할 적극적이고 구체적인 수단을 취해야 할 공식적 의무가 있다.

전 세계는 결정적 선택의 기로에 있다. 우리의 절망적 광기로 인해 전 세계가 파멸의 구렁텅이로 빠지느냐, 아니면 진리와 하느님과 인류에 대한 우리의 신의를 통해 끈기 있고 영웅적인 임무를 수행함으로써 궁극적으로 일치와 질서와 평화가 만발한 세계를 창조하느냐, 둘 중 하나다.

오늘과 같은 난국에서는 그리스도인의 행동이 더할 나위 없이 결정적이다. 우리가 제정신을 차려서, 무자비한 폭력을 통해 단도직입적이고 즉각적인 해결책을 찾으려는 미치광이들의 난폭한 기도에 휩쓸리지 않도록 대비하는 것이 극히 중요한 이유도 바로 이 때문이다. 힘만으로는 적절한 해답이 나오지 않는다.

도덕적 진리를 방기하고, 수억 명의 인류가 무참히 죽을 수도 있는 상황을 더 이상 진지하게 도덕적인 문제로 다루지 않으면서 그것을 현실적 권력관계로만 보는 이 세상에서, 그리스도인은 스스로를 도덕적·인간적 가치의 수호자로 생각해야 하며 자신의 명확한 기준 설정과 논리 개발에 최우선을 두어야 한다.

이것은 무엇보다 끊임없는 학습과 묵상과 기도와 (이런 중차대한 임무를 수행할 수 있도록 준비시켜 주는) 모든 형태의 정신적·지성적 단련을 해야 할 의무가 있음을 뜻한다. 이런 책무는 우선 성직자와 종교인에게 필수적이며, 무엇보다도 교육과 정신적 훈육으로 무장한 모든 이에게 요구되는 바다.

이러한 중차대한 문제에 있어 우리는 그리스도교 전통의 근원을 재발견해야 하며, 평화적 이상과 비폭력 행동을 실천하던 초대교회 신자들의 이상으로부터 우리가 얼마나 멀리 떨어져 있는지를 인정해야 한다. 20세기 들어 비폭력적 정치 행위를 위해 복음의 원칙을 의식적이고 체계적으로 적용했던 위대한 정치사상가가 그리스도인이 아니라 힌두교 신자였다는 사실은 상당히 흥미롭다. 이보다 더 흥미로운 점은 수많은 그리스도인들이 간디를 일종의 괴짜로 보면서 그의 비폭력 노선을 비현실적이고 대중 영향적인 노선으로 여긴다는 사실이다.

그리스도인은 자신의 행동으로 발언해야 한다. 그리스도인의 정치적 행동이 투표장 안에서 끝나서는 안 된다. 그리스도인의 행동은 누구에게나 명백하게 드러나야만 하며, 그리스도교의 진리를 크고 또렷한 목소리로 말해야 한다. 또한 그리스도인은 그러한 진리를 자기희생 — 오해와 불의와 비방과 심지어 투옥이나 죽음을 각오하고서라도 — 으로 지킬 각오가 되어 있어야 한다. 오늘날 그리스도인들은 순수하게 그리스도인의 입장을 견지하면서 자신이 가진 것을 다 바쳐 그것을 지키는 것이 정말 중요하다. 이것은 노동 문제든, 인종 문제든, '제3세계' 문제든, 국제 문제든 간에 모든 영역에서 정의를 위해 쉴 새 없이 투쟁해야 함을 뜻한다.

그것은 또한 우리의 내적 의도와 외적 행위 간의 거리를 좁혀야 함을 의미한다. 우리의 사회적 행동은 우리 내면의 깊은 종교적 원칙과 부합되어야 한다. 신앙과 정치를 더는 별개의 영역으로 방치해서는 안 된다. 무신론자나 불가지론자와는 구분되는 외적 행동을 보여 주지 않으면서 '순수한 의도'의 추상적이고 잠재적인 행위에만 만족하기란 이제 더 이상 불가능하다.

또한 우리는 자연법이 요구하는 최소한의 윤리적 정당성을 보존하는 것만을 최선의 이상으로 여기면서 만족할 수도 없다. 소위 이론가들의 궤변으로 인해 자연법의 고귀함과 위엄이 전혀 법이라고 할 수 없는 정글의 법칙과 구분이 안 될 정도로까지 손상되는 경우가 너무나 자주 있었다. 따라서 '자연법'에 의거하여 국방의 의무를 손쉽게 들먹이곤 하는 사람들은 흔히 정의와 인간성의 규범 — 이것 없이는 전쟁 자체가 성립될 수 없는 — 을 깡그리 잊곤 한다. 이러한 규범이 없다면 자연법은 단지 정글의 법칙에 지나지 않으며 범죄와도 다를 바 없다.

많은 그리스도인이 복음의 가르침이 아닌 정글의 법칙의 가르침을 담은 견해와 결정에 너무 쉽게 굴복해 버린다. 아무 저항도 없이 위에서 내려온 지침에 고분고분 따르고 양심의 가책을 거의 느끼지 않는다. 이렇게 되면 신에 대한 신앙을 버린 사람이 보더라도 그토록 둔감하고 전도된 도덕적 감정에 충격을 받을 정도다.

과거에 이러한 최소한의 법적 형식주의 정신으로 인해 성직자와 평신도의 그리스도교적 지향이 왜곡되었던 것은 불행한 일이었다. 따라서 우리는 바리사이들처럼 "작은 벌레들은 걸러 내면서 낙타는 그냥 삼키는"(마태 23,24) 위선에 사로잡혀 자만하곤 했다. 교황 요한 23세가 소집한 제2차 바티칸 공의회의 가장 중요한 정신 중 하나가 오늘날 전 세계 교회에 영향을 미치고 있는 거대한 쇄신 운동을 지지하고 격려하는 것이었다는 사실은 의심의 여지가 없다. 교황은 분명 다음과 같은 행동을 통해 교회가 세속주의와 폭력의 물결을 진정으로 되돌려 놓을 희망이 있다고 느꼈다.

> 오늘의 인간 사회는 근년 들어 이룩한 과학적·기술적 진보를 향유함과 동시에 사회질서의 붕괴로 인해 고통 받고 있다. 항구적이고 핵심적인 복음의 신적 권능을 받아들여 그것을 오늘날 인간 사회의 핏줄 속에 주입해야 한다[교황령 「인간의 구원」(*Humanae Salutis*) 1961년 12월 25일].

하지만 이와 동시에 이 위험한 시대가 '[우리가] 깨어 있을 필요성과 모든 개인이 자신의 책무를 자각하도록 만들지 못한다면' 희망이 없다고 교황은 말씀하신다. 특히 교황은 사회정의, 국제 관계, 현대사상을 지배하는 세속주의와 물질주의의 분위기와 같은 문제를 지칭하고 계시는 것이다.

여기서 핵전쟁은 분명 하나의 큰 쟁점이다. '참지 못할 정치적 도발'에 대한 대응으로서 적국의 도시들을 전멸시키겠다는 위협의 부당성에 대해 자발적으로 분노를 느끼는 수많은 가톨릭 신자들조차, '지도자들이 어련히 알아서 하겠지'라고 생각하거나, 또는 이런 일에서 (다른 모든 일과 마찬가지로) 일일이 시시비비를 따지는 것보다 그저 남들이 하자는 대로 따르는 것이 진정한 그리스도인의 태도라고 믿으면서, 자신의 분노를 누르고 상황을 묵묵히 받아들이곤 하는 것이 현실이다. 하지만 확고한 도덕적 기준이나 애정이나 인간성도 없는 사람들에게 이와 같은 중요한 결정을 맡긴다면 그것이 옳은 태도일까? 더 나아가 우리가 전혀 알지도 못하는 사람들, 우리가 신뢰하고자 하는 지도자들의 정책에 악영향을 미치는 사람들이 이런 중요한 결정을 내린다면 그것은 더더욱 나쁜 일이다.

로이드 조지는 교회가 전쟁을 축복하지 않고 전쟁에 협력하지 않았다면 제1차 세계대전이 결코 일어나지 않았을 것이라고 말한 바 있다. 역대 교황들과 종교 지도자들이 사람들에게 폭력 사태를 피하라는 명명백백한 지침을 끊임없이 내렸던 것도 분명한 사실이다. 그러나 전쟁 당사국에 속한 가톨릭 신자들은 이런 가르침을 하찮게 취급하거나 그저 불편한 간섭 정도로 여기면서 한쪽 귀로 듣고 흘려버리곤 했다. 전쟁시 종교인들의 어려운 입장을 우리는 분명 인정할 수 있다. 예컨대 제2차 세계대전 당시 나치 독일의 종교인들이 그러했을 것이다. 그들이 나치가 일으킨 불의의 전쟁에 협력했던 사실은 아직도 일대 추문으로 남아 있다.[32]

역대 교황들은 모든 그리스도인이 평화의 왕자이신 그리스도의 사도답게 처신해야 하며 자기 삶 속에서 그리스도의 가르침에 대한 믿음을 구현해야 한다고 누누이 호소해 왔다. 교황 요한 23세는 1961년의 성탄절 담화에서 "그리스도의 모든 가르침은 평화에의 초대다"라고 말씀하셨다. 전쟁이 점점 더 임박해지는 와중에 요한 23세는 인류의 이기심, 냉담함, 냉소주의, 냉혹성을 개탄하면서 그리스도의 선성과 자비심이 모든 그리스도인의 행동 속에 스며들어야 한다고 말씀하신다.

교황은 자연적 윤리와 복음의 비폭력적 윤리를 비교한 레오 대교황Leo Magnus의 글을 인용한다. "불의를 저지르고 보상해 주는 것이 현세의 분별이라 한다면, 악을 악으로 갚지 않는 것은 그리스도교적 용서의 덕스러운 표현이다." 사람들은 교회의 지혜와 교회의 도덕적 가르침의 핵심인 이런 구절이 현재의 국제적 위기를 풀 수 있는 해법이 되지 못하는 양, 관심도 기울이지 않고 가볍게 흘려버린다.

여기서 우리는 문제의 핵심에 내재하는 심각한 모호성에 직면한다.

[32] Gordon Zahn, *German Catholics and Hitler's Wars* (New York: Sheed and Ward 1962).

"악을 악으로 갚아서는 안 된다"와 같은 직설적 주장은 지금 바로 여기에서 발생하고 있는 구체적인 정치 문제와 비교해 볼 때 가당치도 않고, 참으로 가망 없이 비현실적인 주장처럼 들리는 게 사실이다. 흐루시초프가 유럽과 미국에 핵폭탄을 퍼붓겠다고 협박하고 있는 와중에 이런 식의 원칙적 언사가 도대체 무슨 소용이 있을 것인가?

"악을 악으로 갚아서는 안 된다"고 말하는 것은 우리가 스스로 두 손을 묶고 노예가 되거나 자멸의 길을 택하는 것처럼 들리기도 한다. 하지만 그리스도교의 원칙을 나타내는 이 말을 그런 식으로 폄하해서는 안 된다. 그렇게 한다면 이 원칙을 어떻게 정치에 적용할 수 있겠는가? 이 원칙을 그런 식으로만 받아들이면 그것의 진의를 곡해하는 것이 된다.

또한 비폭력적 행동이나 일방적 군축을 주장해도 이와 유사한 그릇된 반응을 불러일으키기 십상이다. 펜타곤에 진을 치고 있는 수천 명의 군 관료들이 화창한 어느 날 마음을 고쳐먹고 비폭력의 메시지에 귀를 기울이게 되어 사무실을 닫고 신형 미사일 주문을 모두 취소하고 방위 계약서를 모조리 파기한 후 은둔 생활에 들어갈 것이라고 기대하는 것은 분명 현실적이지도 정상적이지도 않다.

물론 "악을 악으로 갚아서는 안 된다"는 생각을 완전히 무의미한 것으로 여겨 포기해 버린 '현실주의자'에게도 조금은 들려줄 말이 남아 있다. 그런 사람은 어찌 보면 자기 삶을 단순하게 만든 사람이다. 그런 사람은 자신의 현실적 행동을 내면의 정신적 도덕규범과 합치시키기를 포기한 사람이다. 그런 사람은 자기 내면에 자리 잡고 있는 확실히 불편하고 불만족한 모순 상황을 지워 버렸다. 적국이 천 메가톤 급 폭탄으로 위협하면 나는 만 메가톤 급 폭탄으로 응답할 것이요, 여기에 선과 악 따위는 존재할 틈이 없다.

그러나 진정한 그리스도인이라면 그렇게 쉽게 판단할 수 없다. 그리스도인은 자신의 종교적 신념으로 인해 외견상 융화할 수 없을 것 같은 양극단 사이에서 내면의 갈등을 겪게끔 되어 있다. 하지만 그리스도인은 주님의 은총 속에서 이런 모순을 해소하기 위해 자기가 할 수 있는 한 최대한 노력할 수밖에 없다.

핵전쟁 시대의 현실 속에서 설령 장군이라 할지라도 악을 악으로 갚지 마라는 호소에 대해 어떤 식으로든 의미를 부여해야 할 것이다. 그런 의미가 무엇이겠는가? 물론 평생을 전쟁의, 전쟁에 의한, 전쟁을 위한 삶으로 보낸 사람이 갑자기 개심하여 위협을 받는 상황하에서도 보복을 하지 않기로 마음먹는다는 것은 가능한 일이 아니다. 하지만 어쨌든 원칙이란 게 존재하기 때문에 어느 정도는 그것을 지키기 시작해야 한다.

군사전략가라 할지라도 최소한 다음과 같은 경우에는 악을 악으로 갚지 않도록 해야 할 지점이 있다. 즉, 정치적·군사적 위협 — 거의 단순한 허풍에 가까운 — 의 형태를 띤 악에 대해 실제 군사력이라는 악으로 맞서는 것은 윤리적으로 허용되지 않는다. 그뿐만 아니라 가능한 한 적의 위협에 대해 똑같은 위협으로 또는 더 심한 위협으로 대항하는 행위조차 자제해야 하며, 자신의 방위력을 유지하더라도 긴장 완화를 위해 노력해야 하고, 폭력이 아닌 다른 방식으로 이러한 악을 결국 모두 제거할 수 있도록 자신이 할 수 있는 바를 다해야 한다.

이것은 결코 불합리한 시도가 아니며 복음의 말씀에 완벽하게 따르는 것은 아닐지라도 적어도 좋은 출발점은 될 수 있을 것이므로, 우리 시대에 이 정도라도 할 수 있다면 그것은 가상한 일이 될 것이다.

그러나 현실에서 정치인들과 군사전략가들은 통상 '악을 악으로 갚아서는 안 된다'는 불편한 원칙을 깡그리 무시하는 경향이 있다. 이런 생각 따위는 그저 공자님 말씀 정도로 간단히 치부함으로써 쉽게 무시해 버리는 것이다.

바로 이런 것이 '냉전 심리'의 결과라는 사실은 비극이 아닐 수 없다. 군인뿐만 아니라 신학자와 성직자와 주교들까지도 냉전 위기라는 맥락에서 이러한 기본 원칙을 사실상 무시하는 지경에 이르렀던 것이다. 이들 그리스도인은 이런 기본 원칙에 대해 형식적으로는 동의하는 척하겠지만 구체적인 정치 상황 아래에서 냉전의 공포에 철저하게 사로잡혀 그 원칙을 정상적으로 받아들이는 것이 완전히 불가능해져 버렸다. 다시 말해 이들은 이 기본 원칙을 긍정적으로 고려할 수 있는 방식으로 보지 못하게 되었으므로 그것을 현실적인 판단 사항이 아닌 것으로 제쳐 놓는 것이다. 이렇게 되면 그들이 핵전쟁과 관련해서 양심상 어떤 결정을 내리더라도 기본 원칙 따위는 아무런 힘을 발휘하지 못한다.

우리가 그리스도가 가르치신 용서와 온유함을 국가나 집단이 아닌 개인에게만 적용시키곤 하는 것도 사실상 바로 그러한 이유 때문이다. 국가는 전쟁을 일으키고 모든 형태의 폭력을 마음대로 휘두르는 반면, 개인은 나라가 시키는 대로 총을 들고 전쟁터에 나가 명령에 따라 살생을 저지르는 식으로 그리스도의 온유함을 표현할 수밖에 없는 것 같다. 국가는 용서가 필요 없다. 국가는 [죄책감을 가질 필요도 없이] 누구든 마음대로 미워할 수 있다. 국가는 악을 악으로 갚을 수 있으며 심지어 선을 악으로 갚을 수도 있다! 교황 요한 23세는 절대 그렇게 생각하지 않았다. 그는 각국 지도자들에게 다음과 같은 엄중한 경고를 내린 적이 있다.

> 우리는 예수 그리스도로부터 부여받은 권위로써 말한다. 모든 폭력의 생각을 떨쳐야 한다. 갈등과 돌이킬 수 없는 행동을 자아내는 활동, 결정, 증오의 연쇄반응을 일으키는 비극을 생각하라. 여러분은 파괴가 아니라 건설을, 분열이 아니라 일치를, 눈물이 아니라 고용과 안전을 제공할 수 있는 큰 힘을 가지고 있다(1961년 성탄절 담화문).

요한 23세는 평화의 기반에 대해 이렇게 말한다.

진정한 형제애를 깨닫는 것, 모든 술책과 모든 파괴력의 원
천 ─ 허영심, 탐욕, 잔인함, 이기심 ─ 을 걷어 내고 진정한
협력의 기반을 마련해야 한다.

이 담화문에서 교황은 여론을 좌지우지하는 기술을 가진 사
람들, 심지어 어느 정도 여론을 독점하는 사람들이 애석하
게도 의혹과 증오의 정신을 부추기며 강화하고 있다고 말씀
하셨다. 교황은 이런 사람들에게 "하느님과 역사의 엄한 심
판을 두려워하고 [타인에 대한] 존중심과 겸손한 자세로써
신중하게 처신할 것"을 엄중히 강조했다.
　또 이렇게 질책하기도 했다. "우리는 유감이지만 솔직히
언론이 갈등과 대립과 극심한 분열을 자아내기만 했다고 말
하지 않을 수 없다."

16

그리스도인의 양심과 국방

그리스도인의 행동은 그리스도인의 양심에 기반하며, 양심은 도덕적 진리에 따라 이해되어야 한다. 핵전쟁과 관련해서 가톨릭 신자들에게 어떠한 도덕적 선택이 가능한가? 이 질문에 대해 명확한 답변을 내놓는 경우가 드물다. 이렇게 중요한 문제에 관해 무지와 혼란에 빠진 가톨릭 신자가 많다는 사실은 비극이다.

'가톨릭 신자는 무조건적 비폭력 평화주의자가 아니다'라는 애매모호한 진술은 흔히 가톨릭 신자라면 어떤 상황에서도 도덕적 근거로 [무조건] 전쟁을 반대하지는 않는다는 입장을 의미하는 것으로 이해된다. 가톨릭 평신도가 핵전쟁 노력에 가담하는 것이 옳은가라는 회의를 품고 사제를 찾아가 상의하면, 사제는 흔히 그런 의심을 버리라고 말하며, 그런 문제가 마치 별것 아니어서 [단순한 훈계만으로도] 쉽사리 자연스레 해소될 수 있는 것처럼 여기는 경우가 많다는 것이다. 오히려 가톨릭 신자라면 [나라의 부름을 받아] 당연히 어떤 전쟁에라도, 아니 모든 전쟁에 참여할 의무가 있다고 가정하곤 한다. 전쟁의 원인이 무엇이건, 전쟁에서 어떤 수단을 쓰건, 국제 문제를 해결함에 있어 전쟁으로 공평하고 이성적인 결론을 내릴 수 있는 가능성이 얼마나 되건 상관없이 말이다. 그러나 이 모든 고려 사항은 정부와 군부의 입장에 지나지 않는다. 이런 논리에 따르면 가톨릭 신자는 자신이 이해하지도 못하는 이유에 근거하여 누군가가 이미 내린 결정에 무조건 맹목적으로 복종해야 하는 셈이다.

물론 가소롭다. 하지만 바로 이것이 교회가 원하는 입장이라고 여기는 가톨릭 신자가 많은 게 사실 아닌가? 역사 속에서 인간의 사회적 양심이 직면해야 했던 가장 큰 문제에 있어서 수많은 그리스도인의 양심이 제대로 작동하지 못했다는 엄연한 사실을 직시해야 한다. 왜 그런가? 그들이 진정한 문제를 회피하고, 그 문제가 지닌 함의를 논하지 않으려 하며, 그 문제의 모든 측면을 고려하지 않기 때문이다.

그리스도인이라면 전쟁, 특히 핵전쟁에 대해 양심의 번뇌를 느껴야 한다. 전쟁이란 우리가 수동적으로, 꿋꿋하게, 그리고 무비판적으로 받아들일 수 있는 것이 아니며, 절대 그렇게 될 수도 없다. 교황이 전쟁을 개탄하고 전쟁에 반대하며 각국 지도자들에게 제발 전쟁을 자제하고 평화적 대안을 찾으라고 호소하는 판에, 어떻게 가톨릭 평신도들이 자기 양심에 비추어 전쟁에 반대하고 전쟁 문제를 토론하며 갈등을 해소할 수 있는 새로운 방안을 찾지 않을 수 있겠는가? 가톨릭 평화운동은 도대체 어디에 있는가? 가톨릭 언론과 출판은 핵무기에 대해 어떤 말을 하고 있는가? 사제들은 핵전쟁을 어떻게 가르치고 있는가?

하지만 애석하게도 대다수 가톨릭 신자들은 사상 최대 규모의 군비 경쟁에 반대하지 않고, 군비 경쟁의 의미를 반추하지도 않으며 그 효과를 막으려는 노력도 하지 않는다. 그것을 그저 괜찮은 일, 필요한 일, 또는 '좀 덜한 악'(次惡) 정도로 여기곤 한다.

물론 교황 비오 12세가 1956년의 성탄절 담화를 통해 가톨릭 신자들에게 "이런저런 방식으로 특수하고 참기 어려운 생활 방식을 인간에게 강요하려고 애쓰는 악이 존재하는 … 불유쾌한 현실"을 직면해야 할 의무를 상기시켰던 것은 사실이다. 핵으로 위협하고 약소국의 저항을 무자비하게 탄압하는 공산주의자들의 폭력 전술에 대해 언급하면서 교황은 이런 식의 전술에 저항해야 한다고 말했다. 이때 비오 12세는 분명히 헝가리 봉기를 염두에 두고 그리스도인들에게 다른 효과적 수단이 없다면 힘으로써 탄압에 맞설 권리와 의무가 있다고 선언했던 것이다.

따라서 극단적 위험이 있을 경우, 정당하게 구성된 정부라면 '전쟁을 피하기 위한 모든 노력이 무위로 돌아간 후에' 합법적으로 '부당한 공격에 대한 자위 조치로서의' 전쟁을 수행할 수 있다고 한 것이다. 교황은 그러한 전쟁이 정당성을 가지기 위해 필요한 몇 가지 명확한 조건을 제시하셨다. 그러한 전쟁은 불의의 공격에 대항하는 방어 전쟁이어야 한다. 평화를 지키려는 모든 진정한 노력이 소용이 없게 된 경우여야 한다. 자기 방위를 위해 정당한 수단만을 사용해야 한다. 그 전쟁이 효과적이며 좋은 결과를 낳을 수 있는 자위 조치가 될 것이라는 진정한 희망이 존재해야 한다. 그런 상황하에서 한 나라가 국내외적으로 정당한 정책 수단을 통해 방어 조치를 취할 경우 시민들은 국토방위를 위해 국가에 봉사할 의무가 있을 것이다. 그랬을 때 시민들은 자신의 양심에 비추어 법이 정한 국방의 의무를 거부할 수 없게 된다.

하지만 이와 동시에 교황은 그러한 법이 필요하게 되는 상황을 개탄하면서 [갈등 상황의] '효과적 해결책'으로 '전반적 군비 감축'을 해야 한다고 지적했다.

여기서 비오 12세의 담화문을 자세히 논하지는 않겠지만 두 가지는 강조할 필요가 있다. 첫째, 교황은 평시와 전시를 가리지 않고 그리스도인의 양심을 무조건 배척하는 것이 아니다. 그리스도인은 중요한 사안을 심각하게 따져 보고 정당한 전쟁을 위한 조건이 실제로 충족되었는지를 고려해야 할 양심의 의무를 지고 있다. 전면적 핵전쟁의 경우 그 전쟁에 사용된 '수단'을 도대체 정당하다고 할 수 있을 것인지를 놓고 (핵무기 그 자체건 아니면 핵무기가 사용되는 방식이 건 간에) 심각한 문제가 존재한다. 나아가 그러한 핵전쟁이 '좋은 결과'를 낳을 수 있는 희망이 있는지를 놓고 더욱 심각한 문제가 존재한다. 마지막으로 전쟁을 피하기 위한 협상이 진정 순수했는지, 아니면 그럴싸한 선전에 불과한 겉치레였는지를 둘러싸고도 중요한 질문이 남아 있다.

이러한 중대 사안에 있어 교황은 개인의 양심을 무시하지 않고 바로 다음과 같이 말한다. "국정에 있어 더 높은 원칙에 의존해야 옳고 그름 사이의 차이를 명확하게 판별할 수 있는 경우가 더러 존재한다." 그리고 이렇게 덧붙인다. "그러므로 오늘날 벌어지고 있는 논쟁에서 여러 나라의 많은 이가 양심과 양심의 요구를 논하는 것이 그나마 위안이 된다"(1956년 성탄절 담화문).

여기서 교황 비오 12세가 핵무기 자체를 금지할 수는 없겠지만 화생방 전쟁이 [그 결과에 있어서] '총체적'일 가능성이 높다고 명확하게 선포했던 사실을 기억할 필요가 있다. 또한 실제로 그러한 무기가 심각한 규모의 분쟁에서 정당하고 윤리적인 방식으로 이용될 수 있을지, 교황은 현대 전쟁 기술에 대한 거듭된 언급을 통해 심각한 회의를 표명하고 있다는 것도 기억해야겠다.

1955년, 교황 비오 12세는 국제 갈등을 줄이고 전쟁을 예방하기 위해 극히 중요한 세 가지 조처를 취해야 한다고 제

안한 바 있다: 첫째 핵실험의 금지, 둘째 핵무기 사용의 전면 금지, 셋째 모든 무기의 통제.

교황은 이어서 다음과 같이 선언했다. "국제적 합의의 목표로서 이 세 가지 조처를 함께 취하는 것이 나라와 지도자들의 양심상의 의무다." 나라의 양심상 의무를 말씀하고 있는 점을 유념하라. 나라라는 것이 결국 시민들과 유권자들을 뜻하는 게 아닌가? 물론 그러하다. 가톨릭을 믿는 모든 시민이 핵실험에 반대하고, 군비 경쟁에 반대하고, 전반적 무기 통제에 찬성해야 할 엄격한 양심상의 의무가 있다는 뜻이다. 물론 자기 나라를 위험에 빠뜨리지 않는 방식으로 그렇게 해야 하겠지만 교황의 말씀에 따르면 가톨릭 시민은 평화를 위해 노력해야 하는 것이다.

이런 양심상의 의무에 관해 한마디라도 들어 본 사람이 있는가? 가톨릭 언론에서 이런 내용을 접할 수 있는가? 강론에서 이런 이야기를 들을 수 있는가? 만일 가톨릭 신부가, 교황께서 어떻게 가르치는지를 언급하지 않고, 핵무기를 반대해야 하는 것이 가톨릭 신자의 의무라고 말한다면 그는 아마 이단이자 공산주의자로 몰릴 것이다. 아니, 어쩌면 교황의 말씀을 인용하더라도 그렇게 취급될 수 있겠다.

따라서 교황 비오 12세가 신중하게 조건부 — 그 맥락에 따르면 적어도 재래식 무기에 의한 전쟁에 관해 — 로 정당한 전쟁이 있을 수 있다고 인정하는 바를 잘 따져 보면, [전쟁과 같은 문제에 있어서] 정부의 결정이 무조건 최종적인 것이라는 뜻이 아니며, 그리스도인 개개인의 양심이 문제되지 않는다는 뜻이 아니라는 점을 여기서 분명히 해야겠다. 따라서 비오 12세는 어떤 상황하에서건 ― 국가 간의 권력투쟁에 있어 손쉬운 해결책으로 전쟁을 택할 수도 있는 상황을 포함하여 ― 정부가 내리는 어떤 결정이든 시민들이 맹목적으로 따라야 한다고 가르치지 않는다.

또한 시민의 의무가 반드시 전쟁에서 싸우고 적을 죽이는 것만이 아니라, 어떤 식으로든 법에 따라 국가에 봉사한다는 뜻임을 유념해야 한다. 그러므로 양심상 더욱 완전한 선택, 즉 직접 전투에 참여해서 살상을 자행하는 대신 의무 부대에서 일하거나 비전투병의 임무를 수행하겠다고 결심한 가톨릭 신자는 자신의 양심을 따를 권리가 있으며 또 마땅히 그래야만 한다. 또한 법이 허용하는 한 이런 요청을 허용해 주어야 한다. 이런 의미에서 '가톨릭 양심적 병역 거부자'와 같은 존재가 있을 수 있다.

하지만 전면 핵전쟁에서도 이런 구분이 가능할 것인가?

앞서 인용한 비오 12세의 담화문에 나오는 또 다른 가르침도 여기서 극히 중요하다. 교황은 담화문의 상당 부분을 할애해서 평화가 위협받을 때와 그렇지 않을 때, 심각한 위기 상황인 경우와 그렇지 않은 경우, 권력을 좇는 정치인들의 계산된 위협과 충돌을 어떻게 해석할 것인지 하는 문제들을 정확히 논하고 있다. 긴급한 자위 조처를 취할 필요가 있는 '극단적 위험'이 언제 과연 존재하는지를 결정할 때 이런 고려 사항들은 큰 영향을 끼치게 된다.

결론적으로 오늘날에도 정당한 전쟁이 여전히 가능하고 그럴 경우 그리스도인이 봉사할 의무가 있다는 교황 비오 12세의 가르침을 접할 때 우리는 교황께서 전반적 군축과 평화 정책을 끊임없이 설파해 오신 배경을 감안하면서 그 말씀을 해석해야 한다는 점을 잊어서는 안 된다. 비오 12세는 담화문에서 당신께서 "사도좌로부터 흘러나오는 평화의 임무를 포기하지 않고 있으며", 더더구나 "그리스도교권이 십자군 전쟁에 나서야 한다고는 전혀 생각지 않는다"고 분명히 말씀하신다.

다시 말하거니와 우리는, 가톨릭 신자라면 자국 정부가 적국에 대항해서 일으키기로 결정한 전쟁과 폭력 — 그것이 어떤 형태건 — 에 무조건 협력해야 할 양심상의 의무가 있다고 주장할 수는 없다. 이런 식의 논리를 받아들이면, 국가가 명하는 대로 잔인하고 폭력적인 파괴 행위를 기꺼이 수행하는 사람이 좋은 그리스도인이라는 말밖에 되지 않는다.

그런 식의 오해는 가톨릭 신자가 새로운 히틀러의 명을 받고 새로운 다하우Dachau 강제수용소의 화로에 불을 지피더라도 자기가 명령에 따라 '의무를 다하고 있을 뿐'이라는 식의 해괴한 결론으로 이어질 수 있다. 의무와 희생이라는 고귀한 그리스도교의 덕목을 잘못 해석해서 그리스도인이 비인도적 정부의 수동적 도구로 전락하도록 해서는 안 된다. 그리스도교의 '도덕성'은 또 다른 아이히만(Adolf Eichmann, 1906~1962. 나치 독일의 전범 — 역자 주)을 정당화해서도 안되고, 그런 인간을 만들어 내서는 더욱 안 된다.

요컨대, 가톨릭 신자가 핵전쟁에 대해 가질 수 있는 견해는 다음과 같다.

가) 핵전쟁이 일어날 경우 전통적인 정당한 전쟁을 위한 조건이 실제로는 충족될 수 없을 것이라고, 양식 있는 많은 신학자가 가르친다. 또한 교황 비오 12세가 히로시마 사건 이전에 벌써 말씀하신 것처럼 "국제분쟁을 해결할 수 있는 적절하고 균형 잡힌 수단으로서의 전쟁 이론은 이제 시대에 뒤떨어진 것이 되었다". 현실적으로 가톨릭 신자들이 소위 '상대적 비폭력 평화주의'라 불리는 사상을 신봉할 수 있을 것이고, 실제로 그렇게 하는 신자가 많다. 이런 견해는, '정당한 전쟁'이 있을 수 있고 어떤 특정한 상황하에서는 그것이 필요할 수도 있다는 전통적 가르침을 거부하지 않으면서도, 핵전쟁이 일어나면 '정당한 전쟁'에 필요한 전제 조건의 대부분 또는 전부를 거의 필연적으로 위배하게 될 것이고 여러 면에서 심각하게 불의한 전쟁으로 변질될 것이라고 주장한다.

오타비아니 추기경이나 교황 비오 12세도 이런 관점을 분명히 설파하고 있다. 따라서 '상대적 비폭력 평화주의'가 '교회의 확정적 가르침'이 아니라 하더라도 그것은 교회가 지지할 수 있는 교의가 될 수 있을 뿐 아니라 가장 건전하고 가장 안전한 선택이 될 수 있을 것이다. 이 이론은 분명 교회와 정당한 전쟁 이론의 전통적 윤리 규범에 제일 잘 부합되는 견해다.

나) 그 어떤 유보 조건도 붙이지 않은 절대적 비폭력 평화주의에 대해서는 경계한다. 가톨릭 신자라 할지라도 어떤 상황에서건 모든 전쟁이 그 본질상 무조건 불의하고 사악하다고 하지는 못할 것이다. 가톨릭 신자로서 어떤 공동체가 다른 수단을 쓸 수 없을 때 무력으로써 스스로를 방어할 권리가 있다는 논리 자체를 형식적으로 부인할 수는 없는 노릇이다. 어쨌든 전쟁이란 것이 최후 수단이어야 하고 그것이 아무리 정당하다 하더라도 언제나 유감스러운 선택으로 간주되어야 한다는 데는 이론의 여지가 없다.

물론 그리스도인으로서 무자비하고 불의한 침략자 앞에서 자기 나라를 무방비 상태로 만들 수도 있는, 그리고 침략을 오히려 자초할 수도 있는 절대적 비폭력 평화주의적 입장 또는 경망스럽고 분별없는 군축 정책을 도덕적으로 허용할 수는 없을 것이다.

하지만 군비 감축을 '경망스럽다'고 서둘러 비난하는 입장이, 기실 적에 대해 잘못된 가정이나 감정적 판단에 입각해서 이루어지는 경우가 있음을 잊어서는 안 될 것이다. 이렇게 생각하면 결국 [핵심은] 원칙의 문제라기보다 사실fact의 문제로 귀결될 것이다.

그러므로 가톨릭 신자는 스스로 타인을 죽이지 않아도 되는 형태의 국방의무를 정당하게 선택할 수 있음이 분명하다. 그리고 이런 경우에, 자신의 목숨을 건지기 위해서가 아니라 순수하게 자선을 위해 그러한 선택을 했다는 전제하에, 그리스도의 길을 따른 것에 대해 칭찬과 격려를 받아 마땅하다(현시대에 전쟁 위험에 관한 한, 더 이상 민간인과 군인 간의 차이가 없으므로 비전투원으로 복무한다고 해서 생명을 더 잘 보호할 수 없음을 여기에 부기한다).

또한 가톨릭 신자는 전쟁이 제한전일지라도 그것이 정당하지 않거나, 정의롭지 않은 규모로 '비화'될 가능성이 있다고 믿을 만한 근거가 있는 경우에는 그것을 반대할 수 있고 또 반대해야만 한다. 전쟁이 명백하게 불의한 경우에 가톨릭 신자는 군 복무를 거부할 수 있을 뿐만 아니라 그런 전쟁에 참여하는 것을 거부해야 할 도덕적 의무가 있다.

다) 가톨릭의 전통은, 근거가 정당하고 의도가 옳고 사용 수단도 옳은 경우라면, 방어 전쟁이 정당할 수 있음을 언제나 인정해 왔다. 그런데 [이런 논리에 따라] 방어 목적의 제한적 핵전쟁이 '정당한 전쟁'이 요구하는 조건을 충족시킬 수 있으며, 그러므로 핵무기를 비축하고 핵 공격에 대해 [핵으로] 보복하겠다고 위협하는 것이 마땅하고 옳은 일이라는 주장이 있다. 이런 주장에 귀 기울이는 가톨릭 신자가 많을 수도 있고 실제 많이 있으며, 특히 미국의 가톨릭 신자들 중에는 이렇게 생각하는 사람이 더 많을 것이다.

사실 에드워드 텔러도 '깨끗한 전술 무기를 사용한 제한전'이라는 이상적 상황을 묘사한 바 있다. 이러한 이상적 상황이란 게 정당한 전쟁이 요구하는 모든 조건을 충족시키고 있음이 분명하다. 바로 그러한 목적을 가지고 텔러의 책이 나온 것이다. 텔러의 이런 논리는, 우리가 필요한 것이 [전략 핵무기가 아니라] 바로 전술 핵무기이며 그런 무기라면 얼마든지 만들어 놓아야 한다는 자기주장을 뒷받침하기 위해 상상력을 발휘한 논리에 지나지 않는다. 이러한 이상적 상황을 어느 정도나 자신 있게 받아들일 수 있을 것인가?

우선, 핵전쟁을 일정한 범위 내로 '제한시킬' 수 있다는 보장이 별로 없다. 또한 군사전략가들이, 핵전쟁을 제한하는 것이 자기들에게 유리하다고 생각되면 모를까, 그것을 자진해서 '제한'하려 한다는 낌새는 더더구나 없다.

둘째, 그리스도인이 어떻게 자기 양심을 가지고 무자비한 힘의 정치를 지지할 수 있을지 묻지 않을 수 없다. 힘의 정치는, 그리스도교의 도덕 원칙을 이미 저버린 지 오래됐고, 명확하고 확정적인 이념 같은 것은 아랑곳하지 않고 단지 모호한 실용주의에 근거해서 작동하는 군사·경제 엘리트들의 결정에 주로 의존하고 있게 마련이다.

핵전쟁을 인정하는 도덕가들은 [정치 지도자들이] 정치권력을 의식적이고 책임 있게 사용할 수 있다고 가정한다. 소련의 경우 그런 도덕적 책임감 따위는 결여되어 있는 것이 확실하고, 미국의 경우 일각에서 그런 책임감을 가진 측이 있긴 하나 소련의 공세가 워낙 거센 압력이므로 우리 군사 지도자들에게 남아 있는 선의나 좋은 의도조차 거기에 휩쓸리기 십상이다. 전쟁은 모든 이를 도덕성의 한 차원 — 제일 낮은 차원 — 으로만 몰아넣는 경향이 있다.

민간인 밀집 지역을 괴멸시킬 목적만으로 핵무기를 무제한 사용하는 것이 완전히 부도덕하다는 데는 모든 신학자들이 동의한다. 그것은 직접적인 살인이다. 민간인 밀집 지역에 핵무기로 선제공격을 가하는 것이 그리스도교 윤리로 결코 허용되지 않는 것처럼, 그것 역시 결코 허용될 수 없다. 그렇다면 적의 군사시설에 대한 선제공격은 '정당한' 방어 조처로 인정될 수 있는가? 그것 역시 매우 경솔한 행동인 것 같다. 왜냐하면 그렇게 될 때 필경 뒤따르게 될 보복전, 그리고 필경 벌어질 인구 밀집 지역의 총체적 파괴의 끔찍한 결과가 예상되기 때문이다. 앞에서 인용한 교황 요한 23세의 가르침도, 그러한 행동이 내재적으로 사악한 것은 아니지만, 전쟁과 폭력의 연쇄반응을 몰고 올 어떤 호전적 행위도 먼저 시작하지 마라는 엄중한 경고에 해당된다. 신학자들이 제한적 핵전쟁을 이론적으로 따져 보는 거야 별문제가 없지만, 핵 억지력의 게임이 적국의 민간인들을 인질로 사용하며, 강대국들이 전면적 섬멸전 정책을 염두에 두고 있음은 더 말할 나위도 없다.

마지막으로 [핵전쟁과 같은 상황에서는] 사고, 오판, 오해, 기술적 문제, 정신적 혼란과 같은 엄청난 문제가 발생할 수밖에 없다. 수백 대의 전폭기들이 메가톤 급 핵무기를 장착하고 소련을 대거 초토화시키기 위해 활주로에서 이륙 대기 상황에까지 갔던 경보 오작동 사례가 몇 차례 있었음을 우리는 알고 있다. 이렇게 볼 때 [핵전쟁이] '정당한 수단'을 통한, 그리고 그리스도교 윤리의 엄격한 요구에 부합하는, '제한전'이 될 것이라는 징조가 조금이라도 있는가?

이런데도 계속 늘고만 있는 군비 경쟁을 지속시켜도 되는가? 그렇다면 우리가 이러한 군비 경쟁을 줄이고 통제하며 평화를 위해 노력해야 하는 양심상의 엄중한 의무가 있다는 말이 아닌가?

우리가 이러한 의무를 계속해서 저버린다면 우리가 그리스도의 이름에 걸맞은 존재라는 점을 어떻게 스스로 확신할 수 있을까?

그런 상황하에서 우리 그리스도인의 의무는 너무나 명확하다. 가톨릭 신자들이, 다자간이건 일방적이건, 즉각적 군비 감축 정책을 준수해야 할 공식적 의무는 없지만, 신자라면 자기가 처한 상황 내에서 궁극적 평화를 위해 자신이 할 수 있는 모든 노력을 다할 의무가 있는 것은 사실이다. 궁극적으로 군비 철폐를 모색하지 않거나, 아니면 적어도 군비 경쟁의 과감한 제한을 모색하지 않으면서 어떻게 평화를 위해 일할 수 있을지 알 수 없는 노릇이다.

그러나 현재의 위기 상황하에서 그리스도인의 의무를 도덕 원칙과 어떤 식으로든 연결될 수 있는 행동에만 국한시키는 것은 충분치 않다고 본다. 문제는 이보다 훨씬 더 심각하다. 사회를 쇄신시킬 수 있는 힘을 지닌 사회적 행동이 필요하다. 왜냐하면 그런 힘은 그리스도인과 교회의 내적 쇄신으로부터 솟아 나오기 때문이다.

우리 시대의 진정한 문제는 본질적으로 정신에 관련된 문제다. 이러한 문제의 한 가지 중요한 측면은, 많은 그리스도인에게 있어 그리스도인의 양심이란 것이 그 활력을 잃고 진정한 목표 — 그리스도 안에서 완전히 변화된 삶이라는 목표 — 를 상실한 채, 단지 초보적 흔적기관으로만 작동하고 있다는 사실이다.

성숙한 도덕적 양심은 외부의 지침으로부터만 아니라, 무엇보다도 자연과 은총의 깊숙한 가치와 직결되는 내면의 정신적 천성으로부터도 그 힘과 빛을 끌어올 수 있는 것이어야 한다.

객관적 도덕 원칙을 적용함에 있어 선을 향한 천성적 사랑이라는 내면의 기반 없이는 진정으로 건전하고 통찰력 있는 판단을 내릴 수 없다. 사랑의 정신에 민감하게 반응하지 않는 양심에게는 법의 의미와 의도가 온전히 드러나지 않는 법이다. 사랑의 정신에 민감한 양심은 인간의 자비와 그리스도의 자애에 뿌리 내리고 있다. 건전한 도덕적 판단과 보람찬 행동이 풍성히 자랄 수 있는 숨겨진 '기반'을 회복하는 것이야말로 우리 모두에게 가장 중요한 일이다. 이것은 그리스도교의 부흥에 핵심이 되는 정신적 과업이기도 하다.

하지만 냉전이 야기한 집착이 빚어내는 가장 큰 위험은 이러한 '기반'을 무력하게 만들고 그것을 완전히 허망하게 만드는 냉전의 무서운 능력이다. 냉전으로 인해 예민하고 자비로운 양심은 증오와 의혹 속에서 딱딱하게 굳어진다. 이런 일이 생기면 우리는 평화의 사랑과 연관된 천성이 아니라, 폭력과 연관된 천성으로 판단하게 된다. 우리는 끊임없이 공포와 번민과 풍요로운 사회 — 특권과 편안한 무책임성과 모든 안락함으로 가득 찬 — 의 미래에 대한 악몽에 노출되어 있으므로, 우리의 불안을 기본적인 정신적 현실로 느끼게 된다.

우리의 존재가 위험에 처해 있는 한, 그리고 그것과 함께 우리의 종교적 신앙과 실천이 위험에 처해 있는 한, 우리는 공산주의의 위협과 전쟁의 위협을 우리 정신에 대한 궁극적 도전으로 경험하곤 한다. 마치 야곱이 천사와 씨름했던 것처럼 우리는 양심의 가책에 짓눌려 이러한 위협들과 씨름하는 것이다. 이런 내면의 투쟁에 사로잡혀 우리는 더 깊숙하고 더욱 미묘한 도전이 있을 수도 있음을 흔히 망각한다. 우리는 우리가 처한 상황의 비극적이고 악마적인 복합성을 잊는가 하면, 너무나 뻔한 적과 싸우는 동안 [명백히 드러나지 않은] 치명적 유혹에 빠지거나 우리의 조바심 때문에 모든 것을 잃을 수도 있다. 우리는 목표가 수단을 정당화하지 못한다는 사실을 잊고 좋은 목표라는 사실에만 사로잡혀 악을 행하는 것이다.

우리를 박해하는 사람들에게 죽음을 당하면 순교가 되겠지만, 그 속에는 운명의 장난 같은 요소도 들어 있다. 우리가 그리스도인으로 죽을 것인가 아니면 부유하고 안락을 추구하는 사회 구성원으로 죽을 것인가? 이 둘 사이에는 큰 차이가 있다! 그러나 어쨌든 무자비하고 간교한 적 — 그들의 힘과 위세를 우리가 결코 잊을 수 없는 — 에게 박해받을 가능성으로 인해 번뇌가 빚어지고, 번뇌에 사로잡힌 인간은 증오를 용기로 여길지도 모른다.

사마리아에 불이 내릴 것이라고 했던 예언자들처럼 우리는 너무 순진하고 너무 집착에 빠져 있어서 우리에게 영감을 주는 정신을 알아보지 못한다. 오늘날 냉전의 환경 속에서 이 같은 빈약하고 불만스런 토대 — 제일 좋은 씨앗은 결코 뿌리내리지 못하고 증오와 숨어 있는 전체주의의 가라지만 무성하게 자라는 — 로부터 우리의 판단력을 배양해야 하는 꼴이 되었다.

그러므로 깊은 신앙과 순결한 양심을 기르는 일이 무엇보다 더 중요하다. 그런데 그것은 진정한 희생 없이는 존재할 수 없다. 실제로 진정한 그리스도인의 행동은 우리 자신과 우리 삶의 온전한 희생적 헌신에 기반을 두어야 한다. 이것이 없으면 우리는 스스로의 이기적 이해관계와 풍요롭지만 정신적으로 나태한 사회로부터 충분히 거리를 둘 수 없다. 이런 식의 거리두기를 실천하지 못하면 우리는 핵전쟁의 실상을 똑바로 보지 못하며, 우리의 부를 지키는 것이 바로 그리스도교 진리를 지키는 것이라는 잘못된 믿음에 의해 그리스도와 그분의 교회를 배신하게 된다.

민방위 훈련 정도의 협력조차 거부하고 평화에 대한 신념을 지키기 위해 투옥되는 것도 서슴지 않았던 도로시 데이 같은 활동가들의 사회적 행동이 일부 결의론자들의 정교하고 말뿐인 논리보다 훨씬 더 진정으로 그리스도인답다고 믿을 만한 이유가 많다. 도로시 데이가 얇은 담요 한 장만 두른 채 감방에 갇혀 있었고 — 옷가지를 모두 압수당했다 — 옆 감방의 창녀와 절도범한테서 옷을 빌려 입고 교도소 내에서 미사 참례와 영성체를 하러 가야 했던 일을 생각해 보면, 나는 그녀의 평화주의를 감상적 평화주의라고 비웃는 사람들의 잘난 척하는 태도를 존중하고 싶은 마음이 싹 달아난다.

17

그리스도인의 선택

단순명료하고 이상적인 해결책을 조심해야 한다. 모든 '단순명료한' 해결책 중에서 제일 넘어가기 쉬운 유혹은 파멸 아니면 저항 없는 완전 굴복의 양자택일을 제시하는 것이다. '빨갱이냐 죽음이냐?'라고들 하는 말 속에는 우울한 농담이 숨어 있다. 불만에 가득 찬 마음이 지닌 내면적 파괴성은, 지푸라기라도 잡는 심정으로 '마법'과 같은 힘에 의존하거나 [자포자기적인] 핵 파멸에 의존하기 위해, 어렵고 복잡한 협상과 희생의 길을 회피함으로써 생명과 문명에 관한 그리스도교적 해석을 왜곡한다. 그러므로 이러한 유혹을 절대로 가볍게 봐서는 안 된다. 그러한 유혹은 인간에 내재한 가장 깊고 가장 급진적인 성격의 유혹이다. "너희가 … 하느님처럼 되어서 …"(창세 3,5)와 같은 태도는 원초적 유혹이고 다른 모든 유혹의 뿌리나 마찬가지다.

따라서 우리는 그리스도인의 의무에 따라 이런 유혹에 빠지지 말고, 우리가 하느님이 아닌 인간이라는 사실을 직시하면서, 스스로를 비우시고 우리를 위해 인간으로 태어나신 말씀을 믿어야 한다. 우리는 핵전쟁이라는 문제를 추상적 공식의 관점으로만 볼 것이 아니라, 인도적 정신과 인간이 되신 하느님의 관점에서 그리고 그리스도의 신비로운 몸이라는 관점에서 보아야 한다. 무엇보다 여기서 우리는 원칙과 선례를 따지는 법률적 논법이 아닌, 사랑으로 접근하는 논법, 살과 피를 생각하는 논법이 필요하다.

이런 심오한 그리스도교 진리에 비추어 보면, 폭력에 의존하려는 기만적 정당화에 따르는 위험, 그리고 무관심과 무기력과 수동성이 끼치는 해악을 더욱 잘 이해하게 된다.

이것은 모든 그리스도인이 핵무기 사용이 정당할 수도 있다는 견해를 엄청난 죄의식을 느끼면서 명명백백하게 무조건 부정해야 한다는 말이 아니다. 핵무기 그 자체가 [신학적으로] 형식적으로나 공식적으로 단죄된 적이 없다. 그리고 분명 그렇게 단죄될 필요도 없다. 어떤 특정한 무기를 단죄해야 할 특별한 이유를 찾을 수 없다. 그렇게 했다가는 공연히 결의론자들의 장기인 진실 회피의 기술 — 예컨대, 핵무기가 아니지만 파괴력이 동일한 다른 '정당한' 방법을 제시할 수 있는 기술 — 을 과시할 수 있는 기회만 마련해 줄 위험도 있다. 그러므로 이 문제는 하느님과 교회의 단죄를 받지 않고 어느 정도나 파괴와 살육을 정당화할 수 있을 것인가의 문제가 아니다.

나는 현시점에서 무엇보다도 '최소주의'적 접근 방식을 피해야 한다고 생각한다. 핵전쟁의 문제는 너무나 암울하고 너무나 일반적이다. 누구에게나 위협이 된다. 인류의 생존 자체가 달려 있는 문제다. 이런 경우에 우리는 절대적으로 피치 못할 위험 외에는 다른 어떤 위험도 감수할 수 없다. 우리는 도덕적 선택을 내릴 때 더욱 안전한 대안을 선택할 의무가 있다. 또한 어떤 일을 해야 할 의무에 대해 회의가 생기면 선택의 자유가 어느 정도 생기지만, 사악한 사실에 대해 회의가 생기면 그런 자유가 허용되지 않는다는 점을 기억해야겠다.

우리가 원칙에 근거하여 핵전쟁의 정당성을 부인할 수도 있을 것이다. 하지만 핵전쟁이 발생할 경우 문명이 거의 전멸하거나 전 인류의 자살로까지 비화할 수 있다는 분명한 사실을 직시한다면, [원칙과는 관계없이] 그러한 가능성을 반드시 고려하여 끔찍한 결과를 어떤 일이 있어도 기필코 막아야 할 의무가 있다.

가톨릭 도덕가가 전통적 그리스도교 도덕 원칙에 비추어 방어용의 제한적 핵전쟁이 이론적으로 허용된다는 견해를 가지는 것 정도야 문제 될 소지가 없다. 심지어, 우리가 지키려는 기본적 가치가 '방어 전쟁' 이후에도 남아 있을 가능성이 있는 한, 방어용 화생방무기를 전략적으로 사용하는 것마저도 이론적으로 허용된다는 견해를 가질 수도 있다.

하지만 우리가 '사실에 관한 회의'dubium facti — 문명의 전멸과 생명 그 자체의 멸종을 포함하여 통제할 수 없는 대량 파멸이 목전에 닥친 엄연한 현실이라는 가능성 — 에 직면할 때 그러한 이론적 선택의 폭은 존재하지 않는다. 이럴 때 우리는 모든 그리스도교 도덕성의 규범 — 그것이 아무리 최소한의 것이라도 — 에 따라, 극히 엄중하게, 안전한 길을 선택해야 하고, 어떤 대가를 치르고서라도 그토록 엄청난 재앙이라면 무조건 막아야 할 의무가 있다.

우리는 또한 방어용으로 핵무기를 사용하는 것이 이론상 정당하다고 인정할지라도, 핵전쟁의 결과가 [전쟁 당사자가 아닌] 중립국이나 우방국에까지 전파되는 순간 그것은 절대적으로 불의한 전쟁이 된다는 사실을 기억해야겠다. 설령 우리가 적국과 자국의 파멸을 의연히 감수하겠다고 하더라도, 전쟁에 아무런 관심이 없고 그저 평화롭게 살기만을 원하는 다른 작은 나라들까지 함께 파멸시킬 권리는 절대로 없다. 그런 나라들에게 '빨갱이가 되느니 차라리 죽는 게 낫다'고 그들을 위해 우리가 선택해 줄 수는 없는 노릇이다.

(화생방전에 대해 "죄이자 범죄이고 천인공노할 행위"라고 앞서 언급한 맥락에서) 교황 비오 12세는 1954년 다음과 같이 말했다. "화생방전의 사악한 결과가 인간의 통제를 완

전히 벗어날 정도로 광범위하게 확산된다면 그런 전쟁 방식은 부도덕한 것이기에 거부할 수밖에 없다." 또한 교황은 어떤 특정 지역에서 통제 불가능하게 생명을 전멸시키는 행위는 "어떤 이름을 붙이든 간에 불법"이라고도 했다(1954년 9월 세계의학회 기조연설).

또한 전쟁을 '통제'할 수 있는 한도가 어디까지인지를 놓고 지나친 추측에 열중하는 것 역시 도덕적이지 않다. 왜냐하면 이런 원칙을 느슨하게 해석하여 소련의 레닌그라드에 20메가톤 급 원자폭탄을 투하했을 경우 그 효과를 전부 측정할 수 있으므로 핵 공격이 '완전히 통제 가능'하다고 말할 수 있기 때문이다. 하지만 우리는 그 공격이 레닌그라드를 초토화시킨 후 낙진이 바람을 타고 핀란드의 헬싱키나 라트비아의 리가에까지 날아가 그곳 주민들을 살상시키리라는 사실을 잘 알고 있다. 따라서 교황의 말씀은 이런 것보다 훨씬 더 구체적인 것을 의미하셨다. 레닌그라드의 모든 주민 — 전투원 비전투원을 가리지 않고, 또한 적군과 아군, 여성, 어린이, 갓난아이, 노인을 가리지 않고 — 이 무제한적으로 전멸된다면 원자폭탄을 사용하는 것은 '어떤 이름을 붙이든 간에 불법'이라는 점을 뜻하신 말씀이다. 특히 방사능 낙진이 통제 불가능하게 제3국으로까지 날아가는 '보너스' 효과가 발생할 경우에는 더욱 그러하다.

따라서 [교회가] 핵전쟁 자체를 완전히 공식 단죄한 적은 없지만 가능한 모든 수단을 써서 피해야 한다는 게 교회의

진심인 것이 분명하다. 또한 교황 요한 23세는 1961년의 성
탄절 담화에서 이 점을 분명히 밝히면서 모든 나라의 통치
자들이 '무력 사용의 생각을 끊어 버리고' 평화를 추구하라
고 가장 경건한 어조로 호소하신 바 있다. 이 담화문에서 교
황이 제시한 말씀은 제한전 — 조금씩 '고조'되어 전면전으
로 비화할 우려가 높은 — 일지라도 극히 신중하게 절제해야
한다는 점을 암시하고 있는 것이다.

공식적 단죄가 없었다는 이유로 전면 핵전쟁을 교회가 암
묵적으로 공식 인정한다는 식으로 왜곡해서는 안 된다는 것
은 두말할 필요도 없다. 하지만 일각에서는 바로 이 같은 곡
해를 시도하고 있는 것 같다.

따라서 우리의 의무는 우리가 가진 모든 힘을 다해서 교
회가 진정으로 전쟁을 폐지하고자 노력한다는 점을 강조하
는 것이다. 우리는 요한 23세의 선언처럼 전 세계 지도자들
이 국제분쟁을 해결할 수단으로서 무력 사용을 거부하고 협
상으로 분쟁을 해결해야 한다는 점을 강조해야 할 것이다.

여기서 전 세계 정치 지도자들이 자국 대중매체의 부추김
과 전쟁 준비의 거대한 조류에 휩쓸려 참혹한 전쟁의 와중
에 어쩔 수 없이 끌려 들어간다고 가정해 보자. 이런 지도자
들이 맹목적으로 마구 부는 전쟁 나팔을 멈추게 할 힘이 없
음이 도덕적으로 확실하다고 가정해 보자. 그렇다면 어떻게
할 것인가? 당신과 나를 포함한 전 세계 모든 사람이 '하느
님의 뜻'을 보여 주는 우리 지도자들에게 복종해서 고개를

숙이고 운명 앞에 체념한 채 저항 한 번 없이 전 지구적 자살을 향해 행진할 것인가? 누가 보더라도 현 상황에서 이런 태도를 그리스도인의 순명과 시민적 의무라고 곧이곧대로 받아들이지는 않을 것이라고 나는 생각한다.

아무리 일반적이고 추상적인 차원에서 사고하는 신학자라 할지라도 명백히 전 지구적 자살로 치닫고 있는 전쟁에 사람들이 양심을 지니고 참여해야 한다고 주장하지는 못할 것이다. 정치적 · 군사적 사실에 관해 대단히 낙관적인 온갖 가정 — 예컨대, 이 전쟁이 제한전이 될 것이다, 원자폭탄의 파멸적 결과가 사람들 말처럼 그렇게 대단하지는 않을 것이다라는 등 — 에 의지해야만 핵전쟁에 찬성할 수 있으리라.

따라서 사람들이 도덕적 판단을 할 때 허만 칸과 같은 이들의 낙관적 추산에 큰 영향을 받는다는 사실은 극히 우려스럽다. 칸은 자신의 계산에 의하면 핵전쟁의 '피해가 고전적 수준에 머무르지 않을 것'이고 '전쟁 후의 환경이 수천 년간 인간 생활에 적대적일 것'이며 '우리가 더 이상 민주주의를 지키지 못할지도 모른다'고 하면서도, 핵전쟁이 이성적으로 합당하다고 한다. 권위 있는 말씀을 받아들이는 데 익숙한 많은 신학자가 허만 칸과 같은 이들의 주장을 마치 교회 장상의 말씀처럼 무비판적으로 고분고분하게 받아들이는 경향이 있는 것 같다. 하지만 칸의 '낙관적' 추산을 따르더라도 우리는 대량 핵전쟁이, 설령 그 전쟁에서 이길지라도, 정당한 전쟁의 기본적 요건을 충족시키지 못한다는 결론에 이르게 된다. 전쟁으로 얻을 수 있는 선익보다 파멸의 정도가 훨씬 더 클 것이며, 게다가 도대체 조금이라도 선익을 얻을 수 있을 것인지를 믿을 수 있는 근거가 조금도 없다. 칸의 계산을 따른다 하더라도 전쟁 이전보다 '승전' 이후의 삶이 훨씬 더 비참할 것이다. 제대로 생각하는 사람이라면 어떻게 이런 식의 비정상적인 선택을 그리스도교 도덕성에 입각한 것이라고 할 수 있겠는가?

이렇게 본다면 우리는 우리 시대의 가장 심각하고 가장 고민스러운 도덕적 문제에 직면하게 된다. 이 문제는 단지 핵전쟁의 문제가 아니다. 급작스런 폭력의 발산으로 전 인류가 몰살할 가능성의 문제만도 아니다. 좀 더 미묘하고 좀 더 악마적인 문제다. 우리가 저항과 통제의 노력도 없이, 이론적으로 대항할 수 없는 결정론과 모호한 '역사적 힘' 앞에 계속해서 굴복한다면, 그리고 이러한 힘으로 인해 정치와 기술의 영역에서 악마적 능동성을 받아들이게 된다면, 우리는 전 인류의 파멸이라는 물리적 악 이상의 어떤 힘과 직면하게 된다. 그것은 전 문명의 파괴 또는 전 인류의 자살에 대한 우리의 도덕적 책임이다. 더 나아가 우리는 점차 '상황 논리'를 따를 수밖에 없는 상황 속으로 말려 들어가 의도적으로 파멸을 향한 길을 선택하게 될 것이다.

그러므로 자국 중심주의적 정책과 맹목적 증오를 무자비하고 자기 파멸적으로 신봉하는 태도, 그리고 더욱 건설적이며 그리스도교의 윤리 전통에 더욱 부합되는 다른 모든 정책을 거부하는 태도가 가장 위험하다. 제발 이런 태도가 우리의 선택의 문제지, 순수하게 맹목적인 결정론의 문제가 아니라는 점을 직시하면 좋겠다.

유혹의 논리를 모르는 사람이 없다. 혼란스럽고 애매모호하며 엉거주춤한 무책임성으로 인해 우리가 돌이킬 수 없는 상황 속으로 끌려 들어가고 그런 상황에 일단 발을 들여놓은 후에는 우리가 스스로 악이라고 인식했던 길을 어쩌다가 우리 스스로 걷게 되었는지 똑바로 깨달으면서 탄식하게 되는 순간이 온다는 것을 모르는 사람이 없다. 바로 이런 것이 오늘날 전 세계에서 일어나고 있는 일인지도 모른다.

전 세계 지도자들의 절망으로 인해 빚어지고 시민들의 동의와 협력으로 승인된 전 지구적 자멸 ― 자유롭게 선택한 ― 은 예수님의 십자가형 이래 가장 심각한 도덕상의 악일 것이다. 설령 지고지선의 동기와 아주 시급한 목표 때문에 그러한 선택을 했다 하더라도 그것의 잘못이 줄어들 수 없다. 누군가는 살아남을 수 있을 거라는 희망으로 도박과 같은 선택을 했다 하더라도 잘못의 핑계가 될 수 없다. 그렇게 따지면 카야파의 목적도 자기가 보기에는 대단히 고귀한 목적이었다. 그는 "백성을 위하여 한 사람이 죽는 것이 낫다"(요한 18,14)고 말하지 않았던가?

그러므로 우리 시대의 가장 긴급한 요구는 핵전쟁으로부터 인류의 파멸을 구하는 것만이 아니다. 핵전쟁을 방지할 수 없게 되었다 하더라도 (그럴 리가 없겠지만), 더 큰 악을 막을 수 있고 또 막아야 한다. 모든 자유인이 이러한 거악에 대해 자신의 동의를 철회하고 협력을 거부해야 할 것이다.

이렇게 효과적이고 명시적인 동의 거부를 도대체 어떻게 할 것인가? 전 지구적 자살이라는 죄악을 어떻게 '저지'할 것인가? 일반인들은 중요한 정보에 접근할 수 없다. 실제로 정치인들도 우리 주위에서 어떤 일이 벌어지고 있는지 잘 모를 수 있다. 파국적 자살 행위인 전쟁에 협력을 거부해야 할지를 언제, 어떻게 알 수 있을까? 정확히 언제, 어느 지점부터 핵전쟁이 자살 행위에 가까울 정도로 위험하다는 것을 분명히 확정할 수 있을까? 미사일 전쟁이 벌어지면 [세상의 종말이 왔다는] 결정적인 결론을 내리는 데 (현재 무슨 일이 벌어지고 있는지를 안다 하더라도) 기껏해야 30분 정도의 시간이 주어질 것이다. 나는 우리 양심을 추스르고 우리의 행동 방향을 결정할 때가 바로 지금이라고 생각한다.

우리 양심을 추스르는 것과 구체적 정책이나 행동 방향을 결정하는 것은 별개의 일이다. 이러한 중요한 차이를 간과하거나 또는 고의적으로 모호하게 얼버무리는 것은 대단히 유감스럽다. 양심의 광장에서 그리스도인으로서 전 세계의 재난을 방지해야 할 모든 의무가 있다고 생각한다고 해서 절대적·무조건적 비폭력 평화주의에 헌신한다는 뜻은 아니다. 역대 교황들이 되풀이해서 우리 앞에 제시한, 감히 도전하기 어려운 도덕 원칙들로부터 일단 시작한 다음, 평화를 보존하기 위한 여러 방안을 모색하면 좋을 것 같다. 여러 다른 방식들을 놓고 상당한 토론이 있을 수 있다.

그러나 내가 보기에 핵무기가 야기한 엄청난 위험, 그리고 전통적인 '정당한 전쟁' 윤리 이론에 걸맞은 규모로 핵무기를 제한하고 통제하기가 거의 불가능하다는 점을 감안하면, 그리스도인이 양심상의 동기로부터 시작해서 적어도 상대적인 비폭력 평화주의 그리고 핵무기 철폐의 길로 나아가는 것이 논리적이고 합당할 것 같다.

그러나 그렇게 할 때 그리스도인은 유치하고 안이한 입장을 취해서 스스로 상대편 핵 강대국의 정치인에게 보기 좋게 악용되도록 절대로 허용해서는 안 될 엄격한 의무를 지고 있다. 진지하게 평화를 보존하고자 한다면, 우리의 평화 노력이 '적국'의 전쟁 기도를 부추겨서 [뜻하지 않게] 전쟁이 발발하는 일이 생기지 않도록 하겠다는 논리에 입각해 있어야 한다. 우리의 비폭력 평화주의가 간혹 근시안적이고 미성숙한 접근일 수도 있는 위험이 존재한다. 그럴 경우, 평화주의적 행동이 사실은 전쟁 자체를 반대하는 것이라기보다 우리나라의 현 상황에 대한 반대의 표현일지도 모른다.

이런 일이 벌어질 경우, 특히 담대한 반골 기질의 비폭력 평화주의자는 소련의 정책 입안자들에게 정세를 오판하도록 하여 그들이 돌이킬 수 없는 전쟁의 길로 가게끔 성급하게 인도할 가능성도 없지 않다.

요컨대, 세 가지 점을 고려해야 한다. (1) 그 본성상 평화를 희구하는 그리스도교 윤리 법칙. 이 원칙에 따르면 핵전쟁이 완전히 금지되는 것은 아니지만, 그것은 적어도 대단히 의심스런 도덕성에 입각한 행동이 된다. (2) 무기 체계와 방위 정책에 관한 사항. 우리의 도덕적 판단 그리고 핵전쟁을 향해 나아가고 있는 우리 사회의 경제·정치 체제에 우리가 참여하는 데 따르는 도덕성에 비추어 본다면, 우리가 납세를 통해 그리고 어쩌면 군수산업에 종사함으로써, 우리 스스로 돕고 있는 군사정책의 본질을 꿰뚫어 보는 것이 절대적으로 중요하다. 오늘날 우리나라 ― 미국 ― 의 모든 활동은 인류 역사상 최대 규모의 군비 경쟁에 그 초점이 맞춰져 있다. 이러한 무서운 살상 무기들이, 가장 극단적으로 가장 폭넓은 규모로, 사용될 수도 있고 실제로 그렇게 사용될 것이라는 사실을 가리키는 징조가 농후하다. (3) 마지막으로 우리는 이러한 군사정책을 입안할 때 고려하는 요소들을 따져 보아야 한다.

그리스도교 윤리 법칙은 비교적 간단명료하다. 세부 사항에 대해서는 이견이 있을 수 있겠지만, 조금이라도 명망 있는 도덕가라면 무제한으로 침략적인 핵전쟁을 쉽사리 옹호하지는 못할 것이다.

화생방전에 관한 객관적 사실 역시 분명하다. 우리가 사용할 수 있는 무기가 얼마나 큰 파괴력을 지니고 있는지 여기서 거론할 필요도 없다. 또한 문명의 파멸과 전 지구적 자살 또한 있을 수 있는 현실이라는 점을 부인할 수 없다. 핵보유 강대국들이 이루 말할 수 없는 참혹함과 파괴력을 지닌 전면적 핵전쟁 정책을 추구하고 있다는 사실 역시 의문의 여지가 없다.

그리스도인이 앞으로 모색해야 할 부분은 사람들이 아직까지 별로 고려하지 않았던 영역이다. 이 영역은 또한 검토가 제일 필요한 부분이고 어떤 조치를 취할 여지가 남아 있는 부분이기도 하다.

무엇이 증오와 파괴의 정책을 만들어 내는가? 우리 모두가 두려워하고 피하고자 하는 운명 속으로 우리를 가차없이 밀어 넣는 것이 도대체 무엇인가? 이 질문에 답하기는 어렵지 않다. 무엇이 제1차 세계대전을 일으켰던가? 무엇이 제2차 세계대전을 일으켰던가? 답은 간단하다. 민족주의에서 흔히 발흥하곤 하는 광포하고 근시안적이며 비이성적이고 맹목적인 세력들이었다. 크리스토퍼 도슨은 이렇게 말했다.

> 히틀러가 패배했다고 해서 그런 식의 움직임이 종식되었다는 뜻은 아니다. 현대 민주주의 세계에서도 비이성적인 세력이 표면 바로 아래 잠복해 있다. 이 세력이 민족주의 이념 또는 혁명 이념의 충동을 받아 갑자기 분출하면 현대 세계를 위협하는 가장 큰 위험 요인이 된다. … 그리스도교의 원칙을 재확인할 필요가 있는 것도 바로 이 지점이다. … 민족주의가 더 높은 질서와 모든 인간을 위한 신성한 정의라는 원칙을 부인한다면, 그리고 민족주의가 민족과 민족국가를 인간이 충성을 바칠 최종 단계로 상정한다면, 그것

은 문명이 기초하고 있는 핵심 진리를 거부하는 것이고 야만적 종족주의의 이교적 우상숭배로 회귀하는 것을 뜻하므로 인류 역사상 가장 퇴행적인 움직임이 될 것이다.

그러면서 도슨은 '민족적 활동'과 '민족주의적 정치'를 구분한 교황 비오 12세의 말을 인용한다. 민족적 활동은 한 사회집단을 특징짓고 모든 민족의 정치체政治體 형성에 기여하는 모든 가치를 더한 개념이다. 하지만 민족주의적 정치는 분열적이고 파괴적이며 순수한 민족적 가치를 전도시키는 것이다. 민족주의적 정치는 '전 인민 공동체 분열 원칙'이다.

그렇다면 여기서 결론내릴 수 있겠다. 그리스도인은 전 지구적 분열과 무정부 상태에 반대함으로써 평화를 위해 노력할 의무가 있다. 민족주의 이념과 혁명 이념으로 인해 야기된 전 세계적 혼란과 무질서의 정신이 문명 세계의 일치와 질서를 깨뜨리고 있다. (공산주의가 사실 후진사회에 속한 인민들의 강렬한 민족주의 정서를 악용하고 있으므로.)

우리가 혁명의 시대에 살고 있으며, 이런 시대에는 사회가 해체되고 재구성되는 일이 불가피한 게 현실이다. 하지만 그리스도인은 그리스도인의 사명이 행여 맹목적 파멸 — 문명과 인류를 동시에 파괴하는 — 에 기여하지 않도록 단단히 지켜야 한다. 그리스도인은 파괴가 아닌 건설을 도모해야 한다. 그리스도인의 노력은 세계 분열이 아닌 세계 일치를 지향해야 한다. 그러므로 누구라도 증오와 전쟁의 정책을 추진하는 사람은 인류 문명의 분열과 파괴를 위해 일하는 것이다.

우리는 도덕률이 모든 인간에게 절대적으로 금하는 폭력이 존재함을 확신해야 할 것이다. 예컨대 고문, 인질 살해, 집단 학살 (또는 '바람직하지 못한' 유형에 속한다는 이유로 인종, 민족, 기타 집단을 대량으로 멸절시키는 행동) 등이 그런 폭력에 속한다. 핵무기로써 민간인 주거지역을 파괴하는 행위는 집단 학살에 속한다.

또한 우리는 주견이 모호하고 무책임한 사람들의 심중에 폭력과 잔혹, 그리고 가학성을 끊임없이 불어넣는 대중매체의 독약 같은 효과를 꿰뚫어 볼 필요가 있다. 오늘날 무기, 미사일 그리고 또 다른 파괴의 '엔진'을 생산하는 데 주로 초점이 맞춰져 있는 선진국들의 경제활동이 전 세계적으로 얼마나 큰 위험 요소가 되고 있는지 인식해야 한다.

그리고 우리는 증오의 선전, 각국 정부 간의 설전이 언제나 불가피하게 폭력적 대결로 이어져 왔다는 사실을 고려해야 한다. 우리는 증오의 정책을 주창하는 극단적 정치인에게 투표하는 행위가 어떤 결과를 함축할 것인지 숙고해야 한다. 우리나라 안에서 벌어지고 있는 광신주의와 마녀사냥의 적나라한 결과를 곰곰이 반추해야 한다. 우리의 일상적 결정이 얼마나 끔찍한 결과를 낳는지 절대 잊어선 안 된다.

중요한 모든 결정을 익명의 파워 엘리트들에게 맡겨 놓는 것이 더 이상 합리적이지도 옳지도 않다. 그들은 우리가 수동적으로 잠자코 있는 동안 우리를 파멸로 이끌고 간다. 우리는 우리의 목소리를 적극적으로 내야 한다.

모든 그리스도인은 교회가 개탄하고 단죄하는 범죄적 경향에 대해 분명하고도 강력하게 항의해야 할 엄중한 책임이 있다. 모호함, 주저함, 타협 등은 더 이상 허용될 수 없다. 우리는 국제분쟁을 해소할 새롭고 건설적인 방안을 찾아야 할 것이다.

'정당한 전쟁' 이론 그리고 정당한 자기 방어 권리가 살아 있다 하더라도, 전쟁의 폐지를 위해 가능한 모든 방안을 강구해야 한다는 것은 교회의 진심임이 분명하다. 하지만 이러한 자기 방어 권리가 있다고 해서 그것이 온 힘을 다해 평화를 위해 일해야 할 더 높고 더 긴박한 우리 의무를 가로막아서는 안 된다.

이것은 극히 쉽지 않은 일이 될 것이다. 단지 희망만으로 전쟁을 폐지할 수 없음이 분명하다.

엄청난 희생을 치러야 할지도 모르고, 그 결과를 살아생전에 보지 못할 수도 있다.

이것을 위해 아직도 무엇인가를 할 수 있는 시간이 있다. 하지만 그 시간은 재빨리 지나가고 있다.

옮기고 나서

역자는 20세기 최고의 가톨릭 영성가요 문장가로 우리에게 잘 알려진 토마스 머튼 신부의 현실 참여적 저술을 읽고 우리말로 옮길 기회를 갖게 된 것을 큰 기쁨이자 영광으로 생각한다. 더 이상 설명이 필요 없을 정도의 명성을 지닌 분의 글에 후기를 붙인다는 것 자체가 사족이겠지만 북핵 위기와 미사일 시험 발사를 둘러싸고 한반도에서 긴장이 고조된 현실을 감안하여 간단한 독후감을 추가하고자 한다.

우선 머튼 신부의 무서운 통찰력과 예지력에 주목하지 않을 수 없다. 요즘 우리 주위에 범람하는 수많은 '시사적' 글들, 특히 인터넷의 바다에 떠도는 포말과도 같은 무수한 언설들이 길어야 며칠, 짧으면 몇 시간의 수명을 누리고 사라지는 현실을 감안할 때 무려 40여 년 전에 집필된 머튼 신부의 글이 오늘날에도 그 적합성과 생신生新함을 간직하고 있다는 사실은 그 자체로서 놀라움의 대상이다. 그래서 역자는 본서가 한 세대를 뛰어넘어 재발견된 책이지만 "내일 신문 헤드라인보다 더 시의적절하다"고 한 대니얼 엘스버그의 평에 전적으로 공감하지 않을 수 없다.

머튼 신부는 1960년대에 이미 핵폭탄을 비롯한 대량살상무기의 근본적 비인도성, 일방주의적 행동의 위험성과 다자주의적 해결의 필요성, 그럼에도 불구하고 무력한 국제기구로 남아 있는 유엔의 한계를 꿰뚫어 보았다. 또한 선제공격의 논리 뒤에 숨어 있는 위선과 전도된 공포를 맹렬히 고발하고 비판하였다. 미국인으로서 자기 나라 정부와 국민의 무지, 억측, 오만에 대해 고백하고 성찰하는 그의 태도에서 우리는 숙연함마저 느끼게 된다.

특히 본서는 2001년 9·11사태 이후 미국이 취하고 있는 대테러전쟁 정책, 그리고 그러한 환경에 편승하여 일부 보수적 그리스도인들이 새로운 십자군전쟁론과 문명의 충돌론을 은근히 비호하고 부추기는 경향에 대해 우리가 그것을 어떻게 해석하고 대처해야 할지를 예언자처럼 가르치고 있다. 이 와중에서 그리스도인들이 전가傳家의 보도寶刀처럼 거론하곤 하는 정당한 전쟁 이론을 신학적·윤리적·정치적으로 분석·비판한다. 전쟁과 폭력에 관한 가톨릭 교회의 전통적 가르침인 정당한 전쟁론은 '논리적으로' 합당하고 설득력 있는 윤리적 잣대를 제공하고 있는 것처럼 보인다.

그러나 이 논의에 대해 머튼 신부는 크게 두 갈래 비판을 제시한다. 첫째, 정당한 전쟁론은 '책상머리' 이론이며 신학자·윤리학자들의 머릿속에서나 가능한 공론空論일 가능성이 높다. 실제로 전쟁이 발발해 서로가 죽고 죽이는 와중에서 미리 정한 윤리적 한계 내에서 꼭 필요한 만큼의 폭력만 행사할 수 있다는 말은 잠꼬대에 지나지 않는다. 예를 들어보자. 역자 후기를 쓰고 있는 지금 이 순간에도 이스라엘이 레바논을 공격하고 있다. 전쟁은 레바논의 헤즈볼라 조직이 이스라엘 병사 두 명을 납치하면서 발발하였다. 이스라엘 입장에서는 자기네 병사를 구하기 위한 일종의 '정당한 전쟁'이라는 명분을 내세울 수도 있을 것이다. 그러나 그러한 공격이 여러 날 계속되면서 걷잡을 수 없는 결과가 야기되고 있다. 오늘 신문에는 다음과 같은 기사가 나온다. "이스라엘 폭격으로 숨진 레바논 민간인 400여 명 가운데 200여 명이 어린아이들이다. 75만 명이 피난민이 되어 큰 고통을 당하고 있다. 이스라엘은 레바논의 교량, 공항, 가옥, 분유 공장, 구급차와 식량 수송차량까지 파괴하고 있다 …." 이것이 병사 두 명의 납치사건에 대한 정당한 보복이 될 수 있을까? 다시 말해, 정당한 전쟁 이론을 원칙적 차원에서 옹호할 수 있을지 몰라도, 전쟁의 현실은 통제 불가능하고 피비린내 나는 잔학상이며 추악하고 비이성적인 광기에 지나지 않는 것이다. 이런 실상을 도외시한 채 이론 분석에 열중하는 것은 현실에 어두운 도덕가들의 위험한 지적 유희에 지나지 않는다. 역사상 정당한 전쟁 이론에 부합되는 '깔끔한' 전쟁은 한 번도 벌어진 적이 없으며 이 점은 미국이 이라크를 침공할 때 내세웠던 '논리'와 오늘날 벌어지고 있는 '현실' 사이의 괴리를 살펴보더라도 명확하게 드러난다.

둘째, 설령 백보를 양보해서 정당한 전쟁이 특정한 상황 하에서 용인될 수 있다 하더라도 현대전의 맥락에서 정당한 전쟁 이론은 이미 그 적실성을 잃었다는 지적이다. 전투원과 민간인을 가리지 않는 무차별 공격의 일상화, 특히 전 인류를 멸망시킬 수 있는 핵폭탄의 위협 등으로 인해 이제 더이상 정교하고 제한적인 방어 전쟁이 존재할 수 있다는 주장 자체가 성립하기 어렵게 되었다는 것이다. 머튼 신부의 통렬한 가르침은 작금의 한반도 상황을 둘러싸고 일각에서 제기하고 있는 군사적 제재, 선제공격, 전쟁불사론 등의 무책임한 주장에 대해 정문일침의 각성을 촉구한다.

머튼 신부는 폭력과 전쟁의 비판에만 머물지 않고 평화를 위한 구체적 행동을 제안하고 있다. 그러한 맥락에서 양심적 병역거부와 비폭력 평화주의의 역사적 연원과 현대적 의의를 자세히 다룬다. 그렇다고 해서 머튼 신부가 낭만적으로 무조건적인 비폭력 평화주의를 설파하는 것은 아니다. 뜻이 아무리 좋더라도 현실적으로 달성 불가능한 주장에 대해서는 적절한 비판을 가할 만큼 그의 논법은 신중하고 지혜롭다. 머튼 신부는 대화와 상호 협상을 통해 적대세력 간의 신뢰 구축과 평화체제 수립이 가능하며 그것을 지향할 특별한 윤리적 책무가 그리스도인에게 있다는 점을 누누이 강조한다. 도발적 언동과 감정적 흥분에 흔들리지 말고 인내와 이해의 바탕 위에서 실질적이고 구체적인 조처를 취하기 시작할 때 그 어떤 적대세력 간에도 평화가 수립될 수 있다는 것이다.

머튼 신부는 특히 수도자·성직자들이 현세의 일에 대해 예민하게 귀 기울여야 할 의무가 있고, 세상의 쇄신을 위해 분명한 역할을 해야 한다고 강조한다. 그리고 수도자가 "아무것도 듣지 않고 아무 말도 하지 않는다면 세상의 전반적 쇄신은 위험에 처할 것이요 완전히 불모의 상태가 될지도 모릅니다"라고 호소한다. 역자는 바로 이 말이 머튼 신부가 이 땅의 모든 생각하는 사람, 그리고 깨어 있고자 하는 모든 그리스도인에게 간곡히 전하려는 메시지의 핵심이라고 생각한다.

마지막으로, 이 책을 번역하는 데 직·간접으로 은혜를 베풀어 주신 분들을 기억하고 싶다. 성 베네딕도회 왜관수도원의 임 세바스찬 신부님은 이십 년도 훨씬 전에 당신이 직접 영사기를 돌려서 상영했던 노동·평화 운동 영화로부터 큰 영향을 받았던 한 젊은이가 나중에 '머튼의 평화론'을 번역하게 되리라고는 상상하지 못하셨을 것이다. 그리고 역자에게 인권을 가르쳐 주신 허창수 신부님, 학문에의 길을 격려해 주신 진 토마스 신부님께 감사의 마음을 전해 드린다. 우리 가족을 늘 기억하고 기도해 주시는 후고 수사님께

도 고마운 인사를 드린다. 프랑크푸르트 도서박람회에서 이
책을 발견해 그 자리에서 계약을 하고 역자에게 번역을 권
해 주신 분도출판사의 선지훈 사장 신부님께 출간의 공을
돌리고 싶다. 실무의 세세한 부분을 챙겨 준 분도출판사 편
집부에도 깊이 감사드린다.

2006년 여름
조효제

(2006년 10월 9일, 북한은 핵실험에 성공했다고 공식 발표했다. — 편집자 주)